普通高等学校应用型教材·金融

金融数学

FINANCIAL
MATHEMATICS

方 杰 冯 玲 编著

中国人民大学出版社
·北京·

前 言

党的二十大报告提出："健全资本市场功能，提高直接融资比重，提升金融服务实体经济的能力。"作为防范金融风险的重要工具，近年来，我国金融衍生品的市场规模不断扩大，上市品种不断增多。目前，我国已形成以期货、期权等为代表的场内金融衍生品市场与场外金融衍生品市场协同发展的态势。金融衍生品的定价原理和定价方法往往是基于随机分析（stochastic calculus）等金融数学相关知识，然而目前国内的相关教材大多是针对数学等理工科专业学生，以金融类专业本科生，特别是以应用型经管类专业本科生为授课对象的教材较为稀缺。

正是基于这样的现实状况，我们在多年课程教学经验的基础上，努力吸收国内外优秀教材之长处，编写了这本教材，以适应应用型本科突出技能与应用的要求。本书在介绍金融数学相关基础理论时，着重使用图表等多种形式，形象地展示课程的脉络。在介绍部分难以理解的知识点时，本书附有相关的 Matlab 和 Python 软件代码，学生可以使用这些代码自行操作，以便更深入地理解相关的知识点。对于复杂的数学推导，本书在不影响阅读的前提下，一律将其放到各章的附录中，以供学有余力的学生参考学习。另外，书中还穿插介绍了金融数学发展过程中涌现出的国内外重要学者及其研究问题的基本思路和方法，以培养学生的家国情怀和责任担当，激励学生树立学术志向，培养良好的思维习惯和科学精神。

本书的先修课程有微积分、线性代数和概率论与数理统计。如果接触过一些金融衍生品相关知识，则更好。本书各章附有丰富的课后习题，可供学生及时检验学习的效果。本教材既可用于金融工程专业学生学习，也可用于非金融类专业学生借此了解金融数学领域的基本知识体系。对于金融工程相关专业的硕士研究生，本书可作为学习金融随机分析的入门书和"开胃菜"。当然，要想品尝真正的"大餐"，还需要阅读 Shreve（2004）、Björk（2020）、Kwok（2008）、Øksendal（2003）这样的经典之作（参见本书末尾的参考文献）。

本书由方杰主编。其中第一章和第二章由方杰编写，其余各章由方杰和冯玲共同编写。方杰负责全书的统稿和习题的汇编工作，冯玲负责书稿的校对工作。需要特别强调的是，本书所介绍的众多模型都是基于一定的前提假设，若不考虑国内金融市场的发展现状，盲目使用相关模型，可能会出现较大的偏差，甚至引发金融风险。因此，对于金融从业者来说，在阅读本书的时候，千万不可忽视模型和方法的假设前提。

本教材的出版得到了教育部人文社会科学研究规划基金项目——政府隐性担保退出预期下银行系统性风险的形成机制及防范对策研究（项目编号：23YJA790020）、福建省社会科学规划基金重大项目——加大金融服务供给，持续提升服务福建省民营企业质效研究（项目编号：FJ2024Z012）以及福建省社会科学研究基地福建江夏学院金融风险管理研究中心、福建省金融科技创新重点实验室、福建省数字金融协同创新中心等学科平台的资助，在此一并表示感谢。

本书在编写过程中，得到了全国多所高校同仁的积极反馈，在此特别感谢首都经济贸易大学余颖丰老师的帮助，余老师牵头的微信公众号“量化金融科技前沿”（微信号：EmpiricalFinance）中收录的大量资料给编者的成书提供了巨大的帮助。所谓教学相长，我们在多年的教学中得到了历届学生的热情反馈，这是本教材能够成功付梓的关键，在此表示衷心的感谢。另外，与本书内容相配套的视频课程已经在 B 站（`bilibili.com`）开放，学员可通过扫描下方的二维码访问视频课程网址，并点击“合集和列表”选项进入视频课程的相关页面。课本中涉及的软件代码可以通过网盘下载，相应的二维码也列于下方。

视频课程二维码　　　　软件代码二维码

虽经过多轮校对，但本教材仍可能存在不妥甚至错误之处。编者期待您的批评指正，电子邮箱地址为：james_fang_fe2016@163.com。选用本教材的教师也可以通过该邮箱索取配套的课件资源、软件代码和习题参考答案。

编者

2024 年 10 月

目 录

第一章 引 论 **1**

第一节 事件与概率 1

第二节 随机变量和随机向量 5

第三节 随机变量的数字特征 6

第四节 随机过程的概念 14

本章附录 16

第二章 布朗运动 **19**

第一节 随机游走 21

第二节 布朗运动及其性质 25

第三节 布朗运动的首中时刻 30

第四节 反射原理与布朗运动的最大值 33

第五节 马氏过程 37

第六节 布朗运动的变化形式 40

本章附录 43

第三章 鞅 **54**

第一节 条件期望 55

第二节 鞅的概念和性质 56

第三节 可选抽样定理 67

第四章 随机积分概论 **75**

第一节 普通积分回顾 75

第二节 随机积分的构造 77

第三节 伊藤积分的性质 79

第四节 伊藤引理 86

本章附录 101

第五章 随机微分方程概论 **113**
第一节 引 言 113
第二节 线性随机微分方程的分类 116
第三节 线性随机微分方程的求解 117
本章附录 128

第六章 金融市场及其数学基础 **136**
第一节 金融市场的相关概念 136
第二节 无套利原理 141
第三节 市场的完备性和状态价格 145
第四节 风险中性和测度变换 151
第五节 马氏过程和鞅 157
本章附录 158

第七章 连续时间下的期权定价 **161**
第一节 期权的价格分析 162
第二节 期权与标的资产的对冲 162
第三节 期权定价的偏微分方程法 165
第四节 期权的风险中性定价法 168
第五节 费曼–卡茨公式 174
第六节 B–S 模型的不足及拓展 176
本章附录 180

第八章 期权定价的离散模型 **185**
第一节 单期二项式模型 185
第二节 多期二项式模型 190
第三节 CRR 模型 196
本章附录 198

符号说明 **208**

参考文献 **210**

第一章　引　论

本章的目的在于对金融数学所需的概率统计领域的基本概念和结论加以回顾。

第一节　事件与概率

一、样本和样本空间

通常把按照一定想法去做的事件称为试验（experiment），把试验的可能结果称为样本点（sample point），把样本点的集合称为样本空间（sample space）。通常将样本空间记为 Ω，样本点记为 ω。

知识讲解

事件与概率

对此可以用生活中的例子来说明：一个均匀的骰子（dice）有六个面，每次抛出这个骰子，会得到相应的点数（比如：3）。这里“抛骰子”就是一个事件，也就是“试验”；在抛出骰子后得到的“点数”3 就是“样本点” $\omega = 3$；而骰子的可能点数为 $1, 2, 3, \ldots, 6$，因此对应的样本空间就是 $\Omega = \{1, 2, 3, \ldots, 6\}$。

二、事件与概率

事件（event）是样本空间 Ω 的子集，且满足三个条件：

(1) Ω 是事件；

(2) 若 A 是事件，则 A^c 是事件①；

(3) 若 A_i 是事件，则 $\bigcup\limits_{i=1}^{\infty} A_i$ 是事件。

回到骰子的例子，如果“抛出的点数为 3”是事件 A，则其对立事件 A^c 就是“抛出的点数不为 3”；另外，“抛一次骰子”是事件，则“抛无数次骰子”组成的所有事件的并集也是事件。

对于事件 A，如果使用 $\mathbb{P}(A)$ 表示事件发生的概率，则 $\mathbb{P}(A)$ 满足以下条件：

(1) 非负性，即 $\mathbb{P}(A) \geqslant 0$；

(2) 完备性，即 $\mathbb{P}(\Omega) = 1$；

---

① A^c 称为事件 A 的补集（complement）。

(3) 可列可加性，即对于互不相容的事件 $A_1, A_2, \ldots$，有：

$$\mathbb{P}\left(\bigcup_{i=1}^{\infty} A_i\right) = \sum_{i=1}^{\infty} \mathbb{P}(A_i) \tag{1.1}$$

同样，针对抛骰子的问题，每次抛出质量均匀的骰子得到的点数值 i 应当满足 $\mathbb{P}(A) = \mathbb{P}(\omega = i) = \dfrac{1}{6} > 0$，其中 $i = 1, 2, \ldots, 6$。如果事件 A_1 是抛出的骰子点数为 1，事件 A_2 是抛出的骰子点数为 3，则两个互不相容事件 A_1 和 A_2 的并集就是抛出的骰子点数为 1 或 3 的概率，因此：

$$\mathbb{P}(A_1) = \mathbb{P}(A_2) = \frac{1}{6}, \qquad \mathbb{P}(A_1 \cup A_2) = \mathbb{P}(A_1) + \mathbb{P}(A_2) = \frac{1}{3}$$

三、概率空间

对于样本空间 Ω 和概率 $\mathbb{P}$，用 $\mathcal{F}$ 表示全体事件时，称三位一体的 $(\Omega, \mathcal{F}, \mathbb{P})$ 为概率空间（probability space）。$\mathcal{F}$ 称作 σ-代数（sigma-algebra）[①]，相当于样本空间 Ω 的子集的集合。

假设样本空间 $\Omega = \{1, 2, 3\}$，则 $\mathcal{F}$ 可表示为：

$$\mathcal{F} = \Big\{\emptyset, \{1\}, \{2\}, \{3\}, \{1, 2\}, \{1, 3\}, \{2, 3\}, \Omega\Big\}$$

对于 σ-代数 $\mathcal{F}$，其中的元素满足以下条件：

(1) 若 $A_i \in \mathcal{F}$，则 $A_i^c \in \mathcal{F}$；

(2) 若 $A_i, A_j \in \mathcal{F}$, $\forall i, j$，则 $A_i \cap A_j \in \mathcal{F}$；

(3) 若 $A_i, A_j \in \mathcal{F}$, $\forall i, j$，则 $A_i \cup A_j \in \mathcal{F}$。

简言之，对 σ-代数 $\mathcal{F}$ 中的元素取并集、交集和补集，结果均在 $\mathcal{F}$ 中。（σ-代数对并、交、补运算均封闭。）

不难验证，前面的样本空间 $\Omega = \{1, 2, 3\}$ 对应的 σ-代数 $\mathcal{F}$ 满足对并、交、补运算封闭的性质。比如：

$$\{1\} \cap \{2, 3\} = \emptyset \in \mathcal{F}$$
$$\{1\} \cup \{2, 3\} = \{1, 2, 3\} = \Omega \in \mathcal{F}$$
$$\{1, 2\}^c = \{3\} \in \mathcal{F}$$

四、概率的基本性质

对于事件 A_i, $i = 1, 2, \ldots, n$，其发生的概率具有如下性质：

(1) $\mathbb{P}(\emptyset) = 0$；

(2) 当且仅当 $A_1, A_2, \ldots, A_n$ 互不相容时，下式的等号成立：

$$\mathbb{P}\left(\bigcup_{i=1}^{n} A_i\right) \leqslant \sum_{i=1}^{n} \mathbb{P}(A_i) \tag{1.2}$$

[①] σ-代数也被称为 σ-域（sigma-field）。

(3) 如果 $A_2 \subset A_1$，则 $\mathbb{P}(A_1) - \mathbb{P}(A_2) = \mathbb{P}(A_1 - A_2) \geqslant 0$；
(4) $\mathbb{P}(A_1 \cup A_2) = \mathbb{P}(A_1) + \mathbb{P}(A_2) - \mathbb{P}(A_1A_2)$；
(5) 条件概率公式，即当 $\mathbb{P}(A_1) > 0$ 时，有：

$$\mathbb{P}(A_2|A_1) = \frac{\mathbb{P}(A_1A_2)}{\mathbb{P}(A_1)} \tag{1.3}$$

除此以外，概率还有乘法公式、全概率公式和贝叶斯公式，具体如下：

（一）乘法公式

乘法公式可看作条件概率公式的直接推论，其表达式如下：

$$\mathbb{P}(B_1B_2\cdots B_n) = \mathbb{P}(B_1)\mathbb{P}(B_2|B_1)\cdots\mathbb{P}(B_n|B_1B_2\cdots B_{n-1}) \tag{1.4}$$

当 $\mathbb{P}(A) > 0$ 时，有：

$$\mathbb{P}(B_1B_2\cdots B_n|A) = \mathbb{P}(B_1|A)\mathbb{P}(B_2|B_1A)\cdots\mathbb{P}(B_n|B_1B_2\cdots B_{n-1}A) \tag{1.5}$$

证明：容易验证：

$$\begin{aligned}
&\mathbb{P}(B_1)\cdot\mathbb{P}(B_2|B_1)\cdots\mathbb{P}(B_n|B_1B_2\cdots B_{n-1})\\
&=\mathbb{P}(B_1)\times\frac{\mathbb{P}(B_1B_2)}{\mathbb{P}(B_1)}\times\frac{\mathbb{P}(B_1B_2B_3)}{\mathbb{P}(B_1B_2)}\times\cdots\times\frac{\mathbb{P}(B_1B_2\cdots B_{n-1}B_n)}{\mathbb{P}(B_1B_2\cdots B_{n-1})}\\
&=\mathbb{P}(B_1B_2\cdots B_n)
\end{aligned}$$

另外，

$$\begin{aligned}
&\mathbb{P}(B_1|A)\mathbb{P}(B_2|B_1A)\cdots\mathbb{P}(B_n|B_1B_2\cdots B_{n-1}A)\\
&=\frac{\mathbb{P}(B_1A)}{\mathbb{P}(A)}\times\frac{\mathbb{P}(B_1B_2A)}{\mathbb{P}(B_1A)}\times\frac{\mathbb{P}(B_1B_2B_3A)}{\mathbb{P}(B_1B_2A)}\times\cdots\times\frac{\mathbb{P}(B_1B_2\cdots B_{n-1}B_nA)}{\mathbb{P}(B_1B_2\cdots B_{n-1}A)}\\
&=\frac{\mathbb{P}(B_1B_2\cdots B_nA)}{\mathbb{P}(A)}=\mathbb{P}(B_1B_2\cdots B_n|A)
\end{aligned}$$

（二）全概率公式

若事件 $A_1, A_2, \ldots, A_n$ 互不相容，则当 $\bigcup\limits_{i=1}^{n} A_i = \Omega$ 时，有：

$$\mathbb{P}(B) = \sum_{i=1}^{n}\mathbb{P}(BA_i) = \sum_{i=1}^{n}\mathbb{P}(B|A_i)\mathbb{P}(A_i) \tag{1.6}$$

当 $\mathbb{P}(A) > 0$ 时，有：

$$\mathbb{P}(B|A) = \sum_{i=1}^{n}\mathbb{P}(B|A_iA)\mathbb{P}(A_i|A) \tag{1.7}$$

全概率公式的意义在于，当直接计算 $\mathbb{P}(B)$ 较为困难时，可以通过求小事件的概率，然后相加，从而求得事件 B 的概率。而对事件 B 进行分割的时候，则是先找到样本空间 Ω 的某个划分（partition）$\{A_1, A_2, \ldots, A_n\}$，进而得到相对应的事件 B 的分解，即：

$$B = BA_1 + BA_2 + \cdots + BA_n$$

利用条件概率的计算公式，可得：

$$\begin{aligned}\mathbb{P}(B) &= \mathbb{P}(BA_1) + \mathbb{P}(BA_2) + \cdots + \mathbb{P}(BA_n) \\ &= \mathbb{P}(B|A_1)\mathbb{P}(A_1) + \mathbb{P}(B|A_2)\mathbb{P}(A_2) + \cdots + \mathbb{P}(B|A_n)\mathbb{P}(A_n) = \sum_{i=1}^{n} \mathbb{P}(B|A_i)\mathbb{P}(A_i)\end{aligned}$$

在 $\mathbb{P}(B|A_i)$ 和 $\mathbb{P}(A_i)$ 的计算较为简单时，利用全概率公式计算 $\mathbb{P}(B)$ 是可行的方法。

（三）贝叶斯公式

若 $A_1, A_2, \ldots, A_n$ 为一系列互不相容的事件，并且

$$\bigcup_{i=1}^{n} A_i = \Omega, \quad \mathbb{P}(A_i) > 0, \ \forall i$$

则对任一事件 B，有：

$$\mathbb{P}(A_i|B) = \frac{\mathbb{P}(B|A_i)\mathbb{P}(A_i)}{\sum_{k=1}^{n} \mathbb{P}(B|A_k)\mathbb{P}(A_k)}, \qquad i = 1, 2, \ldots, n \tag{1.8}$$

与全概率公式解决的问题相反，贝叶斯公式建立在条件概率的基础上，通过确定的结果寻找发生的原因。此处 $\mathbb{P}(A_i)$ $(i = 1, 2, \ldots, n)$ 表示各种原因发生的可能性大小，故称先验概率（prior probability）；$\mathbb{P}(A_i|B)$ 则反映当结果 B 发生之后，再对产生这一结果的各种原因的可能概率进行推断，故称后验概率（posterior probability）。为了说明全概率公式与贝叶斯公式的联系和区别，举例如下：

例 1.1 某工厂有甲、乙、丙三台机器，各台机器生产的产品数量占总产量的比重分别为 25%、35% 和 40%，并且三台机器生产的产品次品率分别为 5%、4% 和 2%。问：
(1) 该工厂总的产品次品率是多少？
(2) 假设从生产的产品中检查出一个次品，其是由甲机器生产的概率是多少？

解答： 第一个问题考查的是全概率公式的运用，根据前面的公式，$\mathbb{P}(B)$ 是次品的概率，$\mathbb{P}(A_i)$ 是第 i 台机器生产的产品数量占总产量的比重，而对应的 $\mathbb{P}(B|A_i)$ 则是第 i 台机器生产的产品的次品率。因此：

$$\begin{aligned}\mathbb{P}(B) &= \mathbb{P}(B|A_1)\mathbb{P}(A_1) + \mathbb{P}(B|A_2)\mathbb{P}(A_2) + \mathbb{P}(B|A_3)\mathbb{P}(A_3) \\ &= 5\% \times 25\% + 4\% \times 35\% + 2\% \times 40\% = 3.45\%\end{aligned}$$

第二个问题则是考查贝叶斯公式的运用，根据前面的公式，事件 B 是抽查出次品，事件 A_1 是次品是由甲机器生产出来的，则问题转化为求 $\mathbb{P}(A_1|B)$。因此，

$$\begin{aligned}\mathbb{P}(A_1|B) &= \frac{\mathbb{P}(B|A_1)\mathbb{P}(A_1)}{\mathbb{P}(B|A_1)\mathbb{P}(A_1)+\mathbb{P}(B|A_2)\mathbb{P}(A_2)+\mathbb{P}(B|A_3)\mathbb{P}(A_3)} \\ &= \frac{5\%\times 25\%}{5\%\times 25\%+4\%\times 35\%+2\%\times 40\%} = 36.2\%\end{aligned}$$

第二节 随机变量和随机向量

一、随机变量

随机变量 X 是定义在样本空间 Ω 上的函数。若样本空间 Ω 中的样本点 ω 是离散的，则相应的 $X(\omega)$ 是离散型（discrete）随机变量；若样本点 ω 是连续的，则相应的 $X(\omega)$ 是连续型（continuous）随机变量。

以金融市场为例，考虑股票价格跳跃次数的样本空间，其可能的取值为 $\Omega=\{0, 1, 2, \ldots\}$，不难看出取值是非负的整数，此时所得到的股价跳跃次数的随机变量就是离散型随机变量；若考虑股票在某时刻的可能价格的样本空间，则其取值应当为 $\Omega\in\mathbb{R}^+\cup\{0\}$，此时得到的股价随机变量就是连续型随机变量，因为对应的样本空间 Ω 取值为非负实数。①

对于离散型随机变量而言，其对应样本点 ω 的概率是非负的，并且样本点所有可能取值下的概率之和等于 1（满足概率的完备性），即：

$$\mathbb{P}(X=\omega)\geqslant 0, \qquad \sum_{\omega\in\Omega}\mathbb{P}(X=\omega)\equiv 1$$

但是连续型随机变量无法得到类似的性质。由于样本点是连续的，相应地某一个样本点 ω 的概率接近于零，因此需要引入新的概念来刻画连续型随机变量的概率等特征，这就是分布函数。

二、分布函数

对于连续型随机变量 X 而言，其分布函数 $F_X(t)$（distribution function）被定义为：

$$F_X(t)=\mathbb{P}(X\leqslant t)=\int_{-\infty}^{t} f_X(s)\,\mathrm{d}s \tag{1.9}$$

其中，$f_X(s)$ 是 X 的概率密度函数（probability density function, PDF）。

需要说明的是，分布函数 $F_X(t)$ 是单调不减的右连续函数，并且其取值范围为 $[0,1]$。概率密度函数可以定义在任何连续随机变量上，比如正态分布、F 分布、t 分布、χ^2 分布等。

知识讲解

乘法公式、全概率公式、贝叶斯公式、随机变量与随机向量

①由于股份有限公司是有限负债的，其最大亏损数额以股东的出资额为限，因此股票的价格永远不可能为负值。

另外，对于离散型随机变量 Y 而言，其分布函数 $G_Y(t)$ 也有类似的定义，只不过原先的积分符号变成求和符号罢了，公式如下：

$$G_Y(t) = \mathbb{P}(Y \leqslant t) = \sum_{\substack{\omega \leqslant t \\ \omega \in \Omega}} \mathbb{P}(Y = \omega) \tag{1.10}$$

此处的 $\mathbb{P}(Y = \omega)$ 称作概率质量函数（probability mass function, pmf）。概率质量函数可以定义在任何离散型随机变量上，比如二项分布、负二项分布、泊松分布、几何分布等。

概率质量函数和概率密度函数的不同之处在于：概率质量函数是对离散型随机变量定义的，本身代表该值的概率；概率密度函数是对连续型随机变量定义的，本身不是概率，只有对连续型随机变量的概率密度函数在某区间内进行积分后才是概率。比如，要想求得连续型随机变量 X 在 $[a, b]$ 这一区间上的概率，则计算公式如下：

$$\mathbb{P}(a \leqslant X \leqslant b) = \int_a^b f_X(s)\,\mathrm{d}s \tag{1.11}$$

三、随机向量

如果 $X_1, X_2, \ldots, X_n$ 都是随机变量，则 $\mathbf{X} = (X_1, X_2, \ldots, X_n)$ 称作随机向量。相应地，定义在 n 维实数域 $\mathbb{R}^n$ 上的 n 元函数

$$F_{\mathbf{X}}(x_1, x_2, \ldots, x_n) = \mathbb{P}\left(X_1 \leqslant x_1, X_2 \leqslant x_2, \ldots, X_n \leqslant x_n\right) \tag{1.12}$$

称作 $\mathbf{X} = (X_1, X_2, \ldots, X_n)$ 的分布函数。

与前面类似，对于连续型随机向量 $\mathbf{X}$，其在 $\mathbb{R}^n$ 上的区域（domain）D 的概率为：

$$\mathbb{P}(\mathbf{X} \in D) = \underbrace{\int_{-\infty}^{x_1} \int_{-\infty}^{x_2} \cdots \int_{-\infty}^{x_n}}_{n\text{个}} f(\mathbf{x})\,\mathrm{d}x_1\,\mathrm{d}x_2 \cdots \mathrm{d}x_n = \int_D f(\mathbf{x})\,\mathrm{d}x_1\,\mathrm{d}x_2 \cdots \mathrm{d}x_n \tag{1.13}$$

其中，$f(\mathbf{x}) = f(x_1, x_2, \ldots, x_n)$ 是 $\mathbf{X}$ 的联合密度。

第三节　随机变量的数字特征

对于随机变量而言，我们通常关心它的重要数字特征，比如期望、方差、偏度、峰度等。本节主要介绍期望和方差，以及更一般的矩母函数和特征函数。

知识讲解

随机变量的期望和方差

一、期望

期望（expectation）用于反映随机变量平均取值的大小。根据随机变量的不同，可以得到离散型随机变量和连续型随机变量的期望。

（一）离散型随机变量的期望

设随机变量 X 的概率质量函数如下：

$$p_i = \mathbb{P}(X = x_i), \qquad i = 1, \ldots, n$$

则：

$$\mathbb{E}(X) = \sum_{i=1}^{n} x_i \mathbb{P}(X = x_i) = \sum_{i=1}^{n} x_i p_i \tag{1.14}$$

例 1.2 假设随机变量 X 服从参数为 λ 的泊松分布，则相应的概率质量函数如下：

$$\mathbb{P}(X = n) = \frac{\lambda^n}{n!}\mathrm{e}^{-\lambda}, \qquad \lambda > 0,\ n = 0, 1, 2, \ldots$$

求泊松分布的期望 $\mathbb{E}(X)$。

解答： 根据期望的定义，可得：

$$\begin{aligned}\mathbb{E}(X) &= \sum_{n=0}^{\infty} n \cdot \mathbb{P}(X = n) = \sum_{n=0}^{\infty} n \cdot \frac{\lambda^n}{n!}\mathrm{e}^{-\lambda} \\ &= \sum_{n=0}^{\infty} \frac{\lambda^n}{(n-1)!}\mathrm{e}^{-\lambda} = \lambda \sum_{n=0}^{\infty} \frac{\lambda^{n-1}}{(n-1)!}\mathrm{e}^{-\lambda} = \lambda\end{aligned}$$

注意，这里最后一步化简用到了 e^x 的泰勒展开式，即：

$$\mathrm{e}^x = 1 + x + \frac{x^2}{2!} + \frac{x^3}{3!} + \cdots = \sum_{n=0}^{\infty} \frac{x^n}{n!}$$

定理 1.1

设 X 为取值是非负整数的随机变量，其期望的计算公式如下：

$$\mathbb{E}(X) = \sum_{k=1}^{\infty} \mathbb{P}(X \geqslant k) \tag{1.15}$$

证明： 该定理的证明使用了求和符号交换的知识（见图 1.1），具体如下：

$$\begin{aligned}\sum_{k=1}^{\infty} \mathbb{P}(X \geqslant k) &= \sum_{k=1}^{\infty}\sum_{i=k}^{\infty} \mathbb{P}(X = i) = \sum_{i=1}^{\infty}\underbrace{\sum_{k=1}^{i} \mathbb{P}(X = i)}_{i\text{个}\mathbb{P}(X=i)} \\ &= \sum_{i=1}^{\infty} i \cdot \mathbb{P}(X = i) = \mathbb{E}(X)\end{aligned}$$

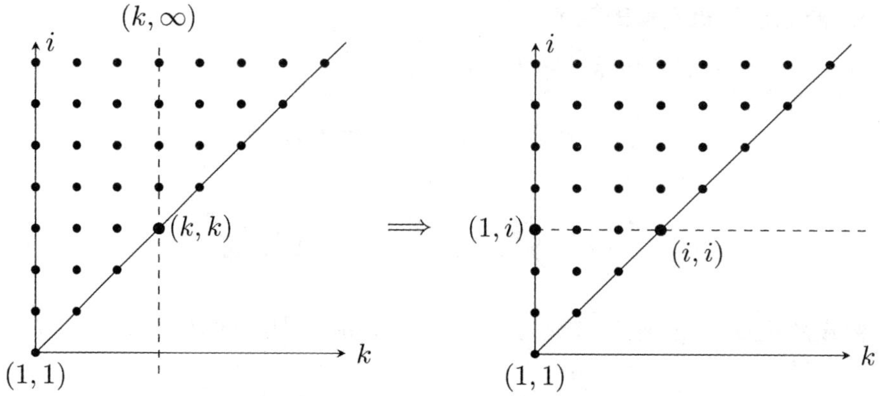

图 1.1　求和符号交换的图示

（二）连续型随机变量的期望

设 X 是有密度函数 $f_X(x)$ 的随机变量，即分布函数满足：

$$F_X(a) = \mathbb{P}(X \leqslant a) = \int_{-\infty}^{a} f_X(x)\,\mathrm{d}x \tag{1.16}$$

则：

$$\mathbb{E}(X) = \int_{-\infty}^{\infty} x f_X(x)\,\mathrm{d}x \tag{1.17}$$

例 1.3　假设随机变量 X 服从参数为 λ 的指数分布，相应的概率密度函数如下：

$$f_X(x) = \lambda \mathrm{e}^{-\lambda x}, \qquad \lambda > 0,\ x \geqslant 0$$

求指数分布的期望 $\mathbb{E}(X)$。

解答：根据期望的定义，可得：

$$\mathbb{E}(X) = \int_{0}^{\infty} x f_X(x)\,\mathrm{d}x = \int_{0}^{\infty} \lambda x \mathrm{e}^{-\lambda x}\,\mathrm{d}x$$

记 $u = -\lambda x$，则：

$$\text{上式} = \frac{1}{\lambda}\int_{0}^{-\infty} u\mathrm{e}^{u}\,\mathrm{d}u = \frac{1}{\lambda}\Big[\mathrm{e}^{u}(u-1)\Big]_{0}^{-\infty} = \frac{1}{\lambda}$$

定理 1.2

设 X 是非负的随机变量，则：

$$\mathbb{E}(X) = \int_{0}^{\infty} \mathbb{P}(X > x)\,\mathrm{d}x = \int_{0}^{\infty} \big[1 - F_X(x)\big]\,\mathrm{d}x$$

证明： 该定理的证明与定理 1.1 类似，只是将求和符号的交换变成了积分的交换（见图 1.2），具体如下：

$$\int_0^\infty \mathbb{P}(X>x)\,\mathrm{d}x = \int_0^\infty \mathrm{d}x \int_x^\infty f_X(y)\,\mathrm{d}y = \int_0^\infty \mathrm{d}y \underbrace{\int_0^y f_X(y)\,\mathrm{d}x}_{f_X(y)\text{可从积分中提出}}$$

$$= \int_0^\infty y f_X(y)\,\mathrm{d}y = \mathbb{E}(X)$$

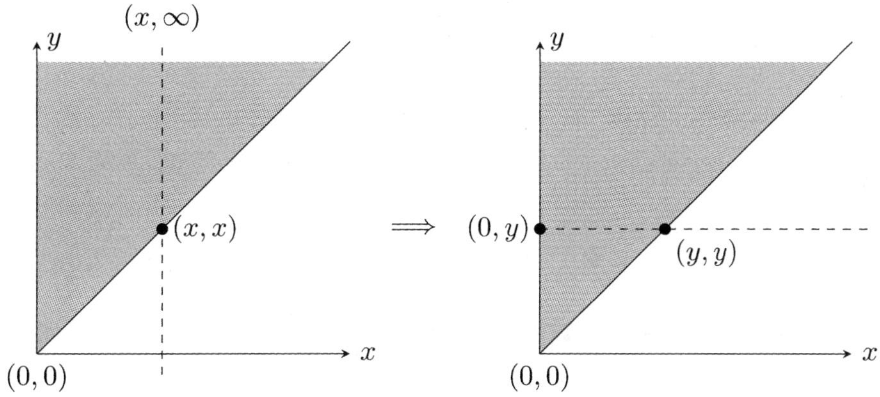

图 1.2 积分符号交换的图示

二、方差

方差（variance）是反映随机变量离散程度的指标。在概率统计的教科书中，方差计算的恒等式如下：

$$\mathrm{Var}(X) = \mathbb{E}(X^2) - [\mathbb{E}(X)]^2 \tag{1.18}$$

接下来利用这个恒等式分别计算离散型随机变量和连续型随机变量的方差。

例 1.4 假设随机变量 X 服从参数为 λ 的泊松分布，相应的概率质量函数如下：

$$\mathbb{P}(X=n) = \frac{\lambda^n}{n!}\mathrm{e}^{-\lambda}, \qquad \lambda>0,\ n=0,1,2,\ldots$$

求泊松分布的方差 $\mathrm{Var}(X)$。

解答： 前面已经计算出泊松分布的期望 $\mathbb{E}(X)=\lambda$，要求出方差，还需要计算 $\mathbb{E}(X^2)$，具体如下：

$$\mathbb{E}(X^2) = \sum_{n=0}^\infty n^2\mathbb{P}(X=n) = \sum_{n=0}^\infty n^2\cdot\frac{\lambda^n}{n!}\mathrm{e}^{-\lambda}$$

$$= \sum_{n=0}^\infty \frac{n\lambda^n}{(n-1)!}\mathrm{e}^{-\lambda} = \lambda\mathrm{e}^{-\lambda}\sum_{n=0}^\infty \frac{n\lambda^{n-1}}{(n-1)!}$$

记 $f(\lambda)=\sum_{n=0}^{\infty}\frac{n\lambda^{n-1}}{(n-1)!}$，对上式两端关于 λ 取积分，可得：

$$\int f(\lambda)\,\mathrm{d}\lambda=\sum_{n=0}^{\infty}\frac{\lambda^{n}}{(n-1)!}=\lambda\mathrm{e}^{\lambda}$$

再取微分还原，可得：

$$f(\lambda)=(\lambda+1)\mathrm{e}^{\lambda}$$

综合上面各式，可得：

$$\mathbb{E}(X^2)=\lambda\mathrm{e}^{-\lambda}\cdot(\lambda+1)\mathrm{e}^{\lambda}=\lambda(\lambda+1)$$

因此：

$$\mathrm{Var}(X)=\mathbb{E}(X^2)-[\mathbb{E}(X)]^2=\lambda(\lambda+1)-\lambda^2=\lambda$$

例 1.5 假设随机变量 X 服从参数为 λ 的指数分布，相应的概率密度函数如下：

$$f_X(x)=\lambda\mathrm{e}^{-\lambda x},\qquad \lambda>0,\ x\geqslant 0$$

求指数分布的方差 $\mathrm{Var}(X)$。

解答：前面已经计算出指数分布的期望 $\mathbb{E}(X)=\frac{1}{\lambda}$，要求出方差，还需要计算 $\mathbb{E}(X^2)$，具体如下：

$$\begin{aligned}\mathbb{E}(X^2)&=\int_0^{\infty}x^2f_X(x)\,\mathrm{d}x=\int_0^{\infty}x^2\lambda\mathrm{e}^{-\lambda x}\,\mathrm{d}x\\&=\frac{1}{\lambda}\int_0^{\infty}(\lambda x)^2\mathrm{e}^{-\lambda x}\,\mathrm{d}x\end{aligned}$$

记 $u=-\lambda x$，则：

$$\begin{aligned}\text{上式}&=-\frac{1}{\lambda^2}\int_0^{-\infty}u^2\mathrm{e}^{u}\,\mathrm{d}u\\&=-\frac{1}{\lambda^2}\Big[\mathrm{e}^{u}(u^2-2u+2)\Big]_0^{-\infty}=\frac{2}{\lambda^2}\end{aligned}$$

因此：

$$\mathrm{Var}(X)=\mathbb{E}(X^2)-[\mathbb{E}(X)]^2=\frac{2}{\lambda^2}-\frac{1}{\lambda^2}=\frac{1}{\lambda^2}$$

三、矩母函数和特征函数

前面大致回顾了概率统计中提及的期望和方差的概念，与之相关的概念便是矩（moment），其中期望是一阶（原点）矩，方差则是二阶中心矩。在此基础上引入一个新的概念——矩母函数。

知识讲解

概率母函数和矩母函数

所谓的矩母函数（moment generating function, MGF）是一种构造函数。对于任何满足概率密度函数为 $f_X(x)$ 的随机变量 X，其矩母函数的定义如下：

$$M_X(t) = \mathbb{E}(\mathrm{e}^{tX}) = \int_{-\infty}^{\infty} \mathrm{e}^{tx} f_X(x)\,\mathrm{d}x \tag{1.19}$$

根据前面提及的泰勒展开式

$$\mathrm{e}^x = 1 + x + \frac{x^2}{2!} + \frac{x^3}{3!} + \cdots = \sum_{k=0}^{\infty} \frac{x^k}{k!}$$

可得：

$$\mathrm{e}^{tx} = \sum_{k=0}^{\infty} \frac{(tx)^k}{k!}$$

矩母函数可以相应地进行如下展开：

$$\begin{aligned}
M_X(t) &= \int_{-\infty}^{\infty} \mathrm{e}^{tx} f_X(x)\,\mathrm{d}x = \int_{-\infty}^{\infty} f_X(x) \sum_{k=0}^{\infty} \frac{(tx)^k}{k!}\,\mathrm{d}x \\
&= \sum_{k=0}^{\infty} \frac{t^k}{k!} \int_{-\infty}^{\infty} x^k f_X(x)\,\mathrm{d}x = \sum_{k=0}^{\infty} \frac{t^k}{k!} \cdot \mathbb{E}(X^k) \\
&= 1 + t \cdot \mathbb{E}(X) + \frac{t^2}{2!} \cdot \mathbb{E}(X^2) + \cdots + \frac{t^n}{n!} \cdot \mathbb{E}(X^n) + \cdots
\end{aligned} \tag{1.20}$$

由此可见，矩母函数包含了随机变量 X 的各阶矩 $\mathbb{E}(X^n),\ n = 1, 2, 3, \ldots$

同时注意到，若对 $M_X(t)$ 关于 t 求导，可得：

$$\frac{\mathrm{d}M_X(t)}{\mathrm{d}t} = \int_{-\infty}^{\infty} \mathrm{e}^{tx} \cdot x f_X(x)\,\mathrm{d}x$$

类似地，

$$\frac{\mathrm{d}^n M_X(t)}{\mathrm{d}t^n} = \int_{-\infty}^{\infty} \mathrm{e}^{tx} \cdot x^n f_X(x)\,\mathrm{d}x$$

当 $t = 0$ 时，有：

$$\left.\frac{\mathrm{d}^n M_X(t)}{\mathrm{d}t^n}\right|_{t=0} = \int_{-\infty}^{\infty} x^n f_X(x)\,\mathrm{d}x = \mathbb{E}(X^n) \tag{1.21}$$

因此，可以通过对矩母函数关于 t 求 n 阶导的方式，并令 $t = 0$，求出随机变量的 n 阶矩。

例 1.6 假设随机变量 X 服从速率为 λ 的指数分布，其概率密度函数为：

$$f_X(x) = \lambda \mathrm{e}^{-\lambda x}, \qquad \lambda > 0,\ x \geqslant 0$$

求其各阶矩。

解答：由矩母函数的定义可得：

$$\begin{aligned} M_X(t) = \mathbb{E}\left(\mathrm{e}^{tx}\right) &= \int_0^{\infty} \mathrm{e}^{tx} \lambda \mathrm{e}^{-\lambda x}\,\mathrm{d}x \\ &= \lambda \int_0^{\infty} \mathrm{e}^{-(\lambda - t)x}\,\mathrm{d}x \\ &= \frac{\lambda}{t-\lambda} \mathrm{e}^{-(\lambda-t)x}\bigg|_{x=0}^{x=\infty} = \frac{\lambda}{\lambda - t}, \qquad \lambda > t \end{aligned}$$

相应地：

$$\begin{aligned} \frac{\mathrm{d}M_X(t)}{\mathrm{d}t} &= \frac{\lambda}{(\lambda-t)^2} &\Rightarrow\quad \mathbb{E}(X) &= \frac{\mathrm{d}M_X(t)}{\mathrm{d}t}\bigg|_{t=0} = \frac{1}{\lambda} \\ \frac{\mathrm{d}^2 M_X(t)}{\mathrm{d}t^2} &= \frac{2\lambda}{(\lambda-t)^3} &\Rightarrow\quad \mathbb{E}(X^2) &= \frac{\mathrm{d}^2 M_X(t)}{\mathrm{d}t^2}\bigg|_{t=0} = \frac{2}{\lambda^2} \\ \frac{\mathrm{d}^3 M_X(t)}{\mathrm{d}t^3} &= \frac{2\cdot 3\lambda}{(\lambda-t)^4} &\Rightarrow\quad \mathbb{E}(X^3) &= \frac{\mathrm{d}^3 M_X(t)}{\mathrm{d}t^3}\bigg|_{t=0} = \frac{6}{\lambda^3} \end{aligned}$$

因此：

$$\mathbb{E}(X^n) = \frac{n!}{\lambda^n}$$

从中不难看出，通过矩母函数可以相对容易地求出服从某个概率分布的随机变量之各阶矩。但是该方法仍有不足之处：它依赖于矩母函数关于 t 进行 n 阶求导后，在 $t=0$ 处有定义，否则会出现无法计算各阶矩的问题。

为解决这个问题，引入特征函数（characteristic function, CF），其定义如下：

$$\phi_X(t) = \mathbb{E}(\mathrm{e}^{itx}) = \int_{-\infty}^{\infty} \mathrm{e}^{itx} f_X(x)\,\mathrm{d}x \tag{1.22}$$

从表面上看，虽然特征函数与矩母函数在表达式上只相差了一个虚数项 i，但是它的性质要好过矩母函数。部分概率分布（比如柯西分布）不存在矩母函数，但是一定存在特征函数。与矩母函数类似，特征函数具有如下性质：

$$\frac{\mathrm{d}^n \phi_X(t)}{\mathrm{d}t^n}\bigg|_{t=0} = i^n \mathbb{E}(X^n) \tag{1.23}$$

结合前面介绍的矩母函数的性质，还可以得到矩母函数与特征函数之间的关系式：

$$\frac{\mathrm{d}^n M_X(t)}{\mathrm{d}t^n}\bigg|_{t=0} = \mathbb{E}(X^n) = \frac{1}{i^n}\ \frac{\mathrm{d}^n \phi_X(t)}{\mathrm{d}t^n}\bigg|_{t=0}, \qquad n = 1, 2, \ldots \tag{1.24}$$

特征函数的重要用途在于，若无法直接算出随机变量 X 的概率密度 $f_X(x)$，可以首先计算出它的特征函数 $\phi_X(t)$，再通过傅立叶变换（Fourier transform）最终算出概率密度 $f_X(x)$。计算公式如下：

$$f_X(x) = \frac{1}{2\pi}\int_{-\infty}^{\infty} \mathrm{e}^{-itx}\phi_X(t)\,\mathrm{d}t \tag{1.25}$$

特征函数的求解往往要用到复变函数中围道积分的相关知识，这里不再过多介绍。最后，以正态分布的矩母函数和特征函数的求解结束本节的内容。

例 1.7 假设 $X \sim \mathcal{N}(\mu, \sigma^2)$，相应的概率密度函数如下：

$$f_X(x) = \frac{1}{\sqrt{2\pi}\sigma}\exp\left[-\frac{(x-\mu)^2}{2\sigma^2}\right]$$

求随机变量 X 的矩母函数和特征函数。

解答：

$$M_X(t) = \mathbb{E}\big(\mathrm{e}^{tX}\big) = \int_{-\infty}^{\infty}\mathrm{e}^{tx}f_X(x)\,\mathrm{d}x = \int_{-\infty}^{\infty}\exp\left[-\frac{(x-\mu)^2}{2\sigma^2}+tx\right]\mathrm{d}x$$

类似地：

$$\phi_X(t) = \mathbb{E}\big(\mathrm{e}^{itX}\big) = \int_{-\infty}^{\infty}\mathrm{e}^{itx}f_X(x)\,\mathrm{d}x = \int_{-\infty}^{\infty}\exp\left[-\frac{(x-\mu)^2}{2\sigma^2}+itx\right]\mathrm{d}x$$

其中：

$$\begin{aligned}
-\frac{(x-\mu)^2}{2\sigma^2}+tx &= -\frac{1}{2\sigma^2}(x^2-2\mu x-2\sigma^2 tx+\mu^2)\\
&= -\frac{1}{2\sigma^2}\left[x^2-2(\mu+\sigma^2 t)x+(\mu+\sigma^2 t)^2-2\mu\sigma^2 t-\sigma^4 t^2\right]\\
&= -\frac{1}{2\sigma^2}\left[x-(\mu+\sigma^2 t)\right]^2+\mu t+\frac{1}{2}\sigma^2 t^2
\end{aligned}$$

$$\begin{aligned}
-\frac{(x-\mu)^2}{2\sigma^2}+itx &= -\frac{1}{2\sigma^2}(x^2-2\mu x-2\sigma^2\cdot itx+\mu^2)\\
&= -\frac{1}{2\sigma^2}\left[x^2-2(\mu+i\sigma^2 t)x+(\mu+i\sigma^2 t)^2-2i\mu\sigma^2 t+\sigma^4 t^2\right]\\
&= -\frac{1}{2\sigma^2}\left[x-(\mu+i\sigma^2 t)\right]^2+i\mu t-\frac{1}{2}\sigma^2 t^2
\end{aligned}$$

因此：

$$\begin{aligned}
M_X(t) &= \exp\left(\mu t+\frac{1}{2}\sigma^2 t^2\right)\cdot\frac{1}{\sqrt{2\pi}\sigma}\int_{-\infty}^{\infty}\exp\left\{-\frac{1}{2\sigma^2}\left[x-(\mu+\sigma^2 t)\right]^2\right\}\mathrm{d}x\\
&= \exp\left(\mu t+\frac{1}{2}\sigma^2 t^2\right)
\end{aligned}$$

$$
\begin{aligned}
\phi_X(t) &= \exp\left(i\mu t - \frac{1}{2}\sigma^2 t^2\right) \cdot \frac{1}{\sqrt{2\pi}\sigma} \int_{-\infty}^{\infty} \exp\left\{-\frac{1}{2\sigma^2}\left[x-(\mu+i\sigma^2 t)\right]^2\right\} \mathrm{d}x \\
&= \exp\left(i\mu t - \frac{1}{2}\sigma^2 t^2\right)
\end{aligned}
$$

第四节　随机过程的概念

知识讲解

随机过程的概念

设 $(\Omega, \mathcal{F}, \mathbb{P})$ 是一个概率空间，T 为一个参数集。若对每一个 $t \in T$，均有定义在概率空间上的一个随机变量 $X_t(\omega)$, $\omega \in \Omega$ 与之对应，则称 $\{X_t : t \in T\}$ 为 $(\Omega, \mathcal{F}, \mathbb{P})$ 上的一个随机过程（stochastic process）。这里的 t 通常理解成时间，相应的参数集 T 就是时间参数；X_t 可看作过程在时刻 t 的状态。X_t 的取值范围称作状态空间 Ω。对于 $X_t(\omega)$，

(1) 若固定 ω，则 X_t 称为样本函数或轨道，是随机过程的一次实现（realization）；

(2) 若固定 t，则 $X(\omega)$ 称为一个随机变量；

(3) 所有可能出现的结果的总体 $\{X_1(\omega), X_2(\omega), \ldots, X_n(\omega), \ldots\}$, $\omega \in \Omega$ 构成一个随机过程。

由上述定义可以看出，随机过程这个词包含了两重含义：“随机”意味着某时刻出现结果的不确定性，但是可能的结果一定在状态空间内；“过程”意味着还要考虑随机现象随时间的演化规律。正因为如此，随机过程可看作所有样本函数的集合（assemble）。

阅读材料：许宝騄生平简介

许宝騄（1910—1970），中国现代数学家、统计学家，1910 年 4 月生于北京，1928 年入燕京大学学习，1930 年转入清华大学学习数学，毕业后在北京大学任助教，1936 年赴英国留学，在伦敦大学读研究生，同时又在剑桥大学学习，获哲学博士和科学博士学位。1940 年回国任北京大学教授。1945 年再次出国，先后在美国加州大学伯克利分校、哥伦比亚大学等任访问教授。1947 年回国后，他一直在北京大学任教授，还担任中国科学院学部委员。

许宝騄是中国早期从事概率论和数理统计学研究并达到世界先进水平的一位杰出学者。他在多元统计分析与统计推断方面发表了一系列出色论文，推进了矩阵论在数理统计学中的应用。他对高斯–马尔可夫模型中方差的最优估计的研究是后来关于方差分量和方差的最佳二次估计的众多研究的起点。他还揭示了线性假设的似然比检验的第一个优良性质，并经过研究得到了样本方差分布的渐进展开以及中心极限定理中误差大小的阶的精确估计及其他若干成果。

20 世纪 50 年代后他抱病工作，为国家培养新一代数理工作者做出了很大贡献，并对马尔可夫过程转移函数的可微性、次序统计量的极限分布等多方面开展研究，发表了有价值的论文。他的著作主要有《抽样论》《许宝騄论文选集》等。许宝騄逝世时年仅 60 岁，但是他留下了举世瞩目的学术成果，为我国概率统计学科的建立和发展做出了巨大贡献，也留下了热爱祖国、献身科学的宝贵精神财富。

为了形象地说明这个概念，我们以股价为例进行阐述（见图 1.3）。当前时刻记为 0，对于 $t \geqslant 0$，用 X_t 表示 t 时刻的股价，显然 X_t 是随机变量。

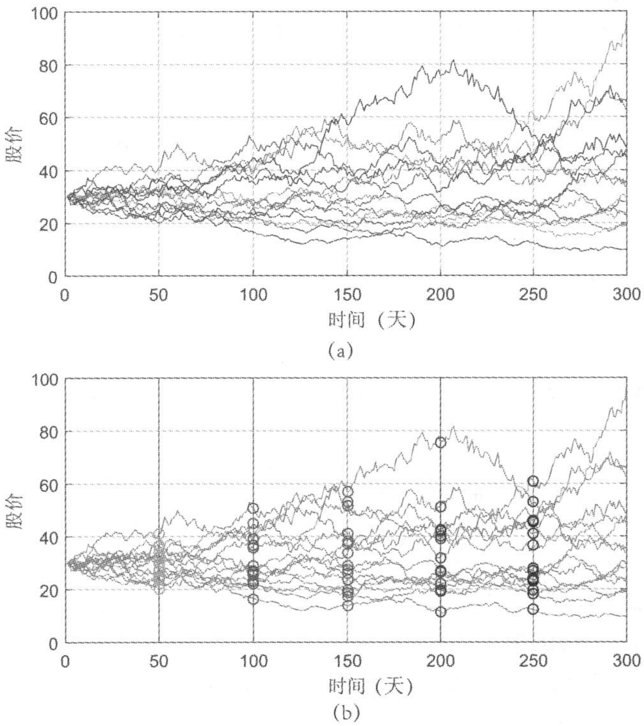

图 1.3　以股价为例说明随机过程的含义

如图 1.3（a）所示，这里模拟了股价未来可能的 15 条变动路径，每一条都可看作一条轨道（trajectory），在其上每隔 50 天选取一个时间点，轨道与对应时间点的垂线相交可以分别得到 15 个不同的交点，这些交点分别代表了不同时点股价的可能取值［见图 1.3（b）中的圆点］，这些取值就是对应时间点的随机变量。而在整张图当中，所有时间点所有可能的路径的总和，构成了关于股票价格的随机过程。

本章附录

一、由特征函数计算概率密度的 Matlab 代码

使用 Matlab，并基于正态分布的特征函数 $\phi_X(t)$，对概率密度 $f_X(x)$ 加以计算。此处运用数值积分的方法进行求解，相应的函数 fourierPDF 如下：

```
function F = fourierPDF(mu, sigma, x)
    % mu: 期望
    % sigma: 标准差
    % x: 分布函数的输入值
    % 定义特征函数（此处使用的是正态分布的特征函数）
    phi = @(t) exp(1i .* mu .* t) .* exp(-0.5 .* sigma.^2 .* t.^2);

    % 使用quadgk进行数值积分，因为它适用于无穷限积分
    integrand = @(t) (exp(-1i .* t .* x) .* phi(t));
    [F_int, F_err] = quadgk(integrand, -Inf, Inf, 'AbsTol', 1e-10,...
  'RelTol', 1e-10);
    f =  1/(2*pi) .* F_int;
    %  输出结果
    fprintf('f(x) = %f (integral error: %e)\n', f, F_err);
end
```

调用该函数，可使用以下命令：

```
>> mu = 0; % 期望为0
>> sigma = 1; % 标准差为1
>> x = 0.2; % 计算f(0.2)
>> f_x = fourierPDF(mu, sigma, x);  % 输出结果
```

二、吉尔·佩拉兹反演定理

还可根据吉尔·佩拉兹[①]提出的反演定理（Gil-Pelaez inversion theorem），由特征函数 $\phi_X(t)$ 求出对应的分布函数 $F_X(x)$。该定理给出了一般化的傅立叶逆变换公式：

$$F_X(x) = \frac{1}{2} - \frac{1}{\pi}\int_0^{\infty} \frac{\mathrm{Im}\left[\mathrm{e}^{-itx}\phi_X(t)\right]}{t}\,\mathrm{d}t$$

其中：$\mathrm{Im}(\cdot)$ 表示取函数的虚部（imaginary part）。该公式往往没有解析解，通常可运用数值积分的方法求解。

[①] Gil-Pelaez, J. "Note on the Inversion Theorem." [J] *Biometrika*, 1951(38): 481–482.

吉尔·佩拉兹反演定理在金融学中主要用于金融衍生品的定价和风险管理。特别是在期权定价中，可以基于特征函数，使用该定理推导出期权价格的闭式解（closed-form solution），从而更好地理解和分析期权的价格行为。

这里我们使用 Matlab，并基于正态分布的特征函数，实现吉尔·佩拉兹反演定理的结论。相应的函数 `GilPelaezCDF` 如下：

```
function F = GilPelaezCDF(mu, sigma, x)
    % 对计算正态分布的分布函数F(x)使用吉尔·佩拉兹反演定理
    % mu: 期望
    % sigma: 标准差
    % x: 分布函数的输入值
    % 定义特征函数（此处使用的是正态分布的特征函数）
    phi = @(t) exp(1i .* mu .* t) .* exp(-0.5 .* sigma.^2 .* t.^2);

    % 吉尔·佩拉兹反演定理
    % 使用quadgk进行数值积分，因为它适用于无穷限积分
    integrand = @(t) imag(exp(-1i .* t .* x) .* phi(t)) ./ t;
    [F_int, F_err] = quadgk(integrand, 0, Inf, 'AbsTol', 1e-10, ...
'RelTol', 1e-10);

    % 吉尔·佩拉兹反演定理的结果
    F = 0.5 - 1/pi .* F_int;

    % 输出结果
    fprintf('F(x) = %f (integral error: %e)\n', F, F_err);
end
```

调用该函数，可使用以下命令：

```
>> mu = 0; % 期望为0
>> sigma = 1; % 标准差为1
>> x = 0; % 计算F(0)
>> F_x = GilPelaezCDF(mu, sigma, x);  % 输出结果
```

本章习题

1. 设随机变量 X 服从几何分布，即 $\mathbb{P}(X=k)=p(1-p)^{k-1}$，$k=1,2,\ldots$ 求随机变量 X 的期望和方差。

2. 设随机变量 X 的概率分布函数为：

$$F_X(x)=\begin{cases}A+B\exp\left(-\dfrac{x^2}{2}\right), & x\geqslant 0\\ 0, & x<0\end{cases}$$

求 A 和 B。

3. 设随机变量 X 的概率密度函数为：

$$f_X(x)=\begin{cases}Ax\mathrm{e}^{-x}, & x>0\\ 0, & x\leqslant 0\end{cases}$$

求系数 A 的取值。

4. 设二维随机变量 (X,Y) 的联合概率密度函数为：

$$f(x,y)=\begin{cases}A\mathrm{e}^{-(x+y)}, & x>0,\ y>0\\ 0, & \text{其他}\end{cases}$$

求：(a) A 的值；(b) $\mathbb{P}(X<1,Y<2)$。

5. 设随机变量 X 服从参数为 λ 和 α 的 Gamma 分布，即概率密度函数为：

$$f_X(x)=\frac{\lambda^\alpha}{\Gamma(\alpha)}x^{\alpha-1}\exp(-\lambda x),\qquad x>0$$

求随机变量 X 的期望、方差和矩母函数。

6. 假设随机变量 X 服从参数为 λ 的泊松分布，即：

$$\mathbb{P}(X=n)=\mathrm{e}^{-\lambda}\cdot\frac{\lambda^n}{n!},\qquad n=0,1,\ldots$$

求随机变量 X 的矩母函数和特征函数。

7. 假设随机变量 X 的样本空间为 $\{0,1,2,3,5\}$，相应的矩母函数如下：

$$M_X(t)=\frac{44}{120}+\frac{45}{120}\mathrm{e}^t+\frac{20}{120}\mathrm{e}^{2t}+\frac{10}{120}\mathrm{e}^{3t}+\frac{1}{120}\mathrm{e}^{5t}$$

求随机变量 X 的期望和方差。

8. 对于第 1 题，求随机变量 X 的矩母函数，并基于矩母函数求随机变量 X 的期望和方差。

第二章　布朗运动

在随机过程领域，有一类时间和状态均连续的随机过程，称为马氏过程（Markov process），其中最具有代表性的就是在金融工程、高能物理等研究领域中被广泛使用的布朗运动（Brownian motion）。

布朗运动是由英国生物学家罗伯特·布朗（Robert Brown，1773—1858）首先观察到的花粉颗粒浮于液体内不规则运动的物理现象。[1] 1900 年，法国数学家路易斯·巴舍利耶（Louis Bachelier，1870—1946）在他的博士论文中正式将布朗运动引入证券市场，用来描述股价的变动。[2]阿尔伯特·爱因斯坦（Albert Einstein，1879—1955）于 1905 年在研究狭义相对论的过程中，独立地对布朗运动进行了数学刻画。[3]之后，诺伯特·维纳（Norbert Wiener，1894—1964）在 1923 年研究了布朗运动的数学理论，并对其进行了严格定义，因此布朗运动也被称为维纳过程（Wiener process）。[4]图 2.1 展示了相关学者。

罗伯特·布朗　　路易斯·巴舍利耶　　阿尔伯特·爱因斯坦　　诺伯特·维纳

图 2.1　相关学者

---

[1]Brown, R. "A Brief Account of Microscopical Observations Made in the Months of June, July and August 1827, on the Particles Contained in the Pollen of Plants; and on the General Existence of Active Molecules in Organic and Inorganic Bodies"[J]. *Philosophical Magazine*, 1828, 4(21): 161-173.

[2]Bachelier, L. "Théorie de la Spéculation"[J]. *Annales scientifiques de l'École Normale Supérieure*, 1900(3): 21-86.

[3]Einstein, A. "On the Movement of Small Particles Suspended in Stationary Liquids Required by the Molecular-Kinetic Theory of Heat"[J]. *Annalen der Physik*, 1905(17): 549-560.

[4]Wiener, N. "Differential-Space"[J]. *Journal of Mathematics and Physics*, 1923(2): 131-174.

美国经济学家保罗·萨缪尔森（Paul Samuelson，1915—2009）在曼德尔布罗特（B. Mandelbrot，1924—2010）[①]和奥斯本（M. F. Osborne，1888—1966）[②]的启发下，于20 世纪 60 年代对巴舍利耶的研究成果进行了重新发掘，将布朗运动再度引入金融经济学模型[③]，并尝试研究金融市场中的权证定价问题[④]。至此，布朗运动奠定了其在金融经济学及金融工程学中的重要地位。

本章将从随机游走开始，并由此过渡到对布朗运动的正式介绍。

阅读材料：巴舍利耶的生平及其贡献

巴舍利耶，法国数学家，被认为是数理金融之父。他出生于法国勒阿弗尔（Le Havre）的显赫家庭，其父是酒商和勒阿弗尔驻委内瑞拉副领事，同时也是科学爱好者；其母来自银行家家庭。不幸的是，在他 18 岁那年，父母先后过世，他不得不放弃学业转而掌管家族企业。正是这段经历，使他开始熟悉国际金融市场。

服完兵役后，在中断了近 4 年学业的情况下，他重新进入大学深造，师从庞加莱（Henri Poincaré）。虽然他的数学成绩远不及朗之万（Langevin）等同门，但是他在 1900 年的博士学位论文《投机理论》（Théorie de la spéculation）中抛开了对金融市场的基础分析和技术分析，用概率论建立了金融市场价格的随机游走模型。这是迄今所知最早应用高等数学和布朗运动来研究金融问题的论文。遗憾的是，由于他的研究对象对于身为数学家的答辩组成员来说是不熟悉的领域，最终他的博士论文没能获得最高等级的成绩。虽然他的导师庞加莱给予了正面的评价，并通过推荐，使他的这篇论文发表于《巴黎高等师范学校科学年刊》（*Annales scientifiques de l'École normale supérieure*，法国最具影响力的学术期刊之一）上，但是这仍不足以让巴舍利耶获得一份终身教职。巴舍利耶的杰出理论模型也因此沉睡了超过半个世纪。

在巴舍利耶 1906 年的传记当中，他定义了一系列随机过程，比如独立增量过程、马尔科夫过程，并且推导出 Ornstein-Uhlenbeck 过程的分布。在庞加莱和一些学术基金会的资助下，从 1909 年开始，他以无薪讲师的身份在巴黎索邦大学授课。好不容易熬到 1914 年，巴黎大学为他设立了终身教职，眼看梦寐以求的职位近在眼前，结果这一年 8 月德军穿过比利时入侵法国，9 月这位 44 岁的数学家在毫无征兆的情况下应征入伍。

在第一次世界大战中，他成功地活了下来，并于 1918 年退伍。当他返回巴黎时，之前的终身教职已经被取消。战争过后，很多年轻数学家丧生，很多大学有了职位空缺，他得以借访问学者的身份浪迹在几个不知名的学校。1927 年，巴

[①]Mandelbrot, B. “The Variation of Certain Speculative Prices”[J]. *Journal of Business*, 1963(36):394-419.

[②]Osborne, M. F. “Brownian Motion in the Stock Market”[J]. *Operations Research*, 1959(7):145-173.

[③]Samuelson, P. A. “Proof That Properly Anticipated Prices Fluctuate Randomly”[J]. *Industrial Management Review*, 1965(6): 41-49.

[④]Samuelson, P. A. “Rational Theory of Warrant Pricing”[J]. *Industrial Management Review*, 1965(6): 13-39.

舍利耶终于在贝桑松（Besancon）大学拿到终身教职，一直工作到 1937 年退休。这 9 年间，他一直修订和再版之前的论文，并没有继续从事开创性工作。

1965 年，美国经济学家萨缪尔森（P. Samuelson）推荐其他经济学家利用随机微积分的数学方法来研究金融问题；他同时也挖掘出巴舍利耶的研究成果，并将其介绍给当时的学界。为了纪念这位数理金融的先驱，巴舍利耶金融学会（Bachelier Finance Society）在 1996 年（即巴舍利耶逝世 50 周年）成立，这是一个集合了数理金融相关领域的学者、金融业实务工作者以及金融政策制定者等国际人士的学会。该学会自 2000 年（即巴舍利耶博士论文发表 100 周年）起，每两年举办一次世界大会，以提供一个交流金融领域面临的问题并分享数学上可能的解决方案的平台。

第一节 随机游走

一、随机游走的含义

知识讲解

随机游走的概念及性质

假设一个粒子每隔 Δt 时间做一次向上或向下的运动，其中向上运动的概率为 p，移动的距离为 1 个单位；向下运动的概率为 $q=1-p$，移动的距离也为 1 个单位。将粒子向上运动的方向记为正值，则相应地粒子向下运动的位移即为 -1 个单位。将每次粒子的位移记作随机变量 Z_i，其中 i 表示移动的次数。相应地，粒子的上下运动称作随机游走（random walk）。因此，有：

$$\mathbb{P}(Z_i=1)=p, \qquad \mathbb{P}(Z_i=-1)=q=1-p \tag{2.1}$$

假设随机变量 Z_i 是独立同分布的，当 $t=n\Delta t$ 时，将 t 时间段内粒子的位移记作 $X(t)$，则有：

$$X(t)=Z_1+Z_2+\cdots+Z_n \tag{2.2}$$

根据概率统计的知识不难得到：

$$\begin{aligned}\mathbb{E}(Z_i)&=1\cdot\mathbb{P}(Z_i=1)+(-1)\cdot\mathbb{P}(Z_i=-1)=p-q\\ \mathbb{E}(Z_i^2)&=1^2\cdot\mathbb{P}(Z_i=1)+(-1)^2\cdot\mathbb{P}(Z_i=-1)=1\\ \mathrm{Var}(Z_i)&=\mathbb{E}(Z_i^2)-[\mathbb{E}(Z_i)]^2=4pq\end{aligned}$$

由于期望具有线性性质，因此：

$$\mathbb{E}[X(t)]=\mathbb{E}(Z_1)+\mathbb{E}(Z_2)+\cdots+\mathbb{E}(Z_n)=n(p-q) \tag{2.3}$$

另外，根据随机变量 Z_i 是独立同分布的前提假设可得：

$$\mathrm{Var}[X(t)]=\mathrm{Var}(Z_1)+\mathrm{Var}(Z_2)+\cdots+\mathrm{Var}(Z_n)=4npq \tag{2.4}$$

图 2.2 展示的是随机游走的一条模拟路径。

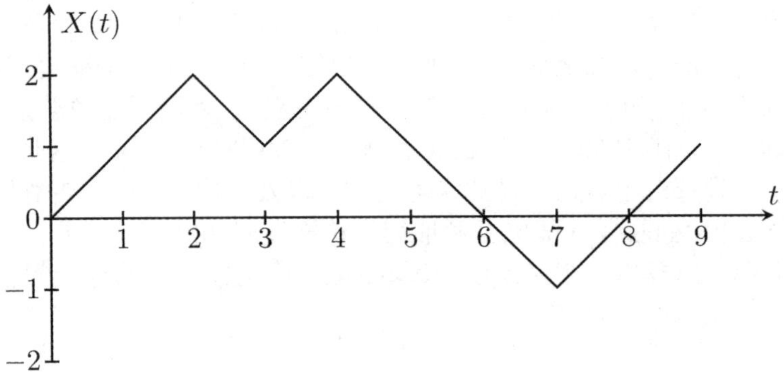

图 2.2　随机游走示意图

二、对称随机游走

知识讲解

对称随机游走的性质

根据前面所描述的随机游走，若粒子上下运动的概率均为 50%，即 $p = q = 0.5$，则可以得到粒子位移 $X(t)$ 的期望和方差分别为：

$$\begin{aligned}\mathbb{E}[X(t)] &= n(p-q) = 0 \\ \mathrm{Var}[X(t)] &= 4npq = n\end{aligned} \tag{2.5}$$

对应的每次粒子位移 Z_i 的期望和方差分别为：

$$\mathbb{E}(Z_i) = 0, \qquad \mathrm{Var}(Z_i) = 1 \tag{2.6}$$

此时的随机游走称作对称随机游走（symmetric random walk）。其中，$n = t/\Delta t$，也就是 t 时间段粒子位移的次数。从式 (2.5) 中不难看出，位移的期望为零，方差则与位移次数 n 有关。

三、对称随机游走的二次变差

截至 t 时刻的对称随机游走的二次变差（quadratic variation）定义如下：

$$\langle X, X\rangle(t) = \sum_{i=1}^{n}(X_i - X_{i-1})^2 \tag{2.7}$$

由于增量 $Z_i = X_i - X_{i-1} = \pm 1$，因此，

$$\langle X, X\rangle(t) = n \tag{2.8}$$

由此不难看出，对称随机游走的二次变差在数值上等于其方差，即：

$$\mathrm{Var}[X(t)] = n = \langle X, X\rangle(t) \tag{2.9}$$

需要特别注意的是，二次变差 $\langle X, X\rangle(t) = n$ 与随机游走中上下运动的概率无关，而方差 $\text{Var}[X(t)] = n$ 成立的前提是对称随机游走，即 $p = q = 0.5$。正因为如此，二次变差 $\langle X, X\rangle(t)$ 是沿着随机游走的单条路径计算得到的，而方差 $\text{Var}[X(t)]$ 则是对所有路径以其概率为权重求平均值得到的。

四、按比例缩小型对称随机游走

在原先的对称随机游走的基础上，引入按比例缩小型对称随机游走（scaled symmetric random walk），将原先的 t 时间段粒子位移的次数 n 划分成更小的时间段，假设这里将每个时间段 $\Delta t = \dfrac{t}{n}$ 划分成距离相等的 m 段，则每个时间段就由 Δt 变为 $\dfrac{\Delta t}{m}$，相应地粒子位移的次数由 n 次变为 mn 次。在此基础上，将原先每次位移的长度由 Z_i 变为 $W^{(m)}(s)$，从而可得：

$$W^{(m)}(s) = \frac{1}{\sqrt{m}} Z_i, \qquad s \in [0, t] \tag{2.10}$$

此处需要注意的是，$W^{(m)}(s)$ 的位移长度是 Z_i 的 $\dfrac{1}{\sqrt{m}}$ 倍，而不是 $\dfrac{1}{m}$ 倍。原因是：$W^{(m)}(s)$ 是随机变量，对应的 m 个 $W^{(m)}(s)$ 期望与方差的累加之和应当与 Z_i 的期望与方差相等。于是，根据式 (2.6) 可得：

$$\mathbb{E}\left[W^{(m)}(s)\right] = 0, \qquad \text{Var}\left[W^{(m)}(s)\right] = \left(\frac{1}{\sqrt{m}}\right)^2 \cdot 1 = \frac{1}{m} \tag{2.11}$$

对于 $[s, t]$ 时间段内的增量 $W^{(m)}(t) - W^{(m)}(s)$ 而言，粒子发生了 $m(t-s)$ 次位移，根据独立增量的性质可得：

$$\begin{aligned} \mathbb{E}\left[W^{(m)}(t) - W^{(m)}(s)\right] &= 0, \\ \text{Var}\left[W^{(m)}(t) - W^{(m)}(s)\right] &= \frac{1}{m} \cdot m(t-s) = t - s \end{aligned} \tag{2.12}$$

接下来考虑二次变差，可得：

$$\begin{aligned} \left\langle W^{(m)}, W^{(m)}\right\rangle(t) &= \sum_{j=1}^{mt}\left[W^{(m)}\left(\frac{j}{m}\right) - W^{(m)}\left(\frac{j-1}{m}\right)\right]^2 \\ &= \sum_{j=1}^{mt}\left(\frac{1}{\sqrt{m}} Z_j\right)^2 \\ &= \sum_{j=1}^{mt}\frac{1}{m} = \frac{1}{m}\cdot mt = t \end{aligned} \tag{2.13}$$

因此，按比例缩小型对称随机游走的期望、方差和二次变差分别如下：

$$\mathbb{E}\left[W^{(m)}(t)\right]=0 \tag{2.14}$$

$$\text{Var}\left[W^{(m)}(t)\right]=t \tag{2.15}$$

$$\left\langle W^{(m)},W^{(m)}\right\rangle(t)=t \tag{2.16}$$

为了说明该问题，假设 $m=100$，这意味着原先的各时间段被均分成 100 段，对应的时间段粒子游走的位移变为原来的 1/10。图 2.3 展示的是 $W^{(100)}(t)$ 的一条模拟路径。

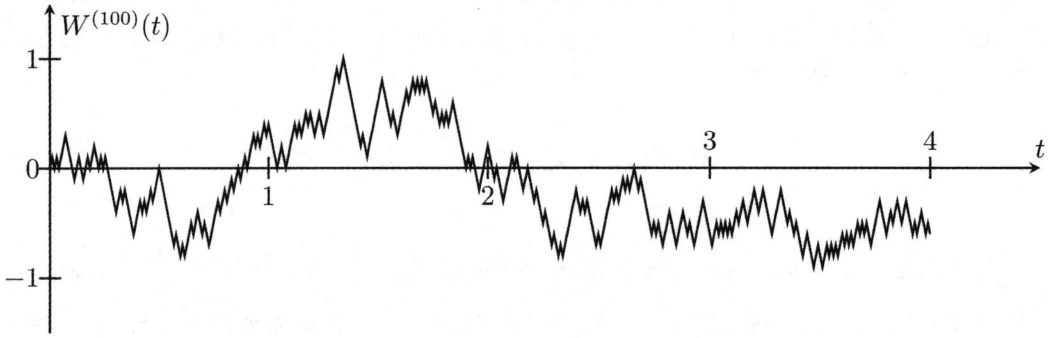

图 2.3　按比例缩小型对称随机游走的示意图

本章附录收录了按比例缩小型对称随机游走的 Python 代码，读者可以尝试运行这段代码，来体验一下形成的轨迹随 m 取值的增加而发生的变化。

当按比例缩小型对称随机游走的参数 $m\to\infty$ 时，随机游走就变成了布朗运动。根据中心极限定理，当固定 $t\geqslant 0$ 时，$W^{(m)}(t)$ 在时刻 t 取值的分布将收敛于期望为 0、方差为 t 的正态分布。这一结论的证明需要使用正态分布的矩母函数及其相关性质，这里不作证明，感兴趣的读者可查阅本章附录。

阅读材料：爱因斯坦的思路

爱因斯坦在 1905 年的论文中证明了，粒子在 t 时刻位于 x 处这一问题可以使用以下偏微分方程加以刻画：

$$\frac{\partial f(x,t)}{\partial t}=\frac{1}{2}\frac{\partial^2 f(x,t)}{\partial x^2}$$

其中，$f(x,t)$ 代表了单位体积内粒子的数量，也就是 t 时刻 x 处粒子的密度。该方程是经典的热传导方程（heat equation），它的解为

$$f(x,t)=\frac{1}{\sqrt{2\pi t}}\exp\left(-\frac{x^2}{2t}\right)$$

不难看出，这就是期望为 0、方差为 t 的正态分布之概率密度函数。

第二节 布朗运动及其性质

一、布朗运动的定义

定义 2.1

对于随机过程 $\{W(t), t \geqslant 0\}$，若满足以下四个条件，则称 $W(t)$ 为标准布朗运动（standard Brownian motion），简称为布朗运动（Brownian motion）。

(1) $W(t)$ 连续且 $W(0)=0$；

(2) $W(t) \sim \mathcal{N}(0,t)$；

(3) $W(s+t)-W(s) \sim \mathcal{N}(0,t)$；

(4) $W(t)$ 是独立增量过程。

从上述定义中的条件 (2) 可以看出，布朗运动 $W(t)$ 服从期望为 0、方差为 t 的正态分布；条件 (3) 当中，布朗运动的增量 $W(s+t)-W(s)$ 服从的分布与其初始时间 s 无关，只与增量中的时间变化 t 有关；结合条件 (2) 和 (3) 可知，布朗运动具有平稳增量；关于条件 (4)，若 $0 \leqslant s_1 < t_1 \leqslant s_2 < t_2$，则 $W(t_1)-W(s_1)$ 和 $W(t_2)-W(s_2)$ 两个增量是独立的。根据协方差的定义以及条件 (4)，可以进一步得到：

$$
\begin{aligned}
&\operatorname{Cov}[W(t_1)-W(s_1), W(t_2)-W(s_2)] \\
=&\operatorname{Cov}[W(t_1-s_1), W(t_2-s_2)] \\
=&\mathbb{E}\big[W(t_1-s_1)W(t_2-s_2)\big]-\mathbb{E}[W(t_1-s_1)]\mathbb{E}[W(t_2-s_2)]
\end{aligned}
$$

对于正态分布而言，独立意味着不相关，因此：

$$
\operatorname{Cov}[W(t_1)-W(s_1), W(t_2)-W(s_2)]=0
$$

又由于布朗运动增量的期望为 0，从而可得：

$$
\mathbb{E}\Big\{\big[W(t_1)-W(s_1)\big]\big[W(t_2)-W(s_2)\big]\Big\}=0
$$

关于独立增量性，可以通过图 2.4 的时间轴形象地展示出该性质的含义。回顾之前学过的内容，不难发现泊松过程与布朗运动有一定的相似之处，比如，两者均具有增量独立性和增量平稳性。

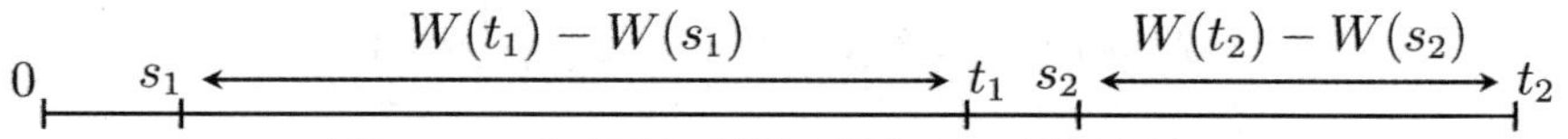

图 2.4 布朗运动统计特征的时间轴展示

二、布朗运动的性质

知识讲解

布朗运动的性质

根据前面的定义，布朗运动具有如下性质：

(1) $\mathbb{E}[W(t)] = 0$；

(2) $\text{Var}[W(t)] = t = \mathbb{E}\left[W^2(t)\right]$；

(3) 若 $s < t$，则

$$\begin{aligned}\text{Cov}[W(s), W(t)] &= \mathbb{E}[W(s)W(t)] \\ &= s \wedge t = s\end{aligned}$$

以上性质当中，性质 (1) 来自布朗运动的定义，性质 (2) 和性质 (3) 的证明过程如下：

证明：由于布朗运动 $\{W(t)\}$ 具有增量独立性，并且期望为 0，因此可知：

$$\text{Var}[W(t)] = \mathbb{E}\big[W^2(t)\big] - \big\{\mathbb{E}[W(t)]\big\}^2 = \mathbb{E}\big[W^2(t)\big] = t$$

所以有：

$$\begin{aligned}\text{Cov}[W(s), W(t)] &= \mathbb{E}\big[W(s)W(t)\big] - \mathbb{E}[W(s)]\mathbb{E}[W(t)] \\ &= \mathbb{E}\big[W(s)W(t)\big] \\ &= \mathbb{E}\big\{W(s)[W(t) - W(s) + W(s)]\big\} \\ &= \mathbb{E}\big\{W(s)[W(t) - W(s)]\big\} + \mathbb{E}\big[W^2(s)\big]\end{aligned}$$

根据增量独立性，$\mathbb{E}\big\{W(s)[W(t) - W(s)]\big\} = 0$，因此：

$$\text{Cov}[W(s), W(t)] = \mathbb{E}\big[W^2(s)\big] = s$$

更进一步地，上式可以表示如下：

$$\text{Cov}[W(s), W(t)] = \min(s, t) = s \wedge t$$

其中，符号 $\wedge$ 表示取两值中的较小值。

由于布朗运动服从正态分布，即 $W(t) \sim \mathcal{N}(0, t)$，因此布朗运动 $W(t)$ 的概率密度函数如下：

$$f_{W(t)}(w) = \frac{1}{\sqrt{2\pi t}} \exp\left(-\frac{w^2}{2t}\right) \tag{2.17}$$

根据第一章所介绍的矩母函数的定义，结合正态分布的相关性质，我们可以获知布朗运动 $W(t)$ 的矩母函数如下：

$$M_{W(t)}(\theta) = \mathbb{E}\left[\mathrm{e}^{\theta W(t)}\right] = \exp\left(\frac{1}{2}\theta^2 t\right) \tag{2.18}$$

例 2.1 假设 $0 < s < t$，求 $W(s) + W(t)$ 的期望和方差。

解答： $W(s)+W(t)$ 可以如下变形：

$$W(s)+W(t)=2W(s)+[W(t)-W(s)]$$

根据期望的线性性质可得：

$$\mathbb{E}[W(s)+W(t)]=\mathbb{E}[W(s)]+\mathbb{E}[W(t)]=0$$

根据布朗运动的增量独立性，有：

$$\begin{aligned}\mathrm{Var}[W(s)+W(t)]&=\mathrm{Var}[2W(s)+W(t)-W(s)]\\&=4\mathrm{Var}[W(s)]+\mathrm{Var}[W(t)-W(s)]\\&=4\mathrm{Var}[W(s)]+(t-s)\\&=4s+(t-s)=3s+t\end{aligned}$$

例 2.2 对于在直线上做布朗运动的粒子而言，其在时刻 2 的坐标为 1，求其在时刻 5 的坐标不超过 3 的概率。

解答： 由题意，该概率是一个条件概率，表达式为 $\mathbb{P}[W(5)\leqslant 3|W(2)=1]$，因此：

$$\begin{aligned}\mathbb{P}[W(5)\leqslant 3|W(2)=1]&=\mathbb{P}[W(5)-W(2)\leqslant 2|W(2)=1]\\&=\mathbb{P}[W(5)-W(2)\leqslant 2]\\&=\mathbb{P}[W(3)\leqslant 2]\end{aligned}$$

由于 $W(3)\sim\mathcal{N}(0,3)$，因此：

$$\mathbb{P}[W(3)\leqslant 2]=N\left(\frac{2}{\sqrt{3}}\right)=0.876$$

其中，$N(\cdot)$ 是标准正态分布的分布函数，其具体取值可以通过查表的方式得到。该问题也可以使用 Matlab 得到结果，相应的命令如下：

```
>> normcdf(2, 0, sqrt(3))
```

或者

```
>> normcdf(2/sqrt(3), 0, 1)
```

除此以外，在电子表格软件 Excel 当中，还可以使用命令`NORMSDIST`算出同样的结果，这里不再赘述。

三、布朗运动的变换

定理 2.1 布朗运动的变换

对于布朗运动 $W(t)$，如下变换后的随机过程 $X(t)$ 仍然是布朗运动：

(1) 反射变换 (reflection)：

$$X(t) = -W(t)$$

(2) 平移变换 (translation)：

$$X(t) = W(t+s) - W(s),\ \forall s \geqslant 0$$

(3) 缩放变换 (rescaling)：

$$X(t) = \frac{1}{\sqrt{a}}W(at),\ \forall a > 0$$

(4) 反转变换 (inversion)：

$$X(t) = tW(1/t),\ t > 0, \quad X(0) = 0$$

知识讲解

布朗运动性质的证明和布朗运动的变换

证明：要证明变换后的过程是布朗运动的关键在于证明该过程的期望和方差满足布朗运动的性质，即：

$$\mathbb{E}[W(t)] = 0, \qquad \mathrm{Cov}[W(t), W(s)] = s \wedge t \tag{2.19}$$

(1) 对于 $X(t) = -W(t)$，可得：

$$\begin{aligned}\mathbb{E}[X(t)] &= -\mathbb{E}[W(t)] = 0\\ \mathrm{Cov}[X(t), X(s)] &= \mathbb{E}[X(t)X(s)] - \mathbb{E}[X(t)]\mathbb{E}[X(s)]\\ &= \mathbb{E}[W(t)W(s)] = s \wedge t\end{aligned}$$

(2) 根据布朗运动的增量独立性，可得：

$$X(t) = W(t+s) - W(s) = W(t)$$

(3) 对于 $X(t) = \dfrac{1}{\sqrt{a}}W(at)$，可得：

$$\begin{aligned}\mathbb{E}[X(t)] &= \frac{1}{\sqrt{a}}\mathbb{E}[W(at)] = 0\\ \mathrm{Cov}[X(t), X(s)] &= \mathbb{E}[X(t)X(s)] - \mathbb{E}[X(t)]\mathbb{E}[X(s)]\\ &= \frac{1}{a}\mathbb{E}[W(at)W(as)] = \frac{1}{a}\min(at, as)\\ &= \min(t, s) = t \wedge s\end{aligned}$$

(4) 当 $t>0$ 时，对于 $X(t)=tW(1/t)$，可得：

$$
\begin{aligned}
\mathbb{E}[X(t)] &= t\mathbb{E}[W(1/t)]=0\\
\mathrm{Cov}[X(t),X(s)] &= \mathbb{E}[X(t)X(s)]-\mathbb{E}[X(t)]\mathbb{E}[X(s)]\\
&= st\cdot\mathbb{E}[W(1/t)W(1/s)]\\
&= st\cdot\min(1/t,1/s)\\
&= \min(s,t)=s\wedge t
\end{aligned}
$$

另外，$X(0)=0$，因此，$X(t)$ 是布朗运动。

四、布朗运动的瞬时增量及其性质

根据定义可知：

$$W(t+\Delta t)-W(t)\sim\mathcal{N}(0,\Delta t)$$

当 $\Delta t\to 0$ 时，定义

$$\mathrm{d}W(t)=\lim_{\Delta t\to 0}W(t+\Delta t)-W(t)$$

此时，$\mathrm{d}W(t)$ 称作 $W(t)$ 的瞬时增量（instantaneous increment），相应地，有：

$$\mathrm{d}W(t)\sim\mathcal{N}(0,\mathrm{d}t)$$

> **知识讲解**
>
> 布朗运动的瞬时增量及变差的性质，首中时刻的性质

如果对 $W(t)$ 关于 t 求导，可得：

$$\frac{\mathrm{d}W(t)}{\mathrm{d}t}=\lim_{\Delta t\to 0}\frac{W(t+\Delta t)-W(t)}{\Delta t}\tag{2.20}$$

根据布朗运动的性质不难得到：

$$
\begin{aligned}
\mathbb{E}\left[\frac{W(t+\Delta t)-W(t)}{\Delta t}\right] &= \frac{1}{\Delta t}\cdot\mathbb{E}[W(t+\Delta t)-W(t)]=0\\
\mathrm{Var}\left[\frac{W(t+\Delta t)-W(t)}{\Delta t}\right] &= \frac{1}{(\Delta t)^2}\cdot\mathrm{Var}[W(t+\Delta t)-W(t)]=\frac{1}{\Delta t}
\end{aligned}
$$

注意到，当 $\Delta t\to 0$ 时，$\mathrm{Var}\left[\frac{W(t+\Delta t)-W(t)}{\Delta t}\right]\to\infty$，微商的方差无界，意味着微商的取值可以是任意大的数值，由此可见，$W(t)$ 的导数不存在。因此，布朗运动 $W(t)$ 是处处连续且处处不可微的特殊函数。[1] 布朗运动的这一特征决定了其路径不是光滑的（smooth）。

[1] 有很长一段时间，人们以为不存在处处连续且处处不可微的函数，直到魏尔斯特拉斯（Weierstrass）于 1872 年首次构造出了这种特殊的函数。

定理 2.2 布朗运动的变差

对于布朗运动 $W(t)$，其一次变差（first variation）如下：

$$\lim_{n\to\infty}\sum_{k=0}^{n-1}\Big|W(t_{k+1})-W(t_k)\Big|=\infty$$

二次变差（quadratic variation）如下：

$$\langle W,W\rangle(t)=\lim_{n\to\infty}\sum_{k=0}^{n-1}\Big[W(t_{k+1})-W(t_k)\Big]^2=t$$

类似地，当 $p\geqslant 3$ 时，其高阶变差如下：

$$\lim_{n\to\infty}\sum_{k=0}^{n-1}\Big[W(t_{k+1})-W(t_k)\Big]^p=0$$

布朗运动的二次变差也可以形式地记为：

$$\mathrm{d}W(t)\cdot\mathrm{d}W(t)=\mathrm{d}t \tag{2.21}$$

需要说明的是，布朗运动与光滑函数最主要的差别体现在二次变差上：光滑函数的二次变差为零[①]，而布朗运动的二次变差不为零[②]。

第三节 布朗运动的首中时刻

一、首中时刻的概念

定义 2.2

对于常数 a，用 τ_a 表示布朗运动的质点首次到达位置 a 的时刻，即：

$$\tau_a=\min\{t:t\geqslant 0,W(t)=a\} \tag{2.22}$$

则称 τ_a 为首中时刻（first hitting time）或首达时间（first passage time）。

注意，这里的首中时刻 τ_a 是一个随机变量，就是随机过程中所提及的停时（stopping time）。正因为如此，可以利用停时的强马氏性来对其分布加以研究。

[①]具体证明参见本章附录。

[②]具体证明参见本章附录。

二、首中时刻的性质

考虑一个布朗运动，其起始点的位置在 a 处，由于布朗运动的对称性，因此在已知 $\tau_a < t$ 的条件下，未来任意时刻 t 布朗运动的质点会等可能地位于 a 的上方和下方，即：

$$\mathbb{P}[W(t) > a|\tau_a < t] = \mathbb{P}[W(t) < a|\tau_a < t] = \frac{1}{2} \tag{2.23}$$

对于上式中的第一项可得：

$$\mathbb{P}[W(t) > a|\tau_a < t] = \frac{\mathbb{P}[W(t) > a, \tau_a < t]}{\mathbb{P}(\tau_a < t)} = \frac{\mathbb{P}[W(t) > a]}{\mathbb{P}(\tau_a < t)} \tag{2.24}$$

假设 $a > 0$，由于 $W(0) = 0$ 且布朗运动是连续的，因此 $\{W(t) > a\}$ 必然意味着在 t 时刻之前，质点到达了位置 a，即 $\{\tau_a < t\}$ 必然成立。因此，$\mathbb{P}[W(t) > a, \tau_a < t] = \mathbb{P}[W(t) > a]$，于是，有：

$$\begin{aligned}\mathbb{P}(\tau_a < t) &= 2\cdot\mathbb{P}[W(t) > a] = 2\cdot\mathbb{P}\left(Z > \frac{a}{\sqrt{t}}\right)\\ &= 2\int_{a/\sqrt{t}}^{\infty}\frac{1}{\sqrt{2\pi}}\exp\left(-\frac{x^2}{2}\right)\mathrm{d}x\end{aligned} \tag{2.25}$$

假设 $a < 0$，则有如下类似的结果：

$$\mathbb{P}[W(t) < a|\tau_a < t] = \frac{\mathbb{P}[W(t) < a, \tau_a < t]}{\mathbb{P}(\tau_a < t)} = \frac{\mathbb{P}[W(t) < a]}{\mathbb{P}(\tau_a < t)} \tag{2.26}$$

于是，有：

$$\begin{aligned}\mathbb{P}(\tau_a < t) &= 2\cdot\mathbb{P}[W(t) < a] = 2\cdot\mathbb{P}\left(Z < \frac{a}{\sqrt{t}}\right)\\ &= 2\int_{-\infty}^{a/\sqrt{t}}\frac{1}{\sqrt{2\pi}}\exp\left(-\frac{x^2}{2}\right)\mathrm{d}x\\ &= 2\int_{-a/\sqrt{t}}^{\infty}\frac{1}{\sqrt{2\pi}}\exp\left(-\frac{x^2}{2}\right)\mathrm{d}x\end{aligned} \tag{2.27}$$

综合式 (2.25) 和式 (2.27)，可得：

$$\begin{aligned}F_{\tau_a}(t) = \mathbb{P}(\tau_a < t) &= 2\int_{|a|/\sqrt{t}}^{\infty}\frac{1}{\sqrt{2\pi}}\exp\left(-\frac{x^2}{2}\right)\mathrm{d}x\\ &= 2\cdot N\left(-\frac{|a|}{\sqrt{t}}\right)\end{aligned} \tag{2.28}$$

式 (2.28) 得到的是 τ_a 的分布函数 $F_{\tau_a}(t)$，对应的取值是图 2.5 中两个阴影部分的面积之和。对 $F_{\tau_a}(t)$ 关于 t 求微分，可以得到对应的密度函数 $f_{\tau_a}(t)$，计算过程如下：

$$\begin{aligned}f_{\tau_a}(t) = \frac{\mathrm{d}F_{\tau_a}(t)}{\mathrm{d}t} &= \frac{1}{\sqrt{2\pi}}\exp\left(-\frac{1}{2}\cdot\frac{a^2}{t}\right)\cdot|a|\cdot\frac{1}{2}t^{-3/2}\\ &= \frac{|a|}{\sqrt{2\pi t^3}}\exp\left(-\frac{a^2}{2t}\right), \qquad t > 0\end{aligned} \tag{2.29}$$

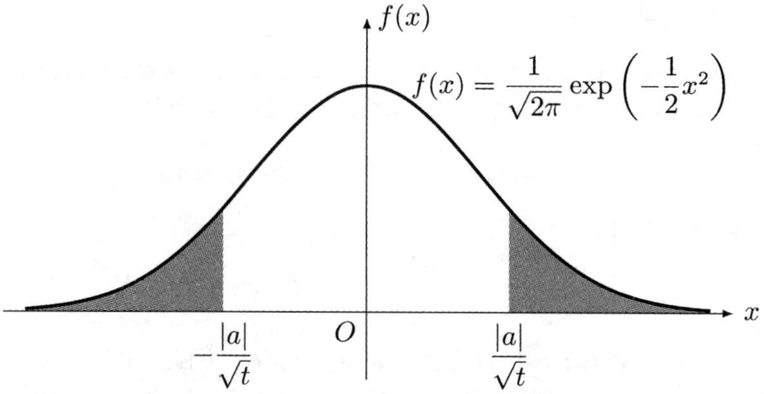

图 2.5　τ_a 分布函数的图示

此处 τ_a 的概率分布称作参数为 1/2 和 $a^2/2$ 的逆 Gamma 分布（inverse Gamma distribution）[①]，记作 $\tau_a \sim \mathrm{IG}(1/2, a^2/2)$。

布朗运动的首中时刻具有非常特殊的性质，考虑以下概率：

$$\begin{aligned}\mathbb{P}(\tau_a<\infty)&=\lim_{t\to\infty}\mathbb{P}(\tau_a<t)\\&=\lim_{t\to\infty}2\cdot N\left(-\frac{|a|}{\sqrt{t}}\right)\\&=2\cdot N(0)=1\end{aligned}\tag{2.30}$$

由此可见，对于任意位置 a，布朗运动均能以概率 1 到达。

另外再考查一下首中时刻 τ_a 的期望，计算如下：

$$\mathbb{E}(\tau_a)=\int_0^\infty t\cdot f_{\tau_a}(t)\,\mathrm{d}t=\int_0^\infty\frac{|a|}{\sqrt{2\pi t}}\exp\left(-\frac{a^2}{2t}\right)\mathrm{d}t\tag{2.31}$$

显然，上式的结果对于任意 a 均有 $\mathbb{E}(\tau_a)=\infty$，因此，首中时刻的期望为无穷大。

最后，将首中时刻 τ_a 的相关性质以定理的形式总结如下：

[①]对于形状参数为 α、尺度参数为 β 的逆 Gamma 分布，其概率密度函数如下：

$$f(x;\alpha,\beta)=\frac{\beta^\alpha}{\Gamma(\alpha)}\left(\frac{1}{x}\right)^{\alpha+1}\exp\left(-\frac{\beta}{x}\right),\qquad x>0$$

定理 2.3 首中时刻 τ_a 的性质

若用 τ_a 表示布朗运动的质点首次到达位置 a 的时刻，则以下性质成立：

(1) τ_a 的分布函数为：

$$F_{\tau_a}(t) = \mathbb{P}(\tau_a < t) = 2 \cdot N\left(-\frac{|a|}{\sqrt{t}}\right)$$

(2) τ_a 的密度函数为：

$$f_{\tau_a}(t) = \frac{|a|}{\sqrt{2\pi t^3}} \exp\left(-\frac{a^2}{2t}\right), \qquad t > 0$$

(3) $\mathbb{E}(\tau_a) = \infty$。

(4) $\mathbb{P}(\tau_a < \infty) = 1$。

三、首中时刻在金融中的应用

在期权的大家族中，美式期权（American option）是其中非常重要的品种。与欧式期权不同的是，美式期权可以在到期前的任意时刻选择提前行权。美式期权提前行权的具体时间取决于期权标的物价格的随机变动情况。正因为如此，提前行权的时间可看作本节所介绍的首中时刻。另外，在奇异期权当中，有一类应用广泛的期权——障碍期权（barrier option），这类期权在未来标的物价格达到一定水平（即障碍价格）时生效 [也称敲入（knock-in）] 或失效 [也称敲出（knock-out）]。因此，障碍期权敲入或敲出的时间也可以看作首中时刻。

知识讲解

首中时刻的性质证明及反射原理

第四节　反射原理与布朗运动的最大值

一、反射原理

布朗运动在首中时刻 τ_a 后发生了反射，由此所构成的路径也是布朗运动，这一性质就是反射原理（reflection principle）。

定义 2.3

考虑一个随机过程 $\widetilde{W}(t)$，其定义如下：

$$\widetilde{W}(t) = \begin{cases} W(t), & t \in [0, \tau_a] \\ 2a - W(t), & t \in [\tau_a, \infty) \end{cases} \tag{2.32}$$

则称 $\widetilde{W}(t)$ 是在 τ_a 时刻发生反射的布朗运动。

图 2.6 给出了反射原理的示意图。

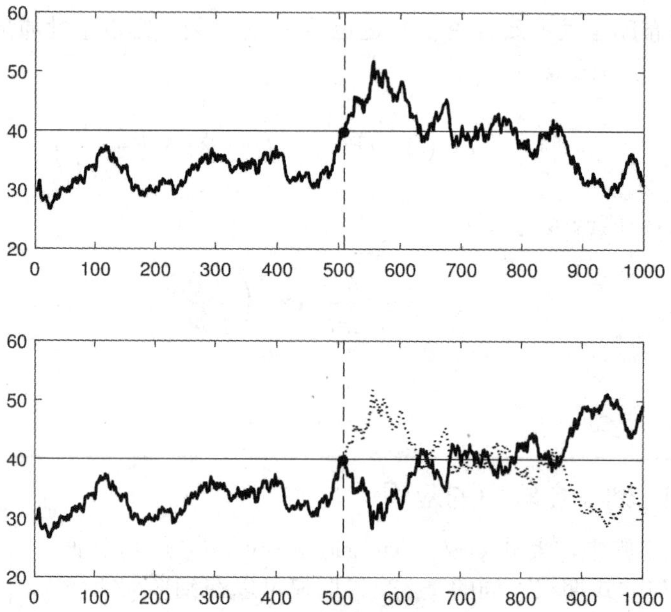

图 2.6　反射原理的示意图

由定义可知，$\widetilde{W}(\tau_a)=a$，所以当 $t>\tau_a$ 时，$\widetilde{W}(t)$ 与原先的布朗运动 $W(t)$ 关于位置 a 对称。因此：

$$\widetilde{W}(t)+W(t)=2a \quad \Rightarrow \quad \widetilde{W}(t)=2a-W(t), \qquad t>\tau_a \tag{2.33}$$

二、布朗运动的最大值

> **知识讲解**
>
> 布朗运动最大值的性质

定义 2.4

对于布朗运动 $W(t)$，若在区间 $t\in[0,T]$ 上，有：

$$M_T=\max_{t\in[0,T]} W(t)$$

则称 M_T 是布朗运动在 $[0,T]$ 上的最大值。

当 $a>0$ 时，如果在时间 t 处，$W(t)>a$，则意味着在时间段 $[0,t]$ 上，$M_t>a$ 并且 $\tau_a<t$，因此：

$$\begin{aligned}\{M_t>a\}&=\{M_t>a,W(t)>a\}\cup\{M_t>a,W(t)\leqslant a\}\\&=\{W(t)>a\}\cup\{M_t>a,W(t)\leqslant a\}\end{aligned} \tag{2.34}$$

由于上面的两个事件互不相容，因此：

$$\mathbb{P}(M_t>a)=\mathbb{P}[W(t)>a]+\mathbb{P}[M_t>a,W(t)\leqslant a] \tag{2.35}$$

根据反射原理，以 τ_a 为界，当 $t \geqslant \tau_a$ 时，$\widetilde{W}(t)=2a-W(t)$，于是：

$$\mathbb{P}[M_t > a, W(t) \leqslant a] = \mathbb{P}\left[M_t > a, \widetilde{W}(t) \geqslant a\right] = \mathbb{P}\left[\widetilde{W}(t) \geqslant a\right] \tag{2.36}$$

由于 $\widetilde{W}(t)$ 与 $W(t)$ 均是布朗运动，因此：

$$\mathbb{P}\left[\widetilde{W}(t) \geqslant a\right] = \mathbb{P}[W(t) \geqslant a]$$

于是：

$$\begin{aligned}\mathbb{P}(M_t > a) &= \mathbb{P}[W(t) > a] + \mathbb{P}[W(t) \geqslant a] = 2 \cdot \mathbb{P}[W(t) > a] \\ &= 2 \cdot \mathbb{P}\left(Z > \frac{a}{\sqrt{t}}\right) = 2 \cdot \int_{a/\sqrt{t}}^{\infty} \frac{1}{\sqrt{2\pi}} \exp\left(-\frac{1}{2}x^2\right) \mathrm{d}x \\ &= 2 \cdot \int_{-\infty}^{-a/\sqrt{t}} \frac{1}{\sqrt{2\pi}} \exp\left(-\frac{1}{2}x^2\right) \mathrm{d}x = 2N\left(-\frac{a}{\sqrt{t}}\right)\end{aligned} \tag{2.37}$$

另外，注意到，$\{M_t > a\}$ 这一事件必然意味着 $\{\tau_a < t\}$ 成立，因此：

$$\mathbb{P}(M_t > a) = \mathbb{P}(\tau_a < t) = F_{\tau_a}(t) = 2N\left(-\frac{a}{\sqrt{t}}\right), \qquad a > 0 \tag{2.38}$$

这里直接使用了前一节提到的首中时刻 τ_a 的分布函数。

综上所述，可以得到 M_t 的分布函数如下：

$$\begin{aligned}F_{M_t}(a) &= \mathbb{P}(M_t < a) = 1 - \mathbb{P}(M_t > a) \\ &= 1 - 2N\left(-\frac{a}{\sqrt{t}}\right) \\ &= \int_{-a/\sqrt{t}}^{a/\sqrt{t}} \frac{1}{\sqrt{2\pi}} \exp\left(-\frac{1}{2}x^2\right) \mathrm{d}x\end{aligned} \tag{2.39}$$

M_t 的分布函数 $F_{M_t}(a)$ 对应的取值是图 2.7 中阴影部分的面积。

三、M_t 与 $W(t)$ 的联合概率密度

根据前文所提到的反射原理，我们可知，当 $w \leqslant m$，且 $m > 0$ 时，下式成立：

$$\mathbb{P}[M_t \geqslant m,\ W(t) \leqslant w] = \mathbb{P}[W(t) \geqslant 2m - w] \tag{2.40}$$

据此，我们可以得到 M_t 与 $W(t)$ 的联合概率密度的计算公式。

定理 2.4

M_t 与 $W(t)$ 的联合概率密度如下：

$$f_{M,W}(m,w) = \frac{2(2m-w)}{t\sqrt{2\pi t}} \exp\left[-\frac{(2m-w)^2}{2t}\right], \qquad w \leqslant m,\ m > 0 \tag{2.41}$$

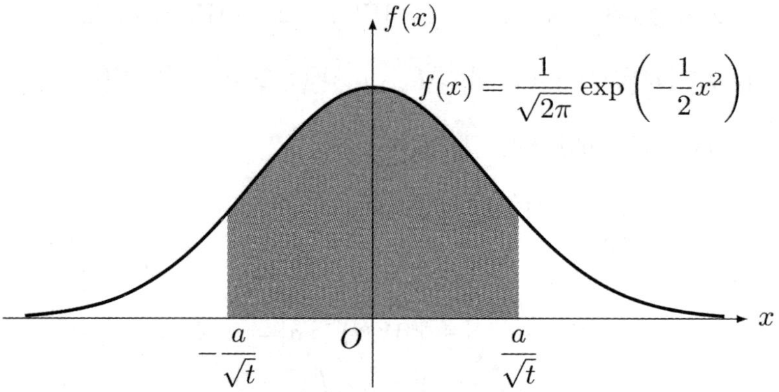

图 2.7　M_t 分布函数的图示（$a>0$）

证明：根据概率的基本定义，结合图 2.8 可知：

$$\mathbb{P}[M_t \geqslant m,\ W(t) \leqslant w] = \int_m^\infty \int_{-\infty}^w f_{M,W}(x,y)\,\mathrm{d}y\,\mathrm{d}x$$

$$\mathbb{P}[W(t) \geqslant 2m-w] = \frac{1}{\sqrt{2\pi t}} \int_{2m-w}^\infty \exp\left(-\frac{z^2}{2t}\right)\mathrm{d}z$$

根据式 (2.40)，我们可知：

$$\int_m^\infty \int_{-\infty}^w f_{M,W}(x,y)\,\mathrm{d}y\,\mathrm{d}x = \frac{1}{\sqrt{2\pi t}} \int_{2m-w}^\infty \exp\left(-\frac{z^2}{2t}\right)\mathrm{d}z$$

接下来，对等式的两端关于 m 进行微分，可得：

$$-\int_{-\infty}^w f_{M,W}(m,y)\,\mathrm{d}y = -\frac{2}{\sqrt{2\pi t}}\exp\left[-\frac{(2m-w)^2}{2t}\right]$$

去掉上式两端的负号，再对等式的两端关于 w 进行微分，可得：

$$f_{M,W}(m,w) = \frac{2(2m-w)}{t\sqrt{2\pi t}}\exp\left[-\frac{(2m-w)^2}{2t}\right]$$

进一步地，我们还可以得到 M_t 的条件分布。

定理 2.5

在 $W(t)=w$ 的条件下，M_t 的条件分布如下：

$$f_{M|W}(m|w) = \frac{2(2m-w)}{t}\exp\left[-\frac{2m(m-w)}{t}\right],\qquad w \leqslant m,\ m>0 \tag{2.42}$$

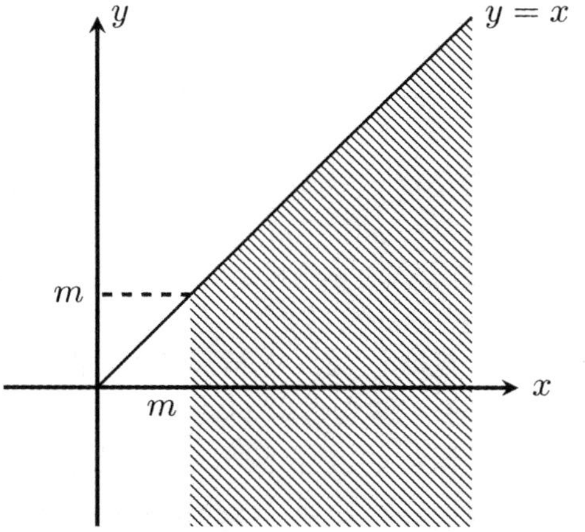

图 2.8 随机变量对 $(M_t, W(t))$ 的取值区域

证明：利用条件分布的定义，可得：

$$f_{M|W}(m|w) = \frac{f_{M,W}(m,w)}{f_W(w)} = \frac{\dfrac{2(2m-w)}{t\sqrt{2\pi t}}\exp\left[-\dfrac{(2m-w)^2}{2t}\right]}{\dfrac{1}{\sqrt{2\pi t}}\exp\left(-\dfrac{w^2}{2t}\right)} = \frac{2(2m-w)}{t}\exp\left[-\frac{2m(m-w)}{t}\right]$$

四、反射原理在金融中的应用

在奇异期权当中，有回望期权（lookback option）这个品种，这种期权在未来到期日，其回报数额的计算不是依据行权价和到期日标的资产的价格：看涨型回望期权的回报数额是依据行权价和在此期间标的资产价格的最高值计算确定；看跌型回望期权的回报数额则是依据到期日标的资产价格与在此期间标的资产价格的最低值计算确定。对回望期权进行定价，就需要使用反射原理以及布朗运动最大值的相关性质。

除此以外，在障碍期权的定价问题当中，判断是否满足敲入或敲出的条件可以等价于判断期权有效期内标的资产价格最大值或最小值是否达到障碍价格。因此，也可以基于反射原理，最终推导出障碍期权的价格。

第五节 马氏过程

在介绍马氏链的相关内容中提及了马氏性（Markov property），即在给定当前的条件下，未来与过去是独立的，即：

$$\mathbb{P}(X_{n+1}=j|X_n=i, X_k=x_k, 0\leqslant k<n) = \mathbb{P}(X_{n+1}=j|X_n=i) \tag{2.43}$$

时间和状态均连续的布朗运动同样具有此种性质，即：

$$\mathbb{P}(X_{t+s} \leqslant y|X_u, 0 \leqslant u \leqslant s) = \mathbb{P}(X_{t+s} \leqslant y|X_s) \tag{2.44}$$

当这个条件概率不依赖于 s 的取值时，该过程具有时齐性（time-homogeneous），即：

$$\mathbb{P}(X_{t+s} \leqslant y|X_s) = \mathbb{P}(X_t \leqslant y|X_0), \qquad \forall s \tag{2.45}$$

若时间和状态均连续的随机过程满足上述马氏性，则称其为马氏过程（Markov process）。相应地，$\mathbb{P}(X_t \leqslant y|X_0 = x)$ 称为过程的转移分布函数。正如在离散时间马氏链当中是使用转移矩阵来研究随机演化的过程，马氏过程则是使用转移密度函数来研究过程随时间的演化。转移密度函数也称转移核（transition kernel），记作 $K_t(x, \cdot)$，表示在 $X_0 = x$ 的条件下，经过时间 t 到达 X_t 处的条件概率密度。因此下式成立：

$$\mathbb{P}(X_t \leqslant y|X_0 = x) = \int_{-\infty}^{y} K_t(x, w)\,\mathrm{d}w \tag{2.46}$$

正如离散时间马氏链满足 C-K 方程，马氏过程同样具有类似的 C-K 方程，只不过原先公式中的求和符号变成了积分符号；原先的转移概率变成了转移核。离散时间马氏链中的转移概率 $p_{s+t}(x, y)$ 与马氏过程中的转移核 $K_{s+t}(x, y)$ 之间的关系如下：

$$p_{s+t}(x, y) = \sum_k p_s(x, k) p_t(k, y), \qquad \forall k \tag{2.47}$$

$$K_{s+t}(x, y) = \int_{-\infty}^{\infty} K_s(x, z) K_t(z, y)\,\mathrm{d}z, \qquad \forall s, t \tag{2.48}$$

证明：根据马氏过程的时齐性和马氏性，可得：

$$\begin{aligned}
\int_{-\infty}^{y} K_{s+t}(x, w)\,\mathrm{d}w &= \mathbb{P}(X_{s+t} \leqslant y|X_0 = x) = \int_{-\infty}^{\infty} \mathbb{P}(X_{s+t} \leqslant y, X_s = z|X_0 = x)\,\mathrm{d}z \\
&= \int_{-\infty}^{\infty} \mathbb{P}(X_{s+t} \leqslant y|X_s = z, X_0 = x) \cdot \mathbb{P}(X_s = z|X_0 = x)\,\mathrm{d}z \\
&= \int_{-\infty}^{\infty} \mathbb{P}(X_{s+t} \leqslant y|X_s = z) \cdot K_s(x, z)\,\mathrm{d}z \\
&= \int_{-\infty}^{\infty} \mathbb{P}(X_t \leqslant y|X_0 = z) \cdot K_s(x, z)\,\mathrm{d}z \\
&= \int_{-\infty}^{\infty} \left[\int_{-\infty}^{y} K_t(z, w)\,\mathrm{d}w\right] \cdot K_s(x, z)\,\mathrm{d}z
\end{aligned}$$

对上式两端关于 y 求微分，可得：

$$K_{s+t}(x, y) = \int_{-\infty}^{\infty} K_s(x, z) K_t(z, y)\,\mathrm{d}z$$

对于布朗运动 $W(t)$ 而言，由于 $W(t+s)-W(s)=W(t)\sim\mathcal{N}(0,t)$，因此：

$$\begin{aligned}\mathbb{P}[W(s+t)\leqslant y|W(s)=x]&=\mathbb{P}[W(t)\leqslant (y-x)|W(0)=0]\\&=\int_{-\infty}^{y-x}\frac{1}{\sqrt{2\pi t}}\exp\left(-\frac{w^2}{2t}\right)\mathrm{d}w\end{aligned}$$

从而：

$$K_t(x,y)=\frac{1}{\sqrt{2\pi t}}\exp\left[-\frac{(y-x)^2}{2t}\right] \tag{2.49}$$

从中不难看出，布朗运动是马氏过程的一个特例。关于马氏过程的更加严格准确的定义，将在第六章中予以介绍。

阅读材料：陈木法院士简介

陈木法，教授、博士生导师、院士。1946 年出生于福建惠安，1983 年 11 月获北京师范大学理学博士学位，是我国自己培养的第一批博士之一。自 1980 年起任教于北京师范大学数学系（今数学学院），从事概率论研究。1985 年起任教授，1986 年 10 月至 1987 年 9 月曾任英国爱丁堡大学海外研究员，1990 年起任博士生导师。分别于 2003 年和 2009 年当选为中国科学院院士和发展中国家科学院院士。2012 年当选为美国数学会会士（fellow）。

陈木法院士主要从事概率论及相关领域的研究工作。他将概率方法引入第一特征值估计研究，并找到了下界估计的统一的变分公式，使得三个方面的主特征值估计得到了全面改观；找到了包括哈代（Hardy）型不等式在内的诸不等式的显式判别准则和关系图，拓宽了随机稳定性理论，发展了谱理论；得到了一维情形下各种随机稳定性速度的统一估计；最早研究马氏耦合并得出了一条基本定理，更新了耦合理论并开拓了一系列新应用；最先从非平衡统计物理中引进无穷维反应扩散过程，解决了过程的构造、平稳态的存在性和唯一性等根本课题，此方向今已成为国际上粒子系统研究的重要分支；完成了一般或可逆跳过程的唯一性准则并找到唯一性的强有力的充分条件，该条件目前得到了非常广泛的应用；彻底解决了“转移概率函数的可微性”等难题，建立了马氏跳过程的系统理论。

关于自己的经历，陈木法院士曾在访谈中一再强调自学的重要性，他说道：“自学是学习和研究工作的一个重要法宝，自学能力是人生的第一重要素质。”

第六节　布朗运动的变化形式

一、布朗桥

知识讲解

布朗运动的变化形式

定义 2.5

假设 $W(t)$ 是一个布朗运动，令

$$W^*(t) = W(t) - tW(1), \qquad t \in [0,1] \tag{2.50}$$

则称 $W^*(t)$ 为布朗桥（Brownian bridge）。

根据定义不难看出，

$$W^*(0) = W(0) = 0, \qquad W^*(1) = W(1) - W(1) = 0$$

可见，$W^*(t)$ 的两个端点是固定的，就如同桥一样，故名布朗桥。

对于布朗桥 $W^*(t)$，假设 $0 \leqslant s \leqslant t \leqslant 1$，其期望和协方差分别为：

$$\mathbb{E}[W^*(t)] = \mathbb{E}[W(t)] - \mathbb{E}[tW(1)] = \mathbb{E}[W(t)] - t\mathbb{E}[W(1)] = 0 \tag{2.51}$$

$$\begin{aligned}
\mathrm{Cov}[W^*(s)W^*(t)] &= \mathbb{E}[W^*(s)W^*(t)] = \mathbb{E}\left[W(s) - sW(1)\right]\left[W(t) - tW(1)\right] \\
&= \mathbb{E}[W(s)W(t)] - t\mathbb{E}[W(s)W(1)] \\
&\quad - s\mathbb{E}[W(1)W(t)] + ts\mathbb{E}[W^2(1)] \\
&= s - ts - st + ts = s - ts = s(1-t)
\end{aligned} \tag{2.52}$$

布朗桥还可以如下方式定义：

定义 2.6

假设 $W(t)$ 是一个布朗运动，令

$$X(t) = W(t) - \frac{t}{T}W(T), \qquad t \in [0,T] \tag{2.53}$$

则称 $X(t)$ 为布朗桥。

上面定义的布朗桥仍然满足 $X(0) = X(T) = 0$，可以看作第一种定义的拓展。不难看出，当 $T = 1$ 时，布朗桥 $X(t)$ 就变成了 $W^*(t)$。

与前面的方法类似，假设 $0 \leqslant s \leqslant t \leqslant T$ ，可以得到 $X(t)$ 的期望和协方差分别为：

$$\mathbb{E}[X(t)] = \mathbb{E}[W(t)] - \frac{t}{T}\mathbb{E}[W(T)] = 0 \tag{2.54}$$

$$\begin{aligned}
\operatorname{Cov}[X(s)X(t)] &= \mathbb{E}[X(s)X(t)] = \mathbb{E}\left[W(s)-\frac{s}{T}W(T)\right]\left[W(t)-\frac{t}{T}W(T)\right] \\
&= \mathbb{E}[W(s)W(t)] - \frac{t}{T}\mathbb{E}[W(s)W(T)] \\
&\quad - \frac{s}{T}\mathbb{E}[W(T)W(t)] + \frac{st}{T^2}\mathbb{E}[W^2(T)] \\
&= s - \frac{t}{T}s - \frac{s}{T}t + \frac{st}{T^2}T \\
&= s - \frac{st}{T}
\end{aligned} \tag{2.55}$$

在布朗运动的相关应用中，还有一种形式的布朗桥更具实用价值，其定义如下：

定义 2.7

假设 $W(t)$ 是一个布朗运动。给定 $T>0$，$a,b\in\mathbb{R}$，则在 $[0,T]$ 上从 a 到 b 的布朗桥 $X^{a\to b}(t)$ 定义如下：

$$X^{a\to b}(t) = a + (b-a)\cdot\frac{t}{T} + X(t), \qquad t\in[0,T] \tag{2.56}$$

其中，$X(t)$ 是由式 (2.53) 定义的布朗桥，满足 $X(0)=X(T)=0$。

从中不难看出，布朗桥 $X^{a\to b}(t)$ 的两个端点 0 与 T 满足下式：

$$X^{a\to b}(0) = a, \qquad X^{a\to b}(T) = b$$

假设 $0\leqslant s\leqslant t\leqslant T$，布朗桥 $X^{a\to b}(t)$ 的期望为：

$$\mathbb{E}\big[X^{a\to b}(t)\big] = a + (b-a)\cdot\frac{t}{T} + \mathbb{E}[X(t)] = a + (b-a)\cdot\frac{t}{T} \tag{2.57}$$

由于 $X^{a\to b}(t)$ 的表达式中，$a+(b-a)\cdot\dfrac{t}{T}$ 是确定项（deterministic term），因此计算协方差时可以不予考虑，于是 $X^{a\to b}(t)$ 的协方差就与 $X(t)$ 的相同，即：

$$\operatorname{Cov}\big[X^{a\to b}(s)X^{a\to b}(t)\big] = \operatorname{Cov}[X(s)X(t)] = s - \frac{st}{T} \tag{2.58}$$

关于布朗桥的图示见图 2.9。

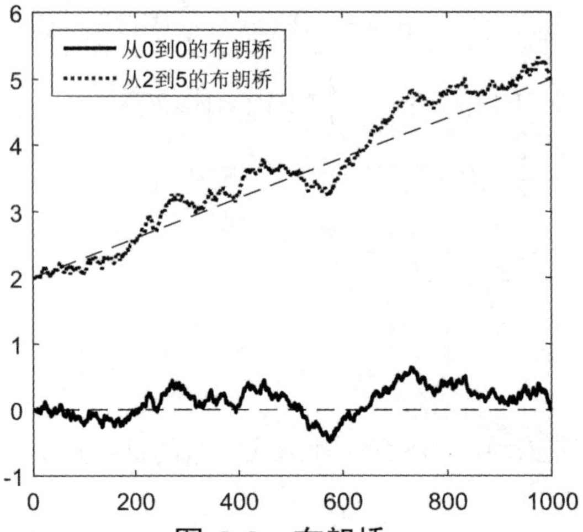

图 2.9　布朗桥

二、有漂移的布朗运动

定义 2.8

假设 $W(t)$ 是一个布朗运动，则以下随机过程 $X(t)$ 称为有漂移的布朗运动（Brownian motion with drift）：

$$X(t) = \mu t + \sigma W(t), \qquad t \geqslant 0 \tag{2.59}$$

其中的常数 μ 称为漂移系数（drift），常数 σ 称为波动率（volatility）。

对 $X(t)$ 计算期望和方差，结果如下：

$$\begin{aligned} \mathbb{E}[X(t)] &= \mathbb{E}(\mu t) + \mathbb{E}[\sigma W(t)] = \mu t \\ \mathrm{Var}[X(t)] &= \mathrm{Var}[\mu t + \sigma W(t)] = \mathrm{Var}[\sigma W(t)] = \sigma^2 t \end{aligned} \tag{2.60}$$

由此可见，有漂移的布朗运动的期望不为零，其方差与漂移项无关，且与波动率 σ 的平方值成正比。图 2.10 分别展示了有漂移的布朗运动的轨迹（左图）以及波动率取值不同时的布朗运动的轨迹（右图）。

三、几何布朗运动

与前面所提及的布朗运动的形式不同，几何布朗运动的状态空间是 $\mathbb{R}^+ \cup \{0\}$，即它是一个非负的过程。几何布朗运动在数理金融中的应用非常广泛，可以用来对股票等金融资产[①]进行建模。

①由于股票等金融资产是有限负债的，因此其价格不可能跌破 0，几何布朗运动刚好具有类似的特点。

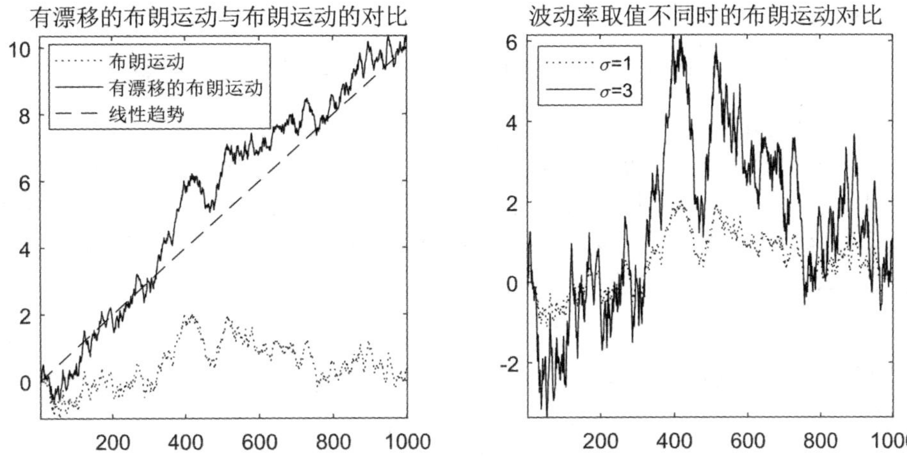

图 2.10 不同形式的布朗运动对比

定义 2.9

假设 $X(t)$ 是漂移系数为 μ、波动率为 σ 的布朗运动，即：

$$X(t) = \mu t + \sigma W(t)$$

定义过程 $G(t)$，其满足

$$G(t) = G(0)\exp[X(t)], \qquad t \geqslant 0 \tag{2.61}$$

并且 $G(0) > 0$，则称 $G(t)$ 是几何布朗运动（geometric Brownian motion）。

对 $G(t)$ 取自然对数，可得：

$$\ln G(t) = \ln G(0) + X(t)$$

相应地，有：

$$\begin{aligned}\mathbb{E}[\ln G(t)] &= \mathbb{E}[\ln G(0)] + \mathbb{E}[X(t)] = \ln G(0) + \mu t \\ \mathrm{Var}[\ln G(t)] &= \mathrm{Var}[\ln G(0) + X(t)] = \mathrm{Var}[X(t)] = \sigma^2 t\end{aligned} \tag{2.62}$$

本章附录

一、布朗运动的软件模拟

考虑在时间段 $[0,t]$ 上模拟布朗运动的轨迹。假设将该时间段分成大小相等的 n 个子时间段，相应地生成 n 个变量，记作 $W(t_1), W(t_2), \ldots, W(t_n)$。其中，$t_i = i \cdot t/n$，$i = 1, 2, \ldots, n$，并且假定 $W(0) = 0$。

根据布朗运动的增量独立性，可得：

$$W(t_i) = W(t_{i-1}) + [W(t_i) - W(t_{i-1})] = W(t_{i-1}) + X_i \tag{2.63}$$

其中，$X_i \sim \mathcal{N}(0, t/n)$。

因此，为了生成布朗运动的轨迹，只需要从 $W(0) = 0$ 开始，生成满足条件的随机数 X_i，然后逐个代入上式相加迭代，依次得到 $W(t_1), W(t_2), \ldots, W(t_n)$，最终将这些点绘出，即可得到模拟的布朗运动轨迹。根据此思路编制的 Matlab 代码如下：

```
P=zeros(1,99);
S=zeros(1,100);
P=sqrt(10/100).*randn(1,100);
P=cumsum(P);
S=[0 P];
plot(0:.1:10, S)
```

这里取 $t = 10$, $n = 100$。类似地，还可以将 t 固定、n 的取值变动的情况下的布朗运动轨迹绘制出来，如图 2.11 所示。不难看出，随着 n 的取值的增大，模拟出的轨迹将越来越接近布朗运动的真实图像。

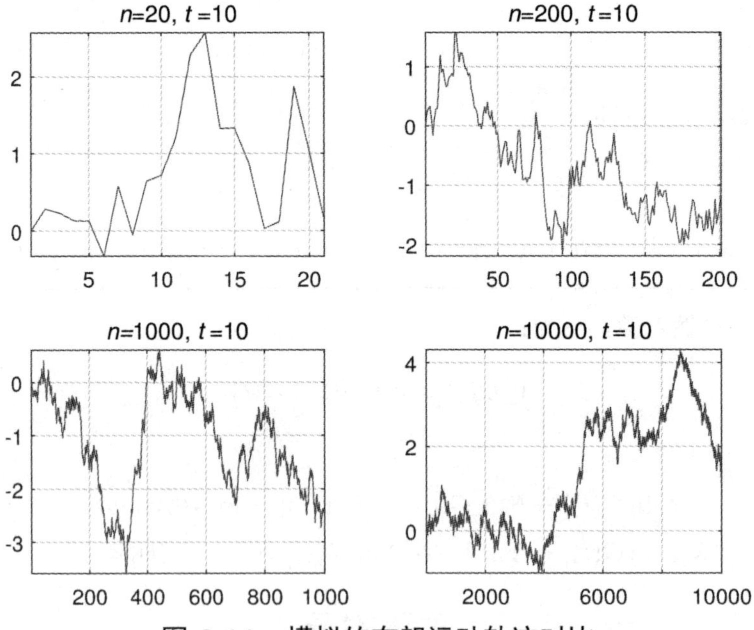

图 2.11　模拟的布朗运动轨迹对比

二、按比例缩小型对称随机游走的 Python 代码

以下代码可以绘制不同步长和不同分段数情况下的按比例缩小型对称随机游走的图像。建议将代码复制到 Jupyter notebook 中进行动态展示。

```
import numpy as np
from scipy.stats import randint
from math import *
import ipywidgets as pw
import matplotlib as mpl
import matplotlib.pyplot as plt

mpl.rcParams['font.sans-serif'] = ['Microsoft Yahei']

def SRW(step=10, scale=1):
    '''
    参数说明
    ----------
    step : 随机游走的时间间隔数
    scale : 相邻时间间隔的分段数
            (等于1就是Random Walk, 取大于1的整数就是Scaled Random Walk)
    '''
    S = np.zeros(step*scale+1)
    S[0] = 0
    for i in range(1,step*scale+1):
        S[i]=S[i-1]+ 1/sqrt(scale)*(2*(randint.rvs(1,3))-3)
    X = np.arange(0,len(S))

    fig, ax  = plt.subplots()
    ax.plot(X, S, linewidth=1)
    ax.set_xlabel('时间')
    ax.set_title('Scaled Random Walk')
    ax.set_xticks(range(0, step*scale+1, scale))
    ax.set_xticklabels(i for i in range(step+1))
    ax.set_xlim(0, step*scale)
    plt.show()
    return

#%% example 建议使用Jupyter notebook进行动态展示
pw.interact(SRW, step=[5,10,20], scale=[1,5,10,50,100,300,1000])
```

三、光滑函数二次变差为零的证明

设 $f(t)$ 是在 $[0,T]$ 上有定义的光滑函数，即该函数具有连续的导数，则其截至时刻 T 的二次变差为：

$$\langle f,f\rangle(T)=\lim_{\|\Pi\|\to 0}\sum_{i=0}^{n-1}[f(t_{i+1})-f(t_i)]^2 \tag{2.64}$$

这里将 $[0,T]$ 这个时间段分割成 n 个子时间段，分别为：$[0,t_1],(t_1,t_2],\ldots,(t_{n-1},t_n]$，其中，$0=t_0<t_1<t_2<\cdots<t_n=T$；$\|\Pi\|$ 是这 n 个子时间段中最长的，即：

$$\|\Pi\|=\max_i(t_{i+1}-t_i),\qquad i=0,1,2,\ldots,n-1$$

对于光滑函数而言，微分中值定理成立。因此，存在 $t_i^*\in[t_i,t_{i+1}]$，使得：

$$f(t_{i+1})-f(t_i)=f'(t_i^*)\,(t_{i+1}-t_i)$$

从而

$$\begin{aligned}\sum_{i=0}^{n-1}[f(t_{i+1})-f(t_i)]^2&=\sum_{i=0}^{n-1}|f'(t_i^*)|^2\,(t_{i+1}-t_i)^2\\&\leqslant\|\Pi\|\cdot\sum_{i=0}^{n-1}|f'(t_i^*)|^2\,(t_{i+1}-t_i)\end{aligned} \tag{2.65}$$

于是：

$$\begin{aligned}\langle f,f\rangle(T)&\leqslant\lim_{\|\Pi\|\to 0}\left[\|\Pi\|\cdot\sum_{i=0}^{n-1}|f'(t_i^*)|^2\,(t_{i+1}-t_i)\right]\\&=\lim_{\|\Pi\|\to 0}\|\Pi\|\cdot\lim_{\|\Pi\|\to 0}\sum_{i=0}^{n-1}|f'(t_i^*)|^2\,(t_{i+1}-t_i)\\&=\lim_{\|\Pi\|\to 0}\|\Pi\|\cdot\int_0^T|f'(t)|^2\mathrm{d}t\end{aligned} \tag{2.66}$$

由于 $f(t)$ 具有连续的导数，所以 $\int_0^T|f'(t)|^2\mathrm{d}t$ 是有界的。因此：

$$\lim_{\|\Pi\|\to 0}\|\Pi\|\cdot\int_0^T|f'(t)|^2\mathrm{d}t=0 \tag{2.67}$$

最终可得：

$$\langle f,f\rangle(T)=0$$

即光滑函数的二次变差为零。

下面这段代码可以清晰地展现出指数函数的光滑性，感兴趣的读者可以使用 Matlab 或者 Scilab 软件进行演示。

```
t=linspace(-1,1,1024);
plot(t,exp(t)), grid
title('指数函数')
t0=clock;
t=0;
while t<20
    axis([0 0 1 1]+exp(-t/5)*[-1 1 -1 1])
    drawnow
    t=etime(clock,t0);
end
```

四、布朗运动二次变差不为零的证明

由于布朗运动 $W(t)$ 不是光滑函数，无法使用微分中值定理，因此在下面的证明中，将不再借助该定理。

设 $\{t_0, t_1, \ldots, t_n\}$ 是关于时间段 $[0, T]$ 的一个划分，其中 Π 是其中最长的子时间段。对应的二次变差定义为：

$$Q_\Pi = \sum_{i=0}^{n-1}[W(t_{i+1}) - W(t_i)]^2 \tag{2.68}$$

由于样本的二次变差是独立随机变量之和，因此其期望和方差也是这些随机变量的期望和方差之和，即：

$$\begin{aligned} \mathbb{E}(Q_\Pi) &= \sum_{i=0}^{n-1} \mathbb{E}[W(t_{i+1}) - W(t_i)]^2 \\ \mathrm{Var}(Q_\Pi) &= \sum_{i=0}^{n-1} \mathrm{Var}\left\{[W(t_{i+1}) - W(t_i)]^2\right\} \end{aligned} \tag{2.69}$$

由于

$$\mathbb{E}[W(t_{i+1}) - W(t_i)]^2 = \mathrm{Var}[W(t_{i+1}) - W(t_i)] = t_{i+1} - t_i \tag{2.70}$$

因此：

$$\mathbb{E}(Q_\Pi) = \sum_{i=0}^{n-1}(t_{i+1} - t_i) = t_n - t_0 = T \tag{2.71}$$

根据正态分布的矩母函数，可以得到 $W(t_{i+1}) - W(t_i)$ 的四阶矩，结果如下：

$$\mathbb{E}[W(t_{i+1}) - W(t_i)]^4 = 3(t_{i+1} - t_i)^2 \tag{2.72}$$

因此：

$$\begin{aligned} \mathrm{Var}\left\{[W(t_{i+1}) - W(t_i)]^2\right\} &= \mathbb{E}[W(t_{i+1}) - W(t_i)]^4 - \left\{\mathbb{E}[W(t_{i+1}) - W(t_i)]^2\right\}^2 \\ &= 3(t_{i+1} - t_i)^2 - (t_{i+1} - t_i)^2 \\ &= 2(t_{i+1} - t_i)^2 \end{aligned} \tag{2.73}$$

从而

$$\mathrm{Var}(Q_\Pi) = \sum_{i=0}^{n-1} 2(t_{i+1} - t_i)^2 \leqslant \sum_{i=0}^{n-1} 2\|\Pi\|(t_{i+1} - t_i) = 2\|\Pi\|T \tag{2.74}$$

于是，有

$$\begin{aligned} \lim_{\|\Pi\|\to 0} \mathrm{Var}(Q_\Pi) &= 0 \\ \lim_{\|\Pi\|\to 0} \mathbb{E}(Q_\Pi) &= T \end{aligned} \tag{2.75}$$

二次变差的方差为零，意味着其不再是随机变量，因此布朗运动 $W(T)$ 的二次变差为 T。

下面这段代码可以清晰地展现出布朗运动的非光滑性，感兴趣的读者可以使用 Matlab 或者 Scilab 软件进行演示。

```
tfin=60;
n=2^10+1; % 取值增加，分辨率相应提升
t=linspace(-1,1,n);
h=diff(t(1:2));
x=cumsum([0,sqrt(h)*randn(1,n-1)]);
x=x-x((n+1)/2);
j=1:2:n;
i=2:2:n;
k=(n+3)/4:(3*n+1)/4;
hand=plot(t,x);
title('布朗运动（维纳过程）')
axis([-1 1 -1 1])
hold on
plot([-1.1 0 1.1],[0 0 0],'ro-')
hold off
pause
t0=clock;
tt=0;
while tt<tfin
    width=exp(-tt/5);
    axis([-width width -sqrt(width) sqrt(width)])
    drawnow
    if h>width/(n/4)
        h=h/2;
        x(j)=x(k);
        t(j)=t(k);
```

```
        t(i)=0.5*(t(i-1)+t(i+1));
        x(i)=0.5*(x(i-1)+x(i+1))+sqrt(h/2)*randn(size(i));
        set(hand,'xdata',t,'ydata',x)
    end
    tt=etime(clock,t0);
end
```

五、高斯积分简介

高斯积分是一类非常特殊的积分，最早由德国数学家高斯（Carl Friedrich Gauss, 1777—1855）提出，并被用于正态分布的刻画中。该积分的形式如下：

$$I=\int_{-\infty}^{\infty}\exp(-x^2)\,\mathrm{d}x$$

求解该积分的方法具有一定的技巧性，在上式的基础上，构造一个相同的积分形式：

$$I=\int_{-\infty}^{\infty}\exp(-y^2)\,\mathrm{d}y$$

将上面两式相乘，可得：

$$I^2=\int_{-\infty}^{\infty}\int_{-\infty}^{\infty}\exp\left[-(x^2+y^2)\right]\,\mathrm{d}x\,\mathrm{d}y$$

上式的求解可以通过坐标变换，将直角坐标系转换成极坐标系，结果如下：

$$\begin{aligned}
I^2&=\int_0^{2\pi}\mathrm{d}\theta\int_0^{\infty}\exp(-r^2)r\,\mathrm{d}r\\
&=2\pi\cdot\frac{1}{2}\int_0^{\infty}\exp(-r^2)\,\mathrm{d}(r^2)\\
u=-r^2\rightarrow&=\pi\int_{-\infty}^{0}\exp(u)\,\mathrm{d}u=\pi
\end{aligned}\tag{2.76}$$

因此：

$$I=\int_{-\infty}^{\infty}\exp(-x^2)\,\mathrm{d}x=\sqrt{\pi}$$

相应地，有：

$$I(\alpha)=\int_{-\infty}^{\infty}\exp(-\alpha u^2)\,\mathrm{d}u=\sqrt{\frac{\pi}{\alpha}}$$

对 $I(\alpha)$ 的积分表达式关于 α 分别求一阶导和二阶导，可得：

$$I'(\alpha)=-\int_{-\infty}^{\infty}u^2\exp(-\alpha u^2)\,\mathrm{d}u=\sqrt{\pi}\left(-\frac{1}{2}\right)\alpha^{-\frac{3}{2}}$$

$$I''(\alpha)=\int_{-\infty}^{\infty}u^4\exp(-\alpha u^2)\,\mathrm{d}u=\sqrt{\pi}\left(-\frac{1}{2}\right)\left(-\frac{3}{2}\right)\alpha^{-\frac{5}{2}}$$

依此类推，可以得到 $I(\alpha)$ 关于 α 的 n 阶导，结果如下：

$$\begin{aligned} I^{(n)}(\alpha) &= (-1)^n \int_{-\infty}^{\infty} u^{2n} \exp\left(-\alpha u^2\right) \mathrm{d}u \\ &= \sqrt{\pi} \cdot (-1)^n \frac{1 \times 3 \times 5 \times \cdots \times (2n-1)}{2^n} \alpha^{-(2n+1)/2} \end{aligned} \tag{2.77}$$

因此：

$$\int_{-\infty}^{\infty} u^{2n} \exp\left(-\alpha u^2\right) \mathrm{d}u = \sqrt{\pi} \cdot \frac{1 \times 3 \times 5 \times \cdots \times (2n-1)}{2^n} \alpha^{-(2n+1)/2} \tag{2.78}$$

对于布朗运动的增量 $X = W(t_n) - W(t_{n-1})$ 而言，其服从期望为 0、方差为 $(t_n - t_{n-1})$ 的正态分布。相应的概率密度函数为：

$$f(x) = \frac{1}{\sqrt{2\pi(t_n - t_{n-1})}} \exp\left[-\frac{x^2}{2(t_n - t_{n-1})}\right] \tag{2.79}$$

令 $t_n - t_{n-1} = \Delta t$，则：

$$\begin{aligned} \mathbb{E}(X^2) &= \int_{-\infty}^{\infty} x^2 f(x) \, \mathrm{d}x \\ &= \int_{-\infty}^{\infty} x^2 \frac{1}{\sqrt{2\pi\Delta t}} \exp\left(-\frac{x^2}{2\Delta t}\right) \mathrm{d}x \\ &= \frac{1}{\sqrt{2\pi}} \int_{-\infty}^{\infty} x^2 \exp\left(-\frac{x^2}{2\Delta t}\right) \mathrm{d}\left(\frac{x}{\sqrt{\Delta t}}\right) \\ &= \frac{\Delta t}{\sqrt{2\pi}} \int_{-\infty}^{\infty} u^2 \exp\left(-\frac{u^2}{2}\right) \mathrm{d}u \end{aligned}$$

由前面得到的 $I'(\alpha)$ 的结果，可得：

$$\mathbb{E}(X^2) = \frac{\Delta t}{\sqrt{2\pi}} \sqrt{\pi} \left(\frac{1}{2}\right) \left(\frac{1}{2}\right)^{-\frac{3}{2}} = \Delta t \tag{2.80}$$

类似地，有：

$$\begin{aligned} \mathbb{E}(X^4) &= \int_{-\infty}^{\infty} x^4 f(x) \, \mathrm{d}x \\ &= \int_{-\infty}^{\infty} x^4 \frac{1}{\sqrt{2\pi\Delta t}} \exp\left(-\frac{x^2}{2\Delta t}\right) \mathrm{d}x \\ &= \frac{1}{\sqrt{2\pi}} \int_{-\infty}^{\infty} x^4 \exp\left(-\frac{x^2}{2\Delta t}\right) \mathrm{d}\left(\frac{x}{\sqrt{\Delta t}}\right) \\ u = \frac{x}{\sqrt{\Delta t}} \rightarrow &= \frac{(\Delta t)^2}{\sqrt{2\pi}} \int_{-\infty}^{\infty} u^4 \exp\left(-\frac{u^2}{2}\right) \mathrm{d}u \end{aligned}$$

由前面得到的 $I''(\alpha)$ 的结果，可得：

$$\mathbb{E}(X^4)=\frac{(\Delta t)^2}{\sqrt{2\pi}}\sqrt{\pi}\left(\frac{1}{2}\right)\left(\frac{3}{2}\right)\left(\frac{1}{2}\right)^{-\frac{5}{2}}=3(\Delta t)^2 \tag{2.81}$$

因此：

$$\mathrm{Var}(X^2)=\mathbb{E}(X^4)-[\mathbb{E}(X^2)]^2=3(\Delta t)^2-(\Delta t)^2=2(\Delta t)^2$$

六、按比例缩小型对称随机游走收敛于正态分布的证明

定理 2.6

当 $m\to\infty$ 时，$W^{(m)}(t)\sim\mathcal{N}(0,t)$

证明：该结论的证明过程如下：

由于

$$W^{(m)}(t)=\frac{M_{mt}}{\sqrt{m}}=\frac{1}{\sqrt{m}}\sum_{i=1}^{mt}X_i$$

构造 $W^{(m)}(t)$ 的矩母函数 $M_m(u)$ 如下：

$$\begin{aligned}M_m(u)=\mathbb{E}\left[\mathrm{e}^{uW^{(m)}(t)}\right]&=\mathbb{E}\left[\exp\left(\frac{u}{\sqrt{m}}M_{mt}\right)\right]\\&=\mathbb{E}\left[\exp\left(\frac{u}{\sqrt{m}}\sum_{i=1}^{mt}X_i\right)\right]\\&=\mathbb{E}\left[\prod_{i=1}^{mt}\exp\left(\frac{u}{\sqrt{m}}X_i\right)\right]\\X_i\text{ 独立同分布}\to&=\prod_{i=1}^{mt}\mathbb{E}\left[\exp\left(\frac{u}{\sqrt{m}}X_i\right)\right]\end{aligned}$$

由于 X_i 是对称随机游走，因此：

$$\mathbb{E}\left[\exp\left(\frac{u}{\sqrt{m}}X_i\right)\right]=\frac{1}{2}\exp\left(\frac{u}{\sqrt{m}}\right)+\frac{1}{2}\exp\left(-\frac{u}{\sqrt{m}}\right)$$

从而可得：

$$M_m(u)=\left[\frac{1}{2}\exp\left(\frac{u}{\sqrt{m}}\right)+\frac{1}{2}\exp\left(-\frac{u}{\sqrt{m}}\right)\right]^{mt}$$

对上式两端取自然对数，可得：

$$\ln[M_m(u)]=mt\ln\left[\frac{1}{2}\exp\left(\frac{u}{\sqrt{m}}\right)+\frac{1}{2}\exp\left(-\frac{u}{\sqrt{m}}\right)\right]$$

接下来，令 $x = 1/\sqrt{m}$，则有：

$$\begin{aligned}
\lim_{m\to\infty} \ln[M_m(u)] &= \lim_{m\to\infty} mt\ln\left[\frac{1}{2}\exp\left(\frac{u}{\sqrt{m}}\right)+\frac{1}{2}\exp\left(-\frac{u}{\sqrt{m}}\right)\right] \\
x=\frac{1}{\sqrt{m}} \to &= t\lim_{x\to 0}\frac{\ln\left(\frac{1}{2}e^{ux}+\frac{1}{2}e^{-ux}\right)}{x^2} \\
&= t\lim_{x\to 0}\frac{\ln\left[\cosh(ux)\right]}{x^2} \\
\text{洛必达法则} \to &= ut\lim_{x\to 0}\frac{\tanh(ux)}{2x} \\
\text{洛必达法则} \to &= u^2 t\lim_{x\to 0}\frac{1}{2}\left[\frac{1-\sinh^2(x)}{\cosh^2(x)}\right] = \frac{1}{2}u^2 t
\end{aligned}$$

从而可得：

$$\lim_{m\to\infty} \ln[M_m(u)] = \frac{1}{2}u^2 t \quad \Rightarrow \quad \lim_{m\to\infty} M_m(u) = \exp\left(\frac{1}{2}u^2 t\right)$$

不难看出，当 $m \to \infty$ 时，$W^{(m)}(t)$ 的矩母函数 $M_m(u)$ 与期望为零、方差为 t 的正态分布之矩母函数相同。这意味着：

$$\lim_{m\to\infty} W^{(m)}(t) \sim \mathcal{N}(0,t)$$

本章习题

1. 已知 $W(t)$ 是标准布朗运动，假设 $X(t) = |W(t)|$，$t \geqslant 0$，求 $\mathbb{E}X(t)$ 和 $\mathrm{Var}X(t)$。
2. 假设 $W(t)$ 是标准布朗运动，求：
   (a) $\mathbb{P}[W(2) > 3]$；
   (b) $\mathbb{P}[W(3) > W(2)]$。
3. 假设 $W(t)$ 是标准布朗运动，求：
   (a) $aW(s) + bW(t)$ 的分布，其中 a, b, s, t 均是实数，并且 $0 < s < t$；
   (b) $\mathbb{P}[W(2) - 2W(3) \leqslant 4]$。
4. 假设 $W(t)$ 是标准布朗运动，并且 $0 \leqslant u \leqslant s \leqslant t$，求：
   (a) $\mathbb{E}[W^2(t)W^2(s)]$；
   (b) $\mathbb{E}[W(t)W(s)W(u)]$。
5. 假设 $W(t)$ 是标准布朗运动，求 $W(1) + W(2) + \cdots + W(n)$ 的分布。
6. 假设 $W(t)$ 和 $B(t)$ 是两个独立的标准布朗运动，取 $X(t) = \dfrac{B(t)+W(t)}{\sqrt{2}}$。
   证明 $X(t)$ 也是一个布朗运动，并求出 $B(t)$ 与 $X(t)$ 的相关系数。
7. 假设 $W(t)$ 是标准布朗运动，证明：

$$\mathrm{Corr}[W(s), W(t)] = \sqrt{\frac{s\wedge t}{s\vee t}}, \qquad s \neq t$$

   其中，$\mathrm{Corr}[W(s), W(t)]$ 是 $W(s)$ 和 $W(t)$ 的相关系数。

8. 假设 $W(t)$ 是标准布朗运动，求：
   (a) $\mathrm{Cov}[W(5)+2W(3), W(2)+W(3)]$；
   (b) 使得 $\mathrm{Var}[W(5)+kW(4)+W(1)]$ 最小的实数 k。
9. 假设 $W(t)$ 是标准布朗运动，求：

$$\mathbb{P}\left[W(1)<\frac{1}{2},\ W(3)>W(1)+2\right]$$

第三章　鞅

鞅（martingale）是一类重要的随机过程。从 20 世纪 30 年代起，列维（Levy，1886—1971）等人就开始研究鞅序列，并把它作为独立随机变量序列部分和的推广。20 世纪 40 年代到 50 年代初，杜布（Doob，1910—2004）对鞅进行了系统的研究，得出了有名的鞅不等式、最优停止定理和鞅收敛定理等重要结果。1962 年，迈耶（Meyer，1934—2003）解决了杜布提出的连续时间的上鞅分解为鞅及增过程之差的问题。图 3.1 展示了三位学者。在解决这个问题的过程中，出现了很多新鲜而深刻的概念，使鞅和随机过程一般理论的内容大大丰富起来。

列维　　杜布　　迈耶

图 3.1　相关学者

有关鞅的研究丰富了概率论的内容，很多以往被认为复杂的东西，在纳入鞅理论的框架后得以简化。近几十年来，鞅理论不仅在随机过程中占据重要的地位，而且在金融、保险等领域的实际问题中得到了广泛的应用。

鞅的概念起源于赌博中的双倍押注法（double gambling），在该策略下，如果每次输了就把下注的资金翻倍。对于公平赌博而言，如此反复最终总能赢钱。当然，在现实中，不抽老千并且赌资数量无限的假设前提是不成立的，所谓的公平赌博只不过是赌徒们代代相传的传说。在马术上，鞅指的是套在马颈上的缰绳（也称马颔缰，见图 3.2），其作用是防止马甩头，并借此控制马的行进方向。

图 3.2 有鞅的马具

对鞅的性质加以研究，需要理解条件期望的概念及其相关的性质，因此将条件期望作为鞅的先修知识。

知识讲解

条件期望的概念及性质

第一节 条件期望

为了说明条件期望的性质，假设有两个随机变量 X 和 Y，并且它们的取值取决于 N 次发生的事件构成的信息集 $\{Z_1, Z_2, \ldots, Z_N\}$。以其中 n 次事件的信息集为条件，得到的随机变量期望就是条件期望（conditional expectation），记作：

$$\mathbb{E}_n(X) = \mathbb{E}(X|Z_1, Z_2, \ldots, Z_n), \qquad \mathbb{E}_n(Y) = \mathbb{E}(Y|Z_1, Z_2, \ldots, Z_n) \tag{3.1}$$

需要说明的是，随机变量 $\mathbb{E}_n(X)$ 的值仅与 $Z_1, Z_2, \ldots, Z_n$ 有关时，可以将其写作：

$$\mathbb{E}_n(X) = \mathbb{E}(X|Z_1, Z_2, \ldots, Z_n) = f(Z_1, Z_2, \ldots, Z_n) \tag{3.2}$$

其中 $f(\cdot)$ 是函数。显然此处随机变量 $\mathbb{E}_n(X)$ 可以表示为 $Z_1, Z_2, \ldots, Z_n$ 的函数，称 $\mathbb{E}_n(X)$ 关于 $Z_1, Z_2, \ldots, Z_n$ 可测（measurable）。①

当 $0 \leqslant n \leqslant N$ 时，以下性质成立：

(1) 线性性质（linearity）。对于所有常数 c_1 和 c_2，以下等式成立：

$$\mathbb{E}_n(c_1X + c_2Y) = c_1\mathbb{E}_n(X) + c_2\mathbb{E}_n(Y)$$

(2) 提取已知量（taking out what is known）。若 X 的取值只依赖于 n 次事件的信息集，则：

$$\mathbb{E}_n(XY) = X \cdot \mathbb{E}_n(Y)$$

在这里，X 在 n 次事件的信息集下是可测的，从而可以从条件期望中提取出来。

(3) 迭代条件期望（iterated conditioning）。若 $0 \leqslant n \leqslant m \leqslant N$，则有：

$$\mathbb{E}_n\left[\mathbb{E}_m(X)\right] = \mathbb{E}_n(X)$$

①严格说来，这里应当是波莱尔（Borel）可测，限于篇幅不再展开。本书提到的可测均指波莱尔可测。

从中可以看出，X 的条件期望取决于信息集中的最小者。特别是针对无条件期望而言，有：

$$\mathbb{E}\left[\mathbb{E}_m(X)\right]=\mathbb{E}(X)$$

(4) 独立性（independence）。若 X 取决于第 $(n+1)$ 次到第 N 次事件所构成的信息集 $\{Z_{n+1},Z_{n+2},\ldots,Z_N\}$，则有：

$$\mathbb{E}_n(X)=\mathbb{E}(X)$$

因为此处的条件与随机变量 X 无关。

(5) 詹森（Jensen）不等式。如果 $\phi(\cdot)$ 是凸函数，则下列不等式成立：

$$\mathbb{E}_n[\phi(X)]\geqslant\phi[\mathbb{E}_n(X)] \tag{3.3}$$

第二节　鞅的概念和性质

一、离散鞅

知识讲解

离散鞅的概念及性质

关于鞅的概念，先从离散时间情形下的离散鞅说起。

定义 3.1

假设有一个随机序列 $\{X_n\}$，$n=0,1,2,\ldots$，若对 $\forall n\geqslant 0$，均有 $\mathbb{E}|X_n|<\infty$，并且

$$\mathbb{E}(X_{n+1}|X_n,\ldots,X_2,X_1)=X_n \tag{3.4}$$

则称 $\{X_n\}$ 为离散鞅（discrete martingale）序列。

由此可见，离散鞅具有某种无后效性，即随机变量 X_{n+1} 对之前所有信息下的条件期望只取决于 n 时刻的 X_n，而与 n 时刻之前的随机变量序列 $X_0,X_1,\ldots,X_{n-1}$ 无关，并且该条件期望刚好等于 n 时刻的随机变量 X_n。

在前面的内容中提到的马氏过程，其表达式如下：

$$\mathbb{P}(X_{n+1}|X_n,\ldots,X_2,X_1)=\mathbb{P}(X_{n+1}|X_n) \tag{3.5}$$

将其与式 (3.4) 进行对比可知：鞅是通过条件期望定义的，侧重于未来结果的“公平性”；马氏过程则是通过条件概率定义的，侧重于过程的“无记忆性”，因此两者之间并无太大的相关性。不过后文会提到，对于布朗运动而言，其既是马氏过程，也是鞅。

例 3.1　对称随机游走。假设单位时间内，某粒子在一维坐标上可能向左或向右游走一个单位，将游走的距离分别记作 $+1$ 和 -1，对应的概率均为 50%，记 X_i 是 i 时刻粒子游走的距离，则有：

$$\mathbb{P}(X_i=+1)=\mathbb{P}(X_i=-1)=0.5$$

假设截至 n 时刻，粒子游走的总距离为 $S_n = X_1 + X_2 + \cdots + X_n$，并且 $S_0 = 0$。证明 S_n 是鞅。

证明：由题意可知：

$$S_{n+1} = S_n + X_{n+1}$$

因此：

$$\begin{aligned}\mathbb{E}(S_{n+1}|S_0, S_1, \ldots, S_n) &= \mathbb{E}(S_n + X_{n+1}|S_0, S_1, \ldots, S_n) \\ &= \mathbb{E}(S_n|S_0, S_1, \ldots, S_n) + \mathbb{E}(X_{n+1}|S_0, S_1, \ldots, S_n) \\ &= \mathbb{E}(S_n|S_0, S_1, \ldots, S_n) + \mathbb{E}(X_{n+1}) \\ &= S_n + [0.5 \times (+1) + 0.5 \times (-1)] = S_n\end{aligned}$$

其中，X_{n+1} 的取值与之前的信息集 $S_0, S_1, \ldots, S_n$ 独立，因而条件期望可以表示为对应的无条件期望，即：

$$\mathbb{E}(X_{n+1}|S_0, S_1, \ldots, S_n) = \mathbb{E}(X_{n+1})$$

另外，下式成立：

$$\mathbb{E}(|S_n|) = \mathbb{E}\left(\left|\sum_{i=1}^{n} X_i\right|\right) \leqslant \mathbb{E}\left(\sum_{i=1}^{n} |X_i|\right) = \sum_{i=1}^{n} \mathbb{E}(|X_i|) = n < \infty$$

因此，S_n 是鞅。

定义 3.2

设 $\{X_n\}$ 和 $\{Y_n\}$ 是两个随机序列，其中 $n = 0, 1, 2, \ldots$。若对任意 n，有：

(1) $\mathbb{E}|X_n| < \infty$，

(2) X_n 是关于 $Y_0, Y_1, \ldots, Y_n$ 的函数[a]，

(3) $\mathbb{E}(X_{n+1}|Y_n, \ldots, Y_1, Y_0) = X_n$，

则称 $\{X_n\}$ 是关于 $\{Y_n\}$ 的鞅。

[a] 根据前面条件期望中的相关定义，这里也可表述为：X_n 关于 $Y_0, Y_1, \ldots, Y_n$ 可测。

推论 3.1

对于常数序列 $\{c_n\}$，若其中 $c_n = c$，则 $\{c_n\}$ 为鞅。

证明：根据鞅的定义，有：

$$\mathbb{E}(c_{n+1}|Y_0, Y_1, \ldots, Y_n) = \mathbb{E}(c|Y_0, Y_1, \ldots, Y_n) = c = c_n$$

因此，$\{c_n\}$ 为鞅。

推论 3.2

若 $\{X_n\}$ 为鞅，则对任意 $n \geqslant 0$，有

$$\mathbb{E}(X_n) = \mathbb{E}(X_0)$$

证明：由于 $\{X_n\}$ 为鞅，因此 $\mathbb{E}(X_{n+1}|Y_n, \ldots, Y_1, Y_0) = X_n$，对该式两端取期望，可得：

$$\mathbb{E}\big[\mathbb{E}(X_{n+1}|Y_n, \ldots, Y_1, Y_0)\big] = \mathbb{E}(X_n)$$

根据前面条件期望的性质 (3) 可知：

$$\mathbb{E}\big[\mathbb{E}(X_{n+1}|Y_n, \ldots, Y_1, Y_0)\big] = \mathbb{E}(X_{n+1})$$

因此，$\mathbb{E}(X_{n+1}) = \mathbb{E}(X_n)$ 。依此类推，最终可得：

$$\mathbb{E}(X_{n+1}) = \mathbb{E}(X_n) = \cdots = \mathbb{E}(X_1) = \mathbb{E}(X_0)$$

由此可见，若随机过程 $\{X_n\}$ 是鞅，则其期望不随时间的推移而发生改变。

例 3.2 公平赌博的双倍下注问题。记 M_n 为第 n 次赌博后的财富总额，并且 $M_0 = 0$；X_n 为第 n 次赌博的结果，$X_n = 1$ 表示赢钱，$X_n = -1$ 表示输钱。

由于是公平赌博，因此，$\mathbb{P}(X_n = 1) = \mathbb{P}(X_n = -1) = 0.5$，这里赌博的规则是：如果输钱，则下次下注翻倍；如果赢钱，则离开赌场。

假定前 n 次赌博均输钱，则输掉的总金额为：

$$1 + 2 + 2^2 + \cdots + 2^{n-1} = 2^n - 1 \quad \Rightarrow \quad M_n = -2^n + 1$$

(1) 如果下一次赢钱，则可得 2^n，相应地，有：

$$M_{n+1} = 2^n - (2^n - 1) = 1$$

(2) 如果下一次仍然输钱，则：

$$M_{n+1} = -2^n - (2^n - 1) = -2^{n+1} + 1$$

由此可得：

$$\mathbb{E}(M_{n+1}|M_n) = \frac{1}{2} \times 1 + \frac{1}{2} \times \big(-2^{n+1} + 1\big) = -2^n + 1 = M_n \tag{3.6}$$

可见，M_n 是鞅。

定理 3.1

$\{X_t\}$ 是关于 $\{Y_t\}$ 的鞅的充要条件为：
$\forall m, n\ (m > n > 0)$，有：

$$\mathbb{E}(X_m|Y_0, Y_1, \ldots, Y_n) = X_n \tag{3.7}$$

证明：充分性是基于鞅的定义，故不必证明。接下来使用数学归纳法证明必要性。

由假设可知，当 $m = n + 1$ 时，式 (3.7) 成立，即：

$$\mathbb{E}(X_{n+1}|Y_0, Y_1, \ldots, Y_n) = X_n \tag{3.8}$$

假设当 $m = n + k$ 时，式 (3.7) 成立，即：

$$\mathbb{E}(X_{n+k}|Y_0, Y_1, \ldots, Y_n) = X_n \tag{3.9}$$

当 $m = n + k + 1$ 时，由式 (3.8) 可得：

$$\mathbb{E}(X_{n+k+1}|Y_0, Y_1, \ldots, Y_{n+k}) = X_{n+k}$$

对上式两端关于 $Y_0, Y_1, \ldots, Y_n$ 求条件期望，可得：

$$\begin{aligned}
\mathbb{E}\big[\mathbb{E}(X_{n+k+1}|Y_0, Y_1, \ldots, Y_{n+k})|Y_0, Y_1, \ldots, Y_n\big] &= \mathbb{E}\big(X_{n+k}|Y_0, Y_1, \ldots, Y_n\big) \\
\mathbb{E}(X_{n+k+1}|Y_0, Y_1, \ldots, Y_n) &= X_n
\end{aligned} \tag{3.10}$$

在上式的变换中，用到了条件期望的性质 (3)。根据式 (3.8) 到式 (3.10)，从而得证。

例 3.3 波利亚坛子（Polya's urn）问题。考虑一个装有红黄两色小球的坛子。在初始状态下，坛子中有红黄小球各一个，每次从中抽取一个小球并放回。若拿出的是红色小球，则放回后再加入一个红色小球；若拿出的是黄色小球，则采取同样的做法。以 X_n 表示第 n 次抽取后坛子中的红色小球数量，显然 $X_0 = 1$，相应的转移概率为：

$$\mathbb{P}(X_{n+1} = k + 1|X_n = k) = \frac{k}{n+2}, \qquad \mathbb{P}(X_{n+1} = k|X_n = k) = 1 - \frac{k}{n+2}$$

令 M_n 是第 n 次抽取后红色小球所占的比例，即 $M_n = X_n/(n+2)$，试证明 M_n 是一个关于 $\{X_n\}$ 的鞅。

证明：由于：

$$\begin{aligned}
\mathbb{E}(X_{n+1}|X_n = k) &= (k+1) \cdot \mathbb{P}(X_{n+1} = k + 1|X_n = k) + k \cdot \mathbb{P}(X_{n+1} = k|X_n = k) \\
&= (k+1) \cdot \frac{k}{n+2} + k \cdot \left(1 - \frac{k}{n+2}\right) \\
&= k + \frac{k}{n+2}
\end{aligned}$$

因此：

$$\mathbb{E}(X_{n+1}|X_n) = X_n + \frac{X_n}{n+2}$$

由于 $M_n = \dfrac{X_n}{n+2}$，故：

$$
\begin{aligned}
\mathbb{E}(M_{n+1}|X_1,\ldots,X_n) &= \mathbb{E}\left(\left.\frac{X_{n+1}}{n+3}\right| X_1,\ldots,X_n\right) \\
&= \frac{1}{n+3}\mathbb{E}(X_{n+1}|X_n) \\
&= \frac{1}{n+3}\left(X_n + \frac{X_n}{n+2}\right) \\
&= \frac{X_n}{n+2} = M_n
\end{aligned}
$$

因此，M_n 是一个关于 $\{X_n\}$ 的鞅。

二、连续鞅

前面所介绍的是时间离散情形下的离散鞅，在金融相关研究中，我们往往更关心连续时间下的随机过程的相关特征，在介绍连续鞅之前先从几个概念开始。

知识讲解

可积、可测、域流、连续鞅的概念

定义 3.3 可积的概念

对于一个随机变量 X，

(1) 若 $\mathbb{E}|X| < \infty$，则称 X 是可积的（integrable）；

(2) 若 $\mathbb{E}(X^2) < \infty$，则称 X 是平方可积的（square integrable）。

根据随机变量可积的定义可知：

$$\mathbb{E}(X) \leqslant \mathbb{E}|X| < \infty \tag{3.11}$$

因此，当随机变量 X 是可积的时，其期望必然是有限的。类似地，当 X 是平方可积的时，其方差也必然是有限的。

定义 3.4

假设 T 是一个固定的正数，并且对每一个 $t \in [0,T]$，都有一个 σ-代数 $\mathcal{F}(t)$ 与之相对应。若对任意 $0 \leqslant s \leqslant t \leqslant T$，均有 $\mathcal{F}(s) \subseteq \mathcal{F}(t)$ 成立，则称 $\{\mathcal{F}(t)\}$, $t \in [0,T]$ 所构成的 σ-代数族是一个域流（filtration）。

简言之，$\mathcal{F}(t)$ 可看作 $[0,t]$ 时间段的所有信息（information）。随着时间的推移，信息量逐渐增加，体现为新时刻包含了旧时刻的所有信息。由这些信息所组成的序列 $\{\mathcal{F}(0),\mathcal{F}(1),\ldots,\mathcal{F}(t)\}$ 构成了域流，域流相当于一串信息，并且 $\mathcal{F}(0) \subseteq \mathcal{F}(1) \subseteq \cdots \subseteq \mathcal{F}(t)$。

基于 σ-代数 $\mathcal{F}$ 和 $\mathcal{G}$ 所描述的信息，根据条件期望的性质，可以得出如下结论：

(1) 对于可积随机变量 X 和 Y，有：

$$\mathbb{E}(c_1X + c_2Y|\mathcal{F}) = c_1\mathbb{E}(X|\mathcal{F}) + c_2\mathbb{E}(Y|\mathcal{F}) \tag{3.12}$$

其中，c_1 和 c_2 是常数。

(2) 若 X 和 Y 是可积随机变量，XY 可积，并且 X 是 $\mathcal{F}$ 可测的，则有：

$$\mathbb{E}(XY|\mathcal{F}) = X\mathbb{E}(Y|\mathcal{F}) \tag{3.13}$$

$$\mathbb{E}(X|\mathcal{F}) = X \tag{3.14}$$

由于 X 是 $\mathcal{F}$ 可测的，因此利用 $\mathcal{F}$ 中所包含的信息足以确定 X 的值。

(3) 若可积随机变量 X 与 $\mathcal{F}$ 独立，则：

$$\mathbb{E}(X|\mathcal{F}) = \mathbb{E}(X) \tag{3.15}$$

由于 X 与 $\mathcal{F}$ 独立，因此利用 $\mathcal{F}$ 中所包含的信息无法确定 X 的值。

(4) 若 $\mathcal{F} \subset \mathcal{G}$，则对于可积随机变量 X，下式成立：

$$\mathbb{E}\big[\mathbb{E}(X|\mathcal{G})|\mathcal{F}\big] = \mathbb{E}(X|\mathcal{F}) \tag{3.16}$$

这里由于 $\mathcal{F} \subset \mathcal{G}$，因此 $\mathcal{F}$ 中所包含的信息要少于 $\mathcal{G}$，于是最终的条件期望取决于信息量较少的 $\mathcal{F}$。

(5) 若 $\phi(x)$ 是关于 x 的凸函数，且 X 是可积随机变量，则有：

$$\mathbb{E}\big[\phi(X)|\mathcal{F}\big] \geqslant \phi\big[\mathbb{E}(X|\mathcal{F})\big] \tag{3.17}$$

该结论是前面所介绍的条件期望之詹森不等式的直接推广。

定义 3.5

若概率空间 $\{\Omega, \mathcal{F}, \mathbb{P}\}$ 上的随机过程 M_t 满足以下三个条件，则称其为关于域流 $\{\mathcal{F}(t)\}$ 和概率测度 $\mathbb{P}$ 的连续鞅：

(1) 对任意 t，有 $\mathbb{E}|M_t| < \infty$，即 M_t 是可积的；

(2) M_t 对任意 t 均是 $\mathcal{F}(t)$ 可测的；

(3) 若 $s < t$，则

$$\mathbb{E}[M_t|\mathcal{F}(s)] = M_s, \quad \text{a.s.} \tag{3.18}$$

上面定义中的第 (1) 点意味着鞅的绝对值之期望是有限的；第 (2) 点是指基于当前的信息 $\mathcal{F}(t)$，可以度量 M_t，也可以将其表述成 M_t 适应于（adapted to）$\mathcal{F}(t)$；而第 (3) 点则意味着在当前信息 $\mathcal{F}(s)$ 的条件下，未来时刻 t 的随机过程 M_t 的期望等于当前时刻 s 的取值 M_s。

严格说来，若不满足上述定义中的第 (1) 点，则得到的随机过程 M_t 称作局部鞅（local martingale），相应地，定义 3.5 中的随机过程称为全局鞅（global martingale）。本书中提到的鞅均指全局鞅。

知识讲解

连续鞅的性质

另外，根据鞅定义中的公式 (3.18)，还能得到以下两个等价公式：

$$\mathbb{E}[M_t - M_s|\mathcal{F}(s)] = 0 \tag{3.19}$$

$$\mathbb{E}\left[\frac{M_t}{M_s}\middle|\mathcal{F}(s)\right] = 1 \tag{3.20}$$

例 3.4 假设泊松过程 $\{N(t),\ t \geqslant 0\}$ 的强度为 λ，试证明：$N(t) - \lambda t$ 是一个鞅。

证明：设 $s > t$，记 $X(t) = N(t) - \lambda t$，可得：

$$\begin{aligned}\mathbb{E}[X(s) - X(t)|\mathcal{F}(t)] &= \mathbb{E}\Big\{\big[N(s) - \lambda s\big] - \big[N(t) - \lambda t\big]\Big|\mathcal{F}(t)\Big\} \\ &= \mathbb{E}\Big\{\big[N(s) - N(t)\big]\Big|\mathcal{F}(t)\Big\} - (\lambda s - \lambda t)\end{aligned}$$

根据泊松过程的增量独立性，$N(s) - N(t)$ 与 $\mathcal{F}(t)$ 独立，因此：

$$\begin{aligned}\mathbb{E}[X(s) - X(t)|\mathcal{F}(t)] &= \mathbb{E}\big[N(s) - N(t)\big] - \lambda(s - t) \\ &= \mathbb{E}N(s) - \mathbb{E}N(t) - \lambda(s - t) \\ &= \lambda s - \lambda t - \lambda(s - t) = 0\end{aligned}$$

因此，$X(t) = N(t) - \lambda t$ 是一个鞅。

更进一步地，还可以验证 $X(t)$ 可积，即：

$$\mathbb{E}|X(t)| = \mathbb{E}|N(t) - \lambda t| \leqslant \mathbb{E}[N(t) + \lambda t] = \mathbb{E}N(t) + \lambda t = 2\lambda t < \infty$$

定义 3.6

对于随机过程 M_t，若 $s < t$ 并且满足

(1) $\mathbb{E}[M_t|\mathcal{F}(s)] \geqslant M_s$，则称 M_t 是下鞅（submartingale）；

(2) $\mathbb{E}[M_t|\mathcal{F}(s)] \leqslant M_s$，则称 M_t 是上鞅（supermartingale）。

为了说明上面两个概念的含义，对下鞅公式 $\mathbb{E}[M_t|\mathcal{F}(s)] \geqslant M_s$ 的两端取期望。根据条件期望的性质 (3)，下式成立：

$$\mathbb{E}(M_t) \geqslant \mathbb{E}(M_s), \qquad s < t$$

不难看出，对于下鞅而言，随着时间的流逝，M_t 的期望趋向于增大；相反，对于上鞅而言，M_t 的期望趋向于减小。这里特别要注意的是，上鞅与下鞅的名称与随机序列的时间趋势方向（向下与向上）刚好相反。

对于公平赌博而言，赌徒赢钱的期望不随时间的推移而发生改变，因此是鞅。相比之下，上鞅意味着赌徒赢钱的期望随时间的推移而减小，因此是亏本的赌博（劣赌）；下鞅则意味着赌徒赢钱的期望随时间的推移而增大，因此是盈利的赌博（优赌）。

定理 3.2

若 M_t 是鞅，$\phi(\cdot)$ 是一个凸函数，则 $\phi(M_t)$ 是一个下鞅。

证明：运用条件期望的性质 5（詹森不等式），假设 $s<t$，可得：

$$\mathbb{E}[\phi(M_t)|\mathcal{F}(s)] \geqslant \phi\big\{\mathbb{E}[M_t|\mathcal{F}(s)]\big\} = \phi(M_s)$$

其中，$\mathbb{E}[M_t|\mathcal{F}(s)] = M_s$ 来自鞅的定义。

例 3.5 布朗运动。对于布朗运动 $W(t)$ 而言，当 $0<s<t$ 时，可得：

$$\begin{aligned}
\mathbb{E}[W(t)|\mathcal{F}(s)] &= \mathbb{E}[W(t)-W(s)+W(s)|\mathcal{F}(s)] \\
&= \mathbb{E}[W(t)-W(s)|\mathcal{F}(s)] + \mathbb{E}[W(s)|\mathcal{F}(s)] \\
&= \mathbb{E}[W(t)-W(s)] + W(s) = W(s)
\end{aligned}$$

其中，$W(t)-W(s)$ 与 $\mathcal{F}(s)$ 独立，并且 $W(s)$ 是 $\mathcal{F}(s)$ 可测的。

因此，布朗运动 $W(t)$ 是关于 $\mathcal{F}(t)$ 的鞅。

这里需要注意的是，鞅所对应的 σ-代数是一定要强调的，因为在测度发生变化时，原先是鞅的随机过程有可能不再是鞅。另外，对于布朗运动 $W(t)$，还可以验证它是可积的，即 $\mathbb{E}|W(t)|<\infty$，具体演算过程如下：

$$\begin{aligned}
\mathbb{E}|W(t)| &= \int_{-\infty}^{\infty} |x| \frac{1}{\sqrt{2\pi t}} \exp\left(-\frac{x^2}{2t}\right) \mathrm{d}x \\
&= \int_{0}^{\infty} \frac{2x}{\sqrt{2\pi t}} \exp\left(-\frac{x^2}{2t}\right) \mathrm{d}x = \sqrt{\frac{2t}{\pi}} < \infty
\end{aligned}$$

例 3.6 假设 $Y(t) = W^2(t) - t$，其中 $t>0$。证明 $Y(t)$ 是关于布朗运动的鞅。

证明：对于 $0 \leqslant s < t$，有：

$$\mathbb{E}[W(t)|\mathcal{F}(s)] = W(s)$$

因此：

$$\begin{aligned}
\mathbb{E}[Y(t)|\mathcal{F}(s)] &= \mathbb{E}\left[W^2(t) - t\middle|\mathcal{F}(s)\right] \\
&= \mathbb{E}\left\{\left[W(t)-W(s)+W(s)\right]^2\middle|\mathcal{F}(s)\right\} - t \\
&= \mathbb{E}\left\{\left[W(t)-W(s)\right]^2 + 2W(s)[W(t)-W(s)] + W^2(s)\middle|\mathcal{F}(s)\right\} - t \\
&= \mathbb{E}\left\{\left[W(t)-W(s)\right]^2\middle|\mathcal{F}(s)\right\} + 2\mathbb{E}\Big\{W(s)[W(t)-W(s)]\Big|\mathcal{F}(s)\Big\} \\
&\quad + \mathbb{E}[W^2(s)\big|\mathcal{F}(s)] - t
\end{aligned}$$

注意到，上式中的 $W(t)-W(s)$ 与 $\mathcal{F}(s)$ 独立，并且 $W(s)$ 是 $\mathcal{F}(s)$ 可测的，因此：

$$\mathbb{E}\left\{[W(t)-W(s)]^2\middle|\mathcal{F}(s)\right\}=\mathbb{E}\left\{[W(t)-W(s)]^2\right\}=t-s \tag{3.21}$$

$$\mathbb{E}\Big\{W(s)[W(t)-W(s)]\Big|\mathcal{F}(s)\Big\}=W(s)\mathbb{E}[W(t)-W(s)]=0 \tag{3.22}$$

$$\mathbb{E}\left[W^2(s)\middle|\mathcal{F}(s)\right]=W^2(s) \tag{3.23}$$

从而：

$$\mathbb{E}[Y(t)|\mathcal{F}(s)]=(t-s)+0+W^2(s)-t=W^2(s)-s=Y(s)$$

因此，$Y(t)$ 是关于布朗运动的鞅。

进一步地，可以验证 $Y(t)$ 可积：

$$\mathbb{E}|Y(t)|=\mathbb{E}|W^2(t)-t|\leqslant\mathbb{E}\left[W^2(t)+t\right]=\mathbb{E}\left[W^2(t)\right]+t=2t<\infty$$

需要说明的是，这里的 $Y(t)=W^2(t)-t$ 被称为二次鞅（quadratic martingale）。

例 3.7 令 $G(t)=G(0)\mathrm{e}^{X(t)}$，其中 $X(t)$ 是有漂移的布朗运动，其漂移率是 μ，波动率是 σ，即：

$$X(t)=\mu t+\sigma W(t)$$

其中 $W(t)$ 是标准布朗运动。记 $r=\mu+0.5\sigma^2$，试证 $\mathrm{e}^{-rt}G(t)$ 是关于标准布朗运动 $W(t)$ 的鞅。

证明： 对于 $0\leqslant s<t$，可得：

$$\begin{aligned}\mathbb{E}\left[\mathrm{e}^{-rt}G(t)\middle|\mathcal{F}(s)\right]&=\mathrm{e}^{-rt}\mathbb{E}\left[G(0)\mathrm{e}^{\mu t+\sigma W(t)}\middle|\mathcal{F}(s)\right]\\&=G(0)\mathrm{e}^{-rt}\mathbb{E}\left[\mathrm{e}^{\mu(t-s)+\sigma[W(t)-W(s)]}\cdot\mathrm{e}^{\mu s+\sigma W(s)}\middle|\mathcal{F}(s)\right]\end{aligned}$$

注意到上式的期望部分，$(t-s)$ 相关项与 $\mathcal{F}(s)$ 独立，并且 $\mathbb{E}[\mathrm{e}^{\mu s+\sigma W(s)}]$ 项是 $\mathcal{F}(s)$ 可测的，因此：

$$\begin{aligned}\text{原式}&=G(0)\mathrm{e}^{-rt}\cdot\mathrm{e}^{\mu s+\sigma W(s)}\cdot\mathbb{E}\left\{\mathrm{e}^{\mu(t-s)+\sigma[W(t)-W(s)]}\right\}\\&=G(0)\mathrm{e}^{-rt}\cdot\mathrm{e}^{\mu s+\sigma W(s)}\cdot\mathrm{e}^{\mu(t-s)}\cdot\mathbb{E}\left\{\mathrm{e}^{\sigma[W(t)-W(s)]}\right\}\\&=G(0)\mathrm{e}^{-rt}\cdot\mathrm{e}^{\mu t+\sigma W(s)}\cdot\mathbb{E}\left[\mathrm{e}^{\sigma W(t-s)}\right]\end{aligned}$$

接下来将重点放在 $\mathbb{E}\left[\mathrm{e}^{\sigma W(t-s)}\right]$ 的求解上。

由于 $W(u) \sim \mathcal{N}(0, u)$，因此 $Y(u) = \sigma W(u) \sim \mathcal{N}(0, \sigma^2 u)$，由此可得：

$$
\begin{aligned}
\mathbb{E}\left[\mathrm{e}^{Y(u)}\right] &= \int_{-\infty}^{\infty} \mathrm{e}^{x} f(x)\,\mathrm{d}x \\
&= \int_{-\infty}^{\infty} \mathrm{e}^{x} \frac{1}{\sqrt{2\pi\sigma^2 u}} \exp\left(-\frac{x^2}{2\sigma^2 u}\right) \mathrm{d}x \\
&= \int_{-\infty}^{\infty} \frac{1}{\sqrt{2\pi\sigma^2 u}} \exp\left[-\frac{(x-\sigma^2 u)^2 - \sigma^4 u^2}{2\sigma^2 u}\right] \mathrm{d}x \\
&= \exp\left(\frac{\sigma^4 u^2}{2\sigma^2 u}\right) \int_{-\infty}^{\infty} \frac{1}{\sqrt{2\pi\sigma^2 u}} \exp\left[-\frac{(x-\sigma^2 u)^2}{2\sigma^2 u}\right] \mathrm{d}x \\
\mathbb{E}\left[\mathrm{e}^{\sigma W(u)}\right] &= \exp\left(\frac{1}{2}\sigma^2 u\right)
\end{aligned}
$$

因此：

$$
\mathbb{E}\left[\mathrm{e}^{\sigma W(t-s)}\right] = \exp\left[\frac{1}{2}\sigma^2(t-s)\right]
$$

于是：

$$
\begin{aligned}
\mathbb{E}\left[\mathrm{e}^{-rt}G(t)\middle|\mathcal{F}(s)\right] &= G(0)\mathrm{e}^{-rt} \cdot \mathrm{e}^{\mu t+\sigma W(s)} \cdot \exp\left[\frac{1}{2}\sigma^2(t-s)\right] \\
&= G(0)\exp\left[-\frac{1}{2}\sigma^2 s + \sigma W(s)\right] \\
&= G(0)\exp\left\{-\left(\mu s + \frac{1}{2}\sigma^2 s\right) + [\mu s + \sigma W(s)]\right\} \\
&= \mathrm{e}^{-rs} \cdot G(0)\mathrm{e}^{X(s)} = \mathrm{e}^{-rs}G(s)
\end{aligned}
$$

由此可见，$\mathrm{e}^{-rt}G(t)$ 是关于标准布朗运动 $W(t)$ 的鞅。需要说明的是，这里的 $G(t)$ 是几何布朗运动，对应的 $\mathrm{e}^{-rt}G(t)$ 是几何布朗运动的贴现过程。

例 3.8 布朗运动 $W(t),\ t \geqslant 0$ 关于 $\mathcal{F}(t)$ 可测，则以下过程 $Z(t),\ t \geqslant 0$ 是鞅：

$$
Z(t) = \exp\left[\sigma W(t) - \frac{1}{2}\sigma^2 t\right]
$$

其中，σ 是常数。

证明：对于 $0 \leqslant s \leqslant t$，可得：

$$
\begin{aligned}
\mathbb{E}[Z(t)|\mathcal{F}(s)] &= \mathbb{E}\left\{\exp\left[\sigma W(t) - \frac{1}{2}\sigma^2 t\right]\middle|\mathcal{F}(s)\right\} \\
&= \mathbb{E}\left\{\exp\{\sigma[W(t)-W(s)]\} \cdot \exp\left[\sigma W(s) - \frac{1}{2}\sigma^2 t\right]\middle|\mathcal{F}(s)\right\} \\
&= \exp\left[\sigma W(s) - \frac{1}{2}\sigma^2 t\right] \cdot \mathbb{E}\left\{\exp\{\sigma[W(t)-W(s)]\}\middle|\mathcal{F}(s)\right\}
\end{aligned}
$$

根据布朗运动的增量独立性，有：

$$\mathbb{E}\left\{\exp\left\{\sigma[W(t)-W(s)]\right\}\Big|\mathcal{F}(s)\right\}=\mathbb{E}\Big\{\exp\left\{\sigma[W(t)-W(s)]\right\}\Big\}$$

由于

$$\mathbb{E}\left[e^{\sigma W(u)}\right]=\exp\left(\frac{1}{2}\sigma^2 u\right)$$

因此：

$$\mathbb{E}\Big\{\exp\left\{\sigma[W(t)-W(s)]\right\}\Big\}=\exp\left[\frac{1}{2}\sigma^2(t-s)\right]$$

最终可得：

$$\begin{aligned}\mathbb{E}[Z(t)|\mathcal{F}(s)]&=\exp\left[\sigma W(s)-\frac{1}{2}\sigma^2 t\right]\cdot\exp\left[\frac{1}{2}\sigma^2(t-s)\right]\\&=\exp\left[\sigma W(s)-\frac{1}{2}\sigma^2 s\right]=Z(s)\end{aligned}$$

因此，$Z(t)$，$t\geqslant 0$ 是鞅。需要说明的是，此处的 $Z(t)$ 也称作指数鞅（exponential martingale）。

三、鞅的金融学意义

根据鞅的概念可知：

$$\mathbb{E}[X(t+u)-X(t)|\mathcal{F}(t)]=\mathbb{E}[X(t+u)|\mathcal{F}(t)]-\mathbb{E}[X(t)|\mathcal{F}(t)]=X(t)-X(t)=0$$

其含义是：对于鞅过程 $X(t)$，如果基于当前的信息集 $\mathcal{F}(t)$，对 $X(t)$ 在未来的变化 $X(t+u)-X(t)$ 进行分析，则会发现其期望为零。

由于鞅在未来的移动方向是不可能被预测的，因此，如果观测到一个随机过程的轨迹有明显的趋势性倾向或周期性规律，那么该随机过程一定不是鞅。另外，一个随机过程是否为鞅是相对的。我们需要先定义清楚它是相对于哪个信息集 $\mathcal{F}(t)$ 和哪个概率测度。如果改变一个鞅的信息集的定义和概率测度的定义，有可能此随机过程就不再是鞅。反之，如果我们发现一个随机过程不是鞅，那么可以通过改变概率测度的方式，使其成为一个鞅。

正因为满足鞅的随机过程是无法预测的，因此在金融学中，鞅的概念与有效市场假说具有非常紧密的联系。有效市场假说认为，如果无法利用市场的历史信息对未来资产价格的走势做出任何预测，则这样的市场就是有效的。这一概念与鞅的含义不谋而合——随机过程的未来不可预测。

另外，在金融工程中往往基于无套利分析法对金融产品进行定价。在理论上，当金融市场出现无风险套利的机会时，每一位交易者都可以通过构筑巨量的无风险套利组合来赚取无风险的套利利润。这种巨大的套利头寸会成为推动市场价格变化的力量，从而使套利机会迅速消失。所以在有效市场中，套利机会是不存在的，正因为如此，鞅可以看作无套利的数学描述。

对常见的金融资产价格进行分析会发现，它们并非都满足鞅的特性。比如，欧式期权的时间价值会因为合约到期日的临近而趋于减小，因此欧式期权的价值满足上鞅。

第三节 可选抽样定理

在介绍杜布可选抽样定理（Doob's optional sampling theorem）之前，有必要先介绍关于停时的相关概念。

一、停时的含义

定义 3.7

如果一个定义在正实数域上的随机变量，记作 τ，使得

$$\{\tau > t\} \in \mathcal{F}(t), \qquad t > 0 \tag{3.24}$$

则称 τ 是停时。

该定义的含义是：关于 $\{\tau > t\}$ 这一事件的信息只取决于 $\mathcal{F}(t)$ 中的信息。换句话说，若在 t 之前停时已经发生，则相应地 $\tau \leqslant t$；若截至 t 时刻停时仍未发生，则意味着 $\tau > t$。以上两种可能性均取决于 $[0, t]$ 时间段随机变量的所有信息，即 $\mathcal{F}(t)$。

定理 3.3

若 τ 和 θ 均是停时，则它们的较小值 $\tau \wedge \theta$ 和较大值 $\tau \vee \theta$ 都是停时。

证明：由于 τ 和 θ 均是停时，所以满足

$$\{\tau > t\} \in \mathcal{F}(t), \quad \{\theta > t\} \in \mathcal{F}(t) \qquad t > 0$$

因此：

$$\{(\tau \wedge \theta) > t\} = \{\tau > t \text{ 并且 } \theta > t\} = \{\tau > t\} \cap \{\theta > t\} \in \mathcal{F}(t)$$
$$\{(\tau \vee \theta) > t\} = \{\tau > t \text{ 或者 } \theta > t\} = \{\tau > t\} \cup \{\theta > t\} \in \mathcal{F}(t)$$

其中，最后的变换来自 σ-代数的性质：对交集和并集运算封闭。因而，$\tau \wedge \theta$ 和 $\tau \vee \theta$ 都是停时。

定义 3.8

过程 X_t 首次到达 x 处的时刻即首中时刻，定义如下：

$$\tau_x = \min\{t : t > 0, X_t = x\} \tag{3.25}$$

首中时刻可看作停时的一个特例。在时间离散时，$\{\tau_x > t\}$ 表示首次到达 x 处的时间大于 t，这意味着在 t 时刻之前，过程 X_s 均未到达过 x 处，即：

$$\begin{aligned}\{\tau_x > t\} &= \{X_s \neq x,\ 0 \leqslant s \leqslant t\} \\ &= \{X_0 \neq x\} \cap \{X_1 \neq x\} \cap \cdots \cap \{X_t \neq x\} \in \mathcal{F}(t), \qquad t \in \mathbb{N}\end{aligned} \tag{3.26}$$

在赌博问题中，首中时刻可以用来刻画赌徒离开赌场的相应策略，比如赌徒赢得 100 元或输掉 50 元离开赌场的情形。

定义 3.9

过程到达 x 或 y 处的首中时刻定义为：

$$\tau_{x,y} = \min\{t : t > 0, X_t = x \text{ 或 } X_t = y\} \tag{3.27}$$

需要特别注意的是，不是所有的正实数随机变量都是停时，比如，

$$\tau = \min\left\{t \in [0,T] : X_t = \max_{s\in[0,T]} X_s\right\}$$

上面的随机变量表示在 $[0,T]$ 时间段内，首次到达该区间最大值的对应时点。因为在 $[0,T]$ 时间段内，决定 $\{\tau > t\}$ 这一事件是否成立的信息 $\mathcal{F}(t)$ 还不充分。类似地，以下随机变量 τ_x 也不是停时：

$$\tau_x = \max\{t : t > 0, X_t = x\}$$

此处的 τ_x 表示在 $(0,\infty)$ 时间段内，最后一次到达 x 处的时间。

我们还可以从直观上来理解停时的概念。停时可看作一种停止观察随机过程的“规则”。例如，“当股票价格第一次涨到每股 20 元时把它卖了”是一个停时规则。然而，“在股票价格第一次涨到每股 20 元的前一天收盘前把它卖了”就不是一个停时规则，因为我们无法根据当前的信息预知第二天股价是否会涨到 20 元。

定义 3.10

假设 Z_t 是定义在正实数域上的随机过程，并且 τ 是其上的停时，则定义停止过程（stopped process）$Z_{t\wedge\tau}$ 如下：

$$Z_{t\wedge\tau} = \begin{cases} Z_\tau, & t \geqslant \tau \\ Z_t, & t < \tau \end{cases} \tag{3.28}$$

此处的停止过程在金融衍生品的研究中常用于刻画障碍期权问题，比如对于其中的敲出期权而言，当标的资产价格达到障碍价格时，该期权自动废止，相应的标的资产价格变动的过程停留在期权废止的时间，此时停止的时间 τ 小于等于期权的期限 t；若在该期权到期前，标的资产价格一直未达到障碍价格，则该期权将在到期日 t 终止，于是标的资产价格达到期权障碍价格的时间 τ 必然大于 t。

二、可选抽样定理

定理 3.4 可选抽样定理

假设随机过程 M_t 及其停时 τ 均是 $\mathcal{F}(t)$ 可测的。若 M_t 是鞅，则停止过程 $M_{t\wedge\tau}$，$t\geqslant 0$ 也是鞅。

证明：此处基于离散鞅进行证明。由鞅的定义可知：

$$\mathbb{E}[M_t|\mathcal{F}(t-1)]=M_{t-1}$$

停止过程 $M_{t\wedge\tau}$ 可以拆分成两个部分，具体如下：

$$M_{t\wedge\tau}=M_\tau\mathbf{1}_{\{\tau<t\}}+M_t\mathbf{1}_{\{\tau\geqslant t\}}=\begin{cases}M_\tau, & \tau<t\\ M_t, & \tau\geqslant t\end{cases}$$

其中，

$$M_\tau\mathbf{1}_{\{\tau<t\}}=\sum_{n=1}^{t-1}M_n\mathbf{1}_{\{\tau=n\}}$$

因此可得：

$$\begin{aligned}\mathbb{E}[M_{t\wedge\tau}|\mathcal{F}(t-1)]&=\mathbb{E}\left[M_\tau\mathbf{1}_{\{\tau<t\}}|\mathcal{F}(t-1)\right]+\mathbb{E}\left[M_t\mathbf{1}_{\{\tau\geqslant t\}}|\mathcal{F}(t-1)\right]\\&=\sum_{n=1}^{t-1}\mathbb{E}\left[M_n\mathbf{1}_{\{\tau=n\}}|\mathcal{F}(t-1)\right]+\mathbb{E}\left[M_t\mathbf{1}_{\{\tau\geqslant t\}}|\mathcal{F}(t-1)\right]\end{aligned}$$

上式当中，由于 $n\leqslant t-1$，故 $M_n\mathbf{1}_{\{\tau=n\}}$ 是 $\mathcal{F}(t-1)$ 可测的，另外 $\mathbf{1}_{\{\tau\geqslant t\}}=1-\mathbf{1}_{\{\tau\leqslant t-1\}}$，因此也是 $\mathcal{F}(t-1)$ 可测的，从而：

$$\begin{aligned}\mathbb{E}[M_{t\wedge\tau}|\mathcal{F}(t-1)]&=\sum_{n=1}^{t-1}M_n\mathbf{1}_{\{\tau=n\}}+\mathbf{1}_{\{\tau\geqslant t\}}\mathbb{E}\left[M_t|\mathcal{F}(t-1)\right]\\&=\sum_{n=1}^{t-1}M_n\mathbf{1}_{\{\tau=n\}}+\mathbf{1}_{\{\tau\geqslant t\}}M_{t-1}\\&=\sum_{n=1}^{t-2}M_n\mathbf{1}_{\{\tau=n\}}+\mathbf{1}_{\{\tau=t-1\}}M_{t-1}+\mathbf{1}_{\{\tau\geqslant t\}}M_{t-1}\\&=\sum_{n=1}^{t-2}M_n\mathbf{1}_{\{\tau=n\}}+M_{t-1}\mathbf{1}_{\{\tau\geqslant t-1\}}\\&=M_{(t-1)\wedge\tau}\end{aligned}$$

因此，停止过程 $M_{t\wedge\tau}$ 是鞅。

特别地，对任意停时 $0<\tau\leqslant t$，可得：

$$\mathbb{E}\left(M_\tau\right)=\mathbb{E}\left(M_{\tau\wedge t}\right)=\mathbb{E}\left(M_{\tau\wedge 0}\right)=\mathbb{E}(M_0)\tag{3.29}$$

三、可选抽样定理的应用举例

接下来通过几个例子来介绍可选抽样定理的相关应用。

例 3.9 布朗运动首中概率的计算。假设 a 和 b 是两个端点，并且 $a<b$，假设布朗运动 $X(t)$ 在 0 时刻位于 x 处 [$X(0)=x$]，并且 $a\leqslant x\leqslant b$，其形式如下：

$$X(t)=x+W(t)$$

布朗运动 $X(t)$ 首次击中 a 和 b 的概率分别是多少？

解答： 记布朗运动首次击中 a 或 b 的时刻为 $\tau_{a,b}$，该时刻即为停时：

$$\tau_{a,b}=\min\left\{t:t\geqslant 0,X(t)=a \text{ 或 } X(t)=b\right\} \tag{3.30}$$

由于 $X(t)$ 是鞅，因此根据可选抽样定理，停止过程 $X(\tau_{a,b}\wedge t)$ 也是鞅。另外 $X(0)=x$，$a\leqslant x\leqslant b$，因此有：

$$\mathbb{E}\left[X(\tau_{a,b})|X(0)=x\right]=\mathbb{E}\left[X(0)|X(0)=x\right]=x \tag{3.31}$$

运用全概率公式可得：

$$\begin{aligned}\mathbb{E}\left[X(\tau_{a,b})|X(0)=x\right]=a\cdot\mathbb{P}\left[X(\tau_{a,b}=a)|X(0)=x\right]\\ +b\cdot\mathbb{P}\left[X(\tau_{a,b}=b)|X(0)=x\right]=x\end{aligned} \tag{3.32}$$

又因为

$$\mathbb{P}\left[X(\tau_{a,b}=a)|X(0)=x\right]+\mathbb{P}\left[X(\tau_{a,b}=b)|X(0)=x\right]=1 \tag{3.33}$$

将两式联立，可得：

$$\begin{aligned}\mathbb{P}\left[X(\tau_{a,b}=a)|X(0)=x\right]&=\frac{b-x}{b-a}\\ \mathbb{P}\left[X(\tau_{a,b}=b)|X(0)=x\right]&=1-\frac{b-x}{b-a}=\frac{x-a}{b-a}\end{aligned} \tag{3.34}$$

例 3.10 布朗运动首中的期望时间计算。假设 a 和 b 是两个端点，并且 $a<b$，假设布朗运动 $X(t)$ 在 0 时刻位于 x 处 [$X(0)=x$]，并且 $a\leqslant x\leqslant b$，其形式如下：

$$X(t)=x+W(t)$$

求布朗运动 $X(t)$ 首次击中 a 或 b 的期望时间。

解答： 本题是在前一问题的基础上延伸而来的。在本章的前几节中，我们知道 $W^2(t)-t$ 是鞅，因此：

$$\mathbb{E}\left[X^2(t)-t|X(0)=x\right]=\mathbb{E}\left[X^2(0)-0|X(0)=x\right]=X^2(0)=x^2$$

根据可选抽样定理，停时 $X^2(\tau_{a,b})-\tau_{a,b}$ 也是鞅。因此：

$$\begin{aligned}x^2&=\mathbb{E}\left[X^2(\tau_{a,b})-\tau_{a,b}|X(0)=x\right]\\&=\mathbb{E}\left[X^2(\tau_{a,b})|X(0)=x\right]-\mathbb{E}\left[\tau_{a,b}|X(0)=x\right]\end{aligned}$$

其中：

$$\begin{aligned}\mathbb{E}\left[X^2(\tau_{a,b})|X(0)=x\right]&=a^2\cdot\mathbb{P}\left[X(\tau_{a,b})=a|X(0)=x\right]\\&\quad+b^2\cdot\mathbb{P}\left[X(\tau_{a,b})=b|X(0)=x\right]\\&=a^2\cdot\frac{b-x}{b-a}+b^2\cdot\frac{x-a}{b-a}\end{aligned}$$

此处条件概率的取值使用了上题中的结论。因此：

$$x^2=a^2\cdot\frac{b-x}{b-a}+b^2\cdot\frac{x-a}{b-a}-\mathbb{E}\left[\tau_{a,b}|X(0)=x\right]$$

最终：

$$\mathbb{E}\left[\tau_{a,b}|X(0)=x\right]=a^2\cdot\frac{b-x}{b-a}+b^2\cdot\frac{x-a}{b-a}-x^2=(x-a)(b-x)$$

例 3.11 带漂移的布朗运动击中概率的计算。假设 a 和 b 是两个端点，并且 $a<b$，假设带漂移的布朗运动 $X(t)$ 在 0 时刻位于 x 处 $[X(0)=x]$，并且 $a\leqslant x\leqslant b$，其形式如下：

$$X(t)=x+W(t)+\mu t$$

问：$X(t)$ 首次击中 a 和 b 的概率分别是多少？

解答：由于带漂移的布朗运动 $X(t)$ 不是鞅，因此需要对其进行变换。在此基础上构造 $M(t)$，其表达式如下：

$$M(t)=\exp\left[\sigma W(t)-\frac{1}{2}\sigma^2t\right]$$

根据前几节的内容可知，$M(t)$ 是鞅，因此根据可选抽样定理，停止过程 $M(\tau_{a,b}\wedge t)$ 也是鞅。因此，有：

$$M(\tau_{a,b}\wedge t)=\mathbb{E}[M(0)]=1$$

令 $\sigma=-2\mu$，则有：

$$\begin{aligned}\exp\left[\sigma X(t)\right]&=\exp\left[\sigma x+\sigma W(t)+\sigma\mu t\right]\\&=\exp\left[\sigma x+\sigma W(t)-\frac{1}{2}\sigma^2t\right]\\&=\mathrm{e}^{\sigma x}M(t)\end{aligned}$$

因此：

$$M(t)=\mathrm{e}^{-\sigma x}\cdot\mathrm{e}^{\sigma X(t)}$$

根据全概率公式，有：

$$\begin{aligned}\mathbb{E}\left(M_{\tau_{a,b}}\right) &= \mathrm{e}^{-\sigma x}\cdot\mathbb{E}\left[\mathrm{e}^{\sigma X(\tau_{a,b})}\right]\\ &= \mathrm{e}^{-\sigma x}\cdot\left\{\mathrm{e}^{\sigma a}\cdot\mathbb{P}[X(\tau_{a,b})=a|X_0=x]+\mathrm{e}^{\sigma b}\cdot\mathbb{P}[X(\tau_{a,b})=b|X_0=x]\right\}\\ &= \mathrm{e}^{\sigma(a-x)}\cdot\mathbb{P}[X(\tau_{a,b})=a|X_0=x]+\mathrm{e}^{\sigma(b-x)}\cdot\mathbb{P}[X(\tau_{a,b})=b|X_0=x]\end{aligned}$$

因此：

$$\begin{cases}\mathrm{e}^{\sigma(a-x)}\cdot\mathbb{P}[X(\tau_{a,b})=a|X_0=x]+\mathrm{e}^{\sigma(b-x)}\cdot\mathbb{P}[X(\tau_{a,b})=b|X_0=x]=1\\ \mathbb{P}[X(\tau_{a,b})=a|X_0=x]+\mathbb{P}[X(\tau_{a,b})=b|X_0=x]=1\end{cases}$$

上面两式联立可得：

$$\begin{aligned}\mathbb{P}[X(\tau_{a,b})=a|X_0=x] &= \frac{\mathrm{e}^{\sigma x}-\mathrm{e}^{\sigma b}}{\mathrm{e}^{\sigma a}-\mathrm{e}^{\sigma b}}=\frac{\mathrm{e}^{-2\mu x}-\mathrm{e}^{-2\mu b}}{\mathrm{e}^{-2\mu a}-\mathrm{e}^{-2\mu b}}\\ \mathbb{P}[X(\tau_{a,b})=b|X_0=x] &= 1-\frac{\mathrm{e}^{\sigma x}-\mathrm{e}^{\sigma b}}{\mathrm{e}^{\sigma a}-\mathrm{e}^{\sigma b}}=\frac{\mathrm{e}^{-2\mu a}-\mathrm{e}^{-2\mu x}}{\mathrm{e}^{-2\mu a}-\mathrm{e}^{-2\mu b}}\end{aligned}\tag{3.35}$$

四、可选抽样定理的评注

在金融衍生品定价领域，可选抽样定理的结论非常有用。在前文中，我们提到了鞅的概念，并且其与金融中的无套利分析法有着紧密的联系；而可选抽样定理则告诉我们：对于一个鞅过程，其停时也是一个鞅过程。这意味着，在障碍期权等金融衍生品的定价过程中，期权敲入或敲出的时点虽然是随机的（停时），但是我们仍能使用无套利分析框架，对这类金融衍生品进行定价。

阅读材料：严加安院士简介

严加安，男，1941 年 12 月 6 日生于江苏邗江。1964 年毕业于中国科技大学应用数学系。1993 年获国家自然科学二等奖，1999 年当选为中国科学院院士，2002 年应邀在第 24 届国际数学家大会上作 45 分钟报告，2006 年获何梁何利基金科技进步奖，2007 年获华罗庚数学奖，2010 年当选为国际数理统计学会会士（fellow）。主要从事随机分析和金融数学研究，在概率论、鞅论、随机分析、白噪声分析和金融数学等领域取得了多项重要成果。

严加安院士的主要成果包括：建立了局部鞅分解引理，为研究随机积分提供了简单途径；给出了一类可积随机变量凸集的刻画，该结果在金融数学中有重要应用；给出了本性下确界与条件期望可交换的充要条件；用统一简单方法获得了指数鞅一致可积性准则；提出了白噪声分析中的新框架。他还出版了专著和教材 11 部（其中有英文专著 4 部），发表了论文 90 多篇。

本章习题

1. 令 $S_n = X_1 + X_2 + \cdots + X_n$，其中 X_i 相互独立，并且 $\mathbb{E}(X_i) = 0$，$\mathrm{Var}(X_i) = \sigma^2$。证明：$S_n^2 - n\sigma^2$ 是一个鞅。
2. 令 $S_n = X_1 + X_2 + \cdots + X_n$，其中 X_i 独立同分布，令 $m(t) = \mathbb{E}(\mathrm{e}^{tX_1})$ 是随机变量 X_1 的矩母函数。由于 X_i 同分布，因此 $m(t)$ 适用于所有的随机变量 X_i。固定 t，假设 $m(t) < \infty$，并且 $S_0 = 0$。令 $M_n = m(t)^{-n}\mathrm{e}^{tS_n}$。
   证明：M_n 是一个关于 $X_1, X_2, \ldots, X_n$ 的鞅。
3. 考虑一个有偏移的随机游走，其中质点向右移动一个单位的概率为 $p < 1/2$；向左移动一个单位的概率为 $q = 1 - p > 1/2$。令 S_n 为质点在 n 时刻的位置，并且假设 $S_0 = 0$，证明：
   (a) $X_n = (q/p)^{S_n}$ 是一个鞅；
   (b) $M_n = S_n + (1 - 2p)n$ 是一个鞅；
   (c) Z_n 是一个鞅，其表达式为：

$$Z_n = \frac{1}{[4p(1-p)]^{n/2}} \left(\frac{1-p}{p}\right)^{S_n/2}$$

   (d) $Z_n S_n$ 是一个鞅。
4. 假设 Y_n 是一组相互独立的随机变量，并且满足：

$$\mathbb{P}(Y_k = \pm 1) = 2^{-k}, \qquad \mathbb{P}(Y_k = 0) = 1 - 2 \cdot 2^{-k}$$

   令：

$$X_n = Y_1 + \cdots + Y_n$$

   证明：X_n 是一个鞅。
5. 假设 $W(t)$ 是标准布朗运动，λ 和 v 均是实数，且 $v \geqslant 0$，令：

$$X(t) = \exp[\lambda W(t) - vt]$$

   证明：当 $\lambda^2 = 2v$ 时，$X(t)$ 是一个鞅。
6. 假设 $W(t)$ 是标准布朗运动，$X(t) = W(t) + \mu t$，令：

$$M(t) = \exp[-2\mu X(t)]$$

   证明：$M(t)$ 是一个鞅。
7. 假设 $W(t)$ 是标准布朗运动，令：

$$M(t) = W^3(t) - 3tW(t)$$

   证明：$M(t)$ 是一个鞅。

8. 假设 $W(t)$ 是标准布朗运动，$X(t)=W(t)+\mu t$，其中 $\mu>0$，令 $\tau=\min\{t:t\geqslant 0;X(t)\geqslant a\}$, $a>0$ 表示随机过程 $X(t)$ 首次到达 a 的时间，令：

$$M(t)=\exp\left[\lambda X(t)-\left(\frac{\lambda^2}{2}+\lambda\mu\right)t\right],\qquad \forall\lambda\in\mathbb{R}$$

(a) 证明 $M(t)$ 是一个鞅；

(b) 求 $\mathbb{E}[M(t\wedge\tau)]$。

9. 假设 $W(t)$ 是标准布朗运动，证明对 $\lambda\in\mathbb{R}$，以下两个过程均是鞅：

$$X(t)=\exp\left(-\frac{1}{2}\lambda^2 t\right)\cosh[\lambda W(t)]$$

$$Y(t)=\exp\left(-\frac{1}{2}\lambda^2 t\right)\sinh[\lambda W(t)]$$

其中：

$$\sinh(x)=\frac{\mathrm{e}^x-\mathrm{e}^{-x}}{2},\quad \cosh(x)=\frac{\mathrm{e}^x+\mathrm{e}^{-x}}{2}$$

10. 假设停时 τ 满足：$\tau=\min\{t\geqslant 0:W(t)=-1$ 或$1\}$。
证明：$\mathbb{E}(\tau)=1$。（提示：$W^2(t)-t$ 是鞅。）

11. 已知 $W(t)$ 和 $W^2(t)-t$ 均是鞅，求停时 τ，使得 $\mathbb{E}\big\{2[W(\tau)-2]^2+(\tau-4)^2\big\}$ 的取值最小。

12. 已知 $\tau=\min\{t\geqslant 0:W^2(t)+t=4\}$，求 $\mathbb{E}[W^2(\tau)]$。

13. 已知 $\tau=\min\{t\geqslant 0:W(t)-t=-1$或$1\}$，求 $\mathbb{E}[\tau]$。
（提示：$\exp\left[aW(t)-\frac{1}{2}a^2t\right]$ 和 $W(t)$ 均是鞅，其中 a 是常数。）

14. 假设 $W(t)$ 是标准布朗运动，令：

$$M(t)=W^4(t)-6tW^2(t)+3t^2$$

证明：$M(t)$ 是一个鞅。

第四章　随机积分概论

在本章，我们将基于前面所学的布朗运动和鞅理论，进一步学习随机积分的基本理论。我们从伊藤积分入手对问题进行求解。需要说明的是，伊藤积分当中涉及的布朗运动，其二次变差不为零，由此所得到的结果将不同于普通积分。这个主题对于金融衍生品的定价问题具有非常重要的意义。

第一节　普通积分回顾

对于一个普通确定性积分（deterministic integral)，可以通过对确定性函数进行相关的运算操作来求解。比如：

$$R(T) = \int_0^T g(t)\,\mathrm{d}t \tag{4.1}$$

此处的积分求解可以使用离散化函数定义域 $[0,T]$，通过对求和取极限的方式得到。以上式为例，对 $[0,T]$ 时间段进行剖分，可以得到该时间段的一个划分，即：

知识讲解

普通积分回顾及随机积分的形式

$$0 = t_0 < t_1 < \cdots < t_n = T$$

据此可以得到关于这个确定性积分的近似计算方法，称为黎曼和（Riemann sum，见图 4.1)，其具体形式如下：

$$R_1 = \sum_{i=0}^{n-1} g(t_i)(t_{i+1} - t_i)$$

上式中取 $g(t_i)$ 作为每个矩形的高度。类似地，也可以通过选取 $[t_i, t_{i+1}]$ 时间段中任何一点的 $g(\xi_i)$ 取值作为矩形的高度，即：

$$R_2 = \sum_{i=0}^{n-1} g(\xi_i)(t_{i+1} - t_i), \qquad \xi_i \in [t_i, t_{i+1}]$$

这种基于对定义域的切割进行积分求解的方法，称为黎曼积分（Riemann integral)。不太严格地说，黎曼积分就是当分割越来越“精细”的时候黎曼和趋向的极限。

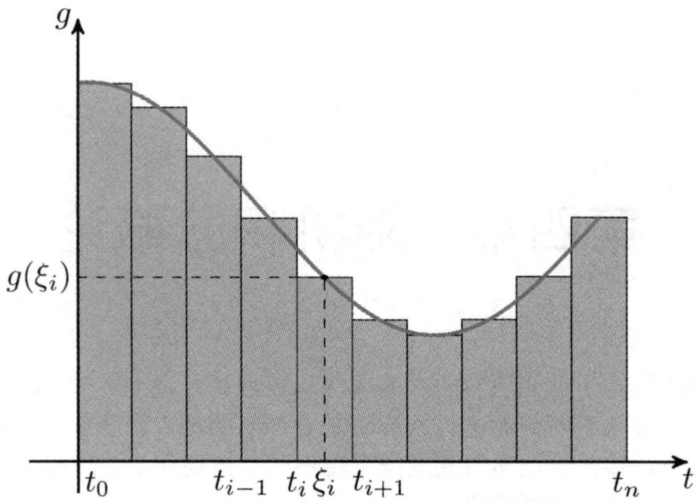

图 4.1　黎曼和的图形展示

记上面对时间段 $[0,T]$ 的划分当中，最长的时间段为 $\|\Pi\|$，即：

$$\|\Pi\| = \max(t_{i+1} - t_i), \qquad i = 0, 1, 2, \ldots, n-1$$

因此，当划分的区间数 $n \to \infty$ 时，有：

$$R(T) = \int_0^T g(t)\,\mathrm{d}t = \lim_{\substack{\|\Pi\| \to 0 \\ n \to \infty}} \sum_{i=0}^{n-1} g\left(\xi_i\right)\left(t_{i+1} - t_i\right)$$

对于光滑函数 $g(t)$ 而言，其二次变差为零，相应地，每个小区间中 $g(\xi_i)$ 的取值对最终式 (4.1) 的积分结果没有影响。

在此基础上，对于光滑函数 $g(t)$ 和 $f(t)$，以下积分称为黎曼-斯蒂尔切斯积分（Riemann-Stieltjes integral，简称 RS 积分）：

$$RS(T) = \int_0^T g(t)\,\mathrm{d}f(t) \tag{4.2}$$

与前面的黎曼积分类似，RS 积分也有类似黎曼和形式的表达式，也就是黎曼-斯蒂尔切斯和（Riemann-Stieltjes sum）：

$$\begin{aligned} RS_1 &= \sum_{i=0}^{n-1} g(t_i)\big[f(t_{i+1}) - f(t_i)\big] \\ RS_2 &= \sum_{i=0}^{n-1} g(\xi_i)\big[f(t_{i+1}) - f(t_i)\big], \qquad \xi_i \in [t_i, t_{i+1}] \end{aligned} \tag{4.3}$$

类似地，当划分的区间数 $n\to\infty$ 时，有：

$$RS(T)=\int_0^T g(t)\,\mathrm{d}f(t)=\lim_{\substack{\|\Pi\|\to 0\\ n\to\infty}}\sum_{i=0}^{n-1} g\left(\xi_i\right)\left[f(t_{i+1})-f(t_i)\right]$$

同样，由于 $f(t)$ 和 $g(t)$ 均是光滑函数，相应的二次变差均为零，因此对应的每个小区间中 $g(\xi_i)$ 的取值对最终式 (4.2) 的积分结果没有影响。

第二节 随机积分的构造

首先介绍如何对一个随机积分（stochastic integral）进行积分运算。随机积分的一般形式如下：

$$I(T)=\int_0^T g(t)\,\mathrm{d}W(t) \tag{4.4}$$

其中，$W(t)$ 就是之前所介绍的布朗运动，这里假设其是 $\mathcal{F}(t)$ 可测的，并且 $W(t)\sim\mathcal{N}(0,t)$；$g(t)$ 是一个 $\mathcal{F}(t)$ 可测的随机过程；上述积分对应的概率空间为 $(\Omega,\mathcal{F},\mathbb{P})$。

初看上去，式 (4.4) 与前面介绍的黎曼积分 (4.1) 和 RS 积分 (4.2) 没有任何区别。但是在布朗运动一章中特别提到，布朗运动处处连续且处处不可微，正因为如此，我们才无法像普通积分那样，将 $\mathrm{d}W(t)$ 写成 $W'(t)\,\mathrm{d}t$。所以普通的积分方法对这里的随机积分是无效的。

为了说明式 (4.4) 是如何构造的，对 $[0,T]$ 时间段进行剖分，假设 $\{t_0,t_1,\dots,t_n\}$ 是对该时间段的一个划分，即：

$$0=t_0<t_1<\cdots<t_n=T$$

假设 $g(t)$ 在每个子区间 $[t_i,t_{i+1})$, $i=1,2,\dots,n-1$ 内均是常数，记作 $g(t_i)$。这样的过程 $\{g(t_i)\}$ 称作简单过程（simple process）。

将 $W(t)$ 想象成时刻 t 每股股票的价格，将 $g(t_i)$ 想象成子区间 $[t_i,t_{i+1})$ 内持有的股票数量，则股票在 t 时刻的总价值 $I(t)$ 分别为：

$$I(t)=\begin{cases} g(t_0)[W(t)-W(t_0)]=g(0)W(t) & t\in[t_0,t_1]\\ g(0)W(t_1)+g(t_1)[W(t)-W(t_1)] & t\in[t_1,t_2]\\ g(0)W(t_1)+g(t_1)[W(t_2)-W(t_1)]+g(t_2)[W(t)-W(t_2)] & t\in[t_2,t_3]\\ \cdots & \cdots \end{cases}$$

因此，若 $t\in[t_k,t_{k+1}]$，则有：

$$I(t)=\sum_{i=0}^{k-1} g(t_i)[W(t_{i+1})-W(t_i)]+g(t_k)[W(t)-W(t_k)] \tag{4.5}$$

在这里要特别注意，上面的求和式中，$g(t_i)$ 是基于时间段 $[t_i,t_{i+1})$ 的左侧端点确定的。

在普通确定性函数（deterministic function）积分中，由于函数的二次变差为零，对积分取黎曼和不受 $g(\xi_i)$，$\xi_i \in [t_i, t_{i+1})$ 选取的影响。但是在布朗运动当中，二次变差非零的特征使得这一性质无法成立。因此，随机积分的取值受到函数 $g(t)$ 在 $[t_i, t_{i+1})$ 上取点的影响。

在上面的例子中，股票在每个时刻的价值变动是用 t_i 时刻的股票头寸数乘以 $[t_i, t_{i+1})$ 时间段中股票价格的变动。因此，根据各区间的左侧端点进行的随机积分，在金融中具有重要的意义，意味着只能根据当前时刻的信息决定持有金融资产的数量。这种形式的随机积分通常称作伊藤积分（Itô integral）。

若令时间段 $[0, T]$ 中的最长子时间段 $\|\Pi\| = \max|t_{i+1} - t_i|$ 的长度趋于零，那么式 (4.4) 中的伊藤积分可以写成如下黎曼-斯蒂尔切斯和的表达式：

$$I(T) = \int_0^T g(u)\,\mathrm{d}W(u) = \lim_{\substack{\|\Pi\| \to 0 \\ n \to \infty}} \sum_{i=0}^{n-1} g(t_i)\left[W(t_{i+1}) - W(t_i)\right] \tag{4.6}$$

其中，$t_0 = 0$，$t_n = T$。这里需要说明的是，不同于确定性积分，以伊藤积分为代表的随机积分是针对布朗运动进行积分求解，因而求算的结果仍然是随机变量。正因为如此，对随机积分的研究不可避免地要涉及对积分的期望、方差等数字特征的求算。

另外，式 (4.4) 的伊藤积分还可以写成如下微分形式：

$$\mathrm{d}I(t) = g(t)\,\mathrm{d}W(t) \tag{4.7}$$

如果选取时间段的中点，则由此构成的随机积分称作斯特拉托诺维奇积分（Stratonovich integral），为了与伊藤积分加以区分，通常将斯特拉托诺维奇积分记作：

$$SI(T) = \int_0^T g(u) \circ \mathrm{d}W(u)$$

斯特拉托诺维奇积分常用于理论物理学的研究，其性质与伊藤积分存在差异，本章附录给出了相关的例子。图 4.2 展示了斯特拉托诺维奇。

图 4.2　斯特拉托诺维奇 (1930—1997)

第三节 伊藤积分的性质

定理 4.1

假设 $g(t)$, $t \in [0,T]$ 是满足平方可积条件[a]，并且 $\mathcal{F}(t)$ 可测的随机过程。对于形如 $I(t)=\int_0^t g(u)\,\mathrm{d}W(u)$ 的伊藤积分，其具有如下性质：

(1) 鞅性：$I(t)$ 是鞅。

(2) 期望：

$$\mathbb{E}[I(t)]=0, \qquad 0 \leqslant t \leqslant T \tag{4.8}$$

(3) 伊藤等距（Itô isometry）：

$$\mathbb{E}[I^2(t)]=\mathbb{E}\int_0^t g^2(u)\,\mathrm{d}u \tag{4.9}$$

(4) 伊藤积分的二次变差：

$$\langle I,I\rangle(t)=\int_0^t g^2(u)\,\mathrm{d}u \tag{4.10}$$

[a]平方可积条件，就是随机过程 $g(t)$ 的平方之积分是有限的，即：$\mathbb{E}\int_0^t g^2(t)\,\mathrm{d}t<\infty$

证明：见本章附录。

根据上面的性质，可以进一步求出伊藤积分的方差，具体如下：

$$\mathrm{Var}[I(t)]=\mathbb{E}[I^2(t)]-\left\{\mathbb{E}[I(t)]\right\}^2=\mathbb{E}\int_0^t g^2(u)\,\mathrm{d}u \tag{4.11}$$

与确定性积分类似，伊藤积分具有如下相似性质：

(1) 可加性（additive）。对于两个过程 $X_1(t)$ 和 $X_2(t)$，下面的等式成立：

$$\int_a^b X_1(t)\,\mathrm{d}W(t)+\int_a^b X_2(t)\,\mathrm{d}W(t)=\int_a^b \left[X_1(t)+X_2(t)\right]\mathrm{d}W(t)$$

(2) 积分区间可加性。对于 $a<b<c$，下面的等式成立：

$$\int_a^c X(t)\,\mathrm{d}W(t)=\int_a^b X(t)\,\mathrm{d}W(t)+\int_b^c X(t)\,\mathrm{d}W(t)$$

(3) 标量乘法（scalar multiplication）成立。对于任意常数 k，下面的等式成立：

$$\int_a^b kX(t)\,\mathrm{d}W(t)=k\int_a^b X(t)\,\mathrm{d}W(t)$$

知识讲解

伊藤积分的形式及其性质

例 4.1 求解以下伊藤积分：

$$I(a,b)=\int_a^b W(t)\,\mathrm{d}W(t)$$

解答：根据伊藤积分的定义，将 $[a,b]$ 区间划分成 n 个部分，并且

$$a=t_0<t_1<\cdots<t_n=b,\qquad \|\Pi\|=\max|t_{i+1}-t_i|,\ i=0,1,2,\ldots,n-1$$

由此可得：

$$\begin{aligned}
I(a,b)&=\lim_{\substack{\|\Pi\|\to 0\\ n\to\infty}}\sum_{i=0}^{n-1}W(t_i)\Big[W(t_{i+1})-W(t_i)\Big]\\
&=\frac{1}{2}\lim_{\substack{\|\Pi\|\to 0\\ n\to\infty}}\sum_{i=0}^{n-1}\Big\{W^2(t_{i+1})-W^2(t_i)-\big[W(t_{i+1})-W(t_i)\big]^2\Big\}\\
&=\frac{1}{2}\lim_{\substack{\|\Pi\|\to 0\\ n\to\infty}}\sum_{i=0}^{n-1}\big[W^2(t_{i+1})-W^2(t_i)\big]-\frac{1}{2}\lim_{\substack{\|\Pi\|\to 0\\ n\to\infty}}\sum_{i=0}^{n-1}\big[W(t_{i+1})-W(t_i)\big]^2\\
&=\frac{1}{2}[W^2(b)-W^2(a)]-\frac{1}{2}\lim_{\substack{\|\Pi\|\to 0\\ n\to\infty}}\sum_{i=0}^{n-1}\big[W(t_{i+1})-W(t_i)\big]^2
\end{aligned}$$

注意到上式中的第二项，实际上就是布朗运动 $W(t)$ 在 $[a,b]$ 区间上的二次变差，因此：

$$\frac{1}{2}\lim_{\substack{\|\Pi\|\to 0\\ n\to\infty}}\sum_{i=0}^{n-1}\big[W(t_{i+1})-W(t_i)\big]^2=\frac{1}{2}(b-a)$$

最终可得：

$$I(a,b)=\int_a^b W(t)\,\mathrm{d}W(t)=\frac{1}{2}\Big[W^2(b)-W^2(a)-(b-a)\Big]\tag{4.12}$$

更进一步地，令 $a=0$，$b=t$，可得：

$$\int_0^t W(u)\,\mathrm{d}W(u)=\frac{1}{2}\Big[W^2(t)-t\Big]=\frac{1}{2}W^2(t)-\frac{1}{2}t\tag{4.13}$$

在此回顾一下普通积分的性质。对于一个可微的函数 $f(x)$，其中 $f(0)=0$，可得：

$$\int_0^t f(x)\,\mathrm{d}f(x)=\frac{1}{2}f^2(x)\Big|_{x=0}^{x=t}=\frac{1}{2}f^2(t)$$

对上式与式 (4.13) 进行比较不难看出，伊藤积分当中多出了 $(-t/2)$ 一项，这一项来自布朗运动的非零二次变差。因此，在普通积分当中使用的运算法则在伊藤积分中未必适用。

定理 4.2 确定性函数伊藤积分之伊藤等距

假设 $W(s)$ 是一个布朗运动，$f(s)$ 是关于时间 s 的确定性函数，则伊藤积分 $I(t) = \int_0^t f(s)\,\mathrm{d}W(s)$ 具有以下性质：

$$\mathbb{E}[I^2(t)] = \int_0^t f^2(s)\,\mathrm{d}s$$

证明：与前面的证明方法类似，将时间段 $[0,t]$ 划分成 n 个子区间，相应的时间点分别为：

$$0 = t_0 < t_1 < t_2 < \cdots < t_n = t$$

并且取 $\|\Pi\| = \max_i |t_{i+1} - t_i|$，$i = 0, 1, 2, \ldots, n-1$，于是：

$$\begin{aligned}
\mathbb{E}[I^2(t)] &= \mathbb{E}\left[\int_0^t f(s)\,\mathrm{d}W(s)\right]^2 \\
&= \mathbb{E}\left\{\lim_{\substack{\|\Pi\|\to 0\\ n\to\infty}} \sum_{i=0}^{n-1} f(t_i)[W(t_{i+1}) - W(t_i)]\right\}^2 \\
&= \lim_{\substack{\|\Pi\|\to 0\\ n\to\infty}} \left\{\sum_{i=0}^{n-1} \mathbb{E}\Big\{f^2(t_i)[W(t_{i+1}) - W(t_i)]^2\Big\}\right. \\
&\quad \left. + \sum_{i\neq j}^{n-1} f(t_i)f(t_j)[W(t_{i+1}) - W(t_i)][W(t_{j+1}) - W(t_j)]\right\}
\end{aligned}$$

由于 $W(t_{i+1}) - W(t_i)$ 与 $W(t_{j+1}) - W(t_j)$ 是独立增量，两者之间的协方差为零，因此：

$$\begin{aligned}
\mathbb{E}[I^2(t)] &= \lim_{\substack{\|\Pi\|\to 0\\ n\to\infty}} \left\{\sum_{i=0}^{n-1} \mathbb{E}\Big\{f^2(t_i)[W(t_{i+1}) - W(t_i)]^2\Big\}\right\} \\
&= \lim_{\substack{\|\Pi\|\to 0\\ n\to\infty}} \left\{\sum_{i=0}^{n-1} f^2(t_i)\mathbb{E}\Big[W(t_{i+1}) - W(t_i)\Big]^2\right\} \\
&= \lim_{\substack{\|\Pi\|\to 0\\ n\to\infty}} \left[\sum_{i=0}^{n-1} f^2(t_i)\big(t_{i+1} - t_i\big)\right]
\end{aligned}$$

上式实际上就是确定性函数积分中的黎曼和，因此：

$$\mathbb{E}[I^2(t)] = \int_0^t f^2(s)\,\mathrm{d}s$$

接下来给出与伊藤等距相关的两个推论，相应的证明过程与定理 4.2 的证明相似，这里不再赘述。

推论 4.1 伊藤等距的推论

假设 $f(t)$ 和 $g(t)$，$t \in [0,T]$ 均是满足平方可积条件，并且 $\mathcal{F}(t)$ 可测的随机过程。对于如下两个伊藤积分：

$$I_1(t) = \int_0^t f(u)\,\mathrm{d}W(u), \qquad I_2(t) = \int_0^t g(u)\,\mathrm{d}W(u)$$

其具有如下性质：

$$\mathbb{E}[I_1(t)I_2(t)] = \mathbb{E}\int_0^t f(u)g(u)\,\mathrm{d}u$$

推论 4.2 确定性函数伊藤等距的推论

对于如下两个伊藤积分：

$$I_1(t) = \int_0^t f(s)\,\mathrm{d}W(s), \qquad I_2(t) = \int_0^t g(s)\,\mathrm{d}W(s)$$

其中，$f(s)$ 和 $g(s)$ 均是关于时间 s 的确定性函数，则其具有如下性质：

$$\mathbb{E}[I_1(t)I_2(t)] = \int_0^t f(u)g(u)\,\mathrm{d}u$$

由于伊藤积分 $I_1(t)$ 和 $I_2(t)$ 的期望均为零，因此：

$$\mathrm{Cov}[I_1(t), I_2(t)] = \mathbb{E}[I_1(t)I_2(t)] - \mathbb{E}[I_1(t)]\mathbb{E}[I_2(t)] = \mathbb{E}[I_1(t)I_2(t)]$$

于是利用以上推论，便可以求解两个伊藤积分的协方差 $\mathrm{Cov}[I_1(t), I_2(t)]$。

定理 4.3 确定性函数的伊藤积分

假设 $W(s)$ 是一个布朗运动；$f(s)$ 是关于时间 s 的确定性函数。定义如下伊藤积分：

$$I(t) = \int_0^t f(s)\,\mathrm{d}W(s) \tag{4.14}$$

对任意 $t \geqslant 0$，随机变量 $I(t)$ 服从期望为零、方差为 $\int_0^t f^2(s)\,\mathrm{d}s$ 的正态分布，即：

$$I(t) \sim \mathcal{N}\left(0, \int_0^t f^2(s)\,\mathrm{d}s\right) \tag{4.15}$$

证明：由于伊藤积分 $I(t)$ 是鞅，又因为 $t = 0$ 时，$I(0) = 0$，因此：

$$\mathbb{E}[I(t)] = I(0) = 0$$

另外，根据确定性函数的伊藤积分之伊藤等距可得：

$$\mathbb{E}\left[I^2(t)\right] = \int_0^t f^2(s)\,\mathrm{d}s$$

最终可得：

$$\mathrm{Var}[I(t)] = \mathbb{E}\left[I^2(t)\right] - \left\{\mathbb{E}[I(t)]\right\}^2 = \mathbb{E}\left[I^2(t)\right] = \int_0^t f^2(s)\,\mathrm{d}s$$

关于服从正态分布的证明，需用到正态分布矩母函数的相关性质，见本章附录。

对伊藤积分 $I(t)$ 而言，只有在被积函数 $f(s)$ 是确定性函数的情况下，才满足服从期望为零、方差为 $\int_0^t f^2(s)\,\mathrm{d}s$ 的正态分布的结论。如果被积函数 $f(s)$ 包含随机项，那么该结论是不成立的，并且相应的方差是 $\mathbb{E}\left[\int_0^t f^2(s)\,\mathrm{d}s\right]$，而不是 $\int_0^t f^2(s)\,\mathrm{d}s$，至于是否为正态分布更是无从谈起。

例 4.2 求以下伊藤积分 $I(t)$ 的概率分布：

$$I(t) = \sigma \mathrm{e}^{\sigma t} \int_0^t \mathrm{e}^{au}\,\mathrm{d}W(u)$$

其中，$a, \sigma > 0$。

解答： 令 $X(t) = \int_0^t \mathrm{e}^{au}\,\mathrm{d}W(u)$。可见，$X(t)$ 是确定性函数的伊藤积分，其期望和方差分别为：

$$\mathbb{E}[X(t)] = 0$$

$$\begin{aligned}\mathrm{Var}[X(t)] &= \mathbb{E}[X^2(t)] - \left\{\mathbb{E}[X(t)]\right\}^2 = \mathbb{E}[X^2(t)] \\ &= \int_0^t \mathrm{e}^{2au}\,\mathrm{d}u = \frac{1}{2a}\left(\mathrm{e}^{2at} - 1\right)\end{aligned}$$

因此：

$$\mathbb{E}[I(t)] = 0$$

$$\mathrm{Var}[I(t)] = \sigma^2 \mathrm{e}^{2\sigma t} \cdot \frac{1}{2a}\left(\mathrm{e}^{2at} - 1\right) = \frac{\sigma^2}{2a}\left[\mathrm{e}^{2(\sigma+a)t} - \mathrm{e}^{2\sigma t}\right]$$

从而：

$$I(t) \sim \mathcal{N}\left(0, \frac{\sigma^2}{2a}\left[\mathrm{e}^{2(\sigma+a)t} - \mathrm{e}^{2\sigma t}\right]\right)$$

例 4.3 已知 $W(t)$ 是标准布朗运动，并且

$$I_1(t) = \int_0^2 W(t)\,\mathrm{d}W(t), \qquad I_2(t) = \int_1^3 W(t)\,\mathrm{d}W(t)$$

求 $\mathbb{E}[I_1(t) I_2(t)]$。

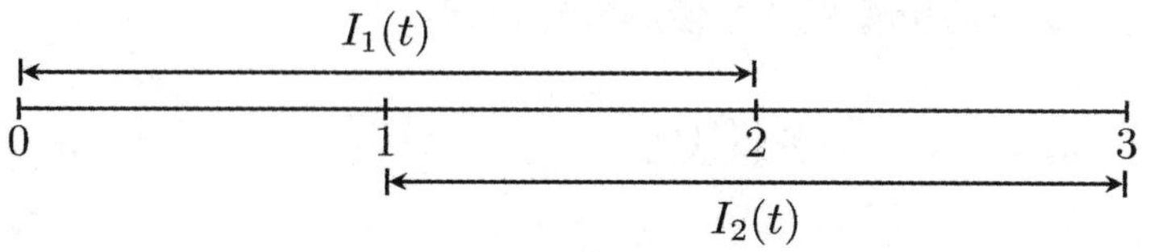

图 4.3　时间轴示例

解答：两个伊藤积分对应的时间段如图 4.3 所示。

假设：

$$X(t)=\begin{cases}W(t), & t\in[0,2]\\ 0, & t\in(2,3]\end{cases},\qquad Y(t)=\begin{cases}0, & t\in[0,1]\\ W(t), & t\in[1,3]\end{cases}$$

则有：

$$\begin{aligned}\mathbb{E}[I_1(t)I_2(t)]&=\mathbb{E}\left[\int_0^2 W(t)\,\mathrm{d}W(t)\int_1^3 W(t)\,\mathrm{d}W(t)\right]\\&=\mathbb{E}\left[\int_0^2 X(t)\,\mathrm{d}W(t)\int_1^3 Y(t)\,\mathrm{d}W(t)\right]\\&=\int_0^3\mathbb{E}[X(t)Y(t)]\,\mathrm{d}t=\int_1^2\mathbb{E}[W^2(t)]\,\mathrm{d}t\\&=\int_1^2 t\,\mathrm{d}t=\frac{3}{2}\end{aligned}$$

由此可见，对于时间段不同的两个伊藤积分，若要计算其协方差，只需对两者共同部分的时间段加以计算即可。本题中两者的时间段交集就是 $[1,2]$，即：

$$[0,2]\cap[1,3]=[1,2]$$

例 4.4　假设 $W(t)$ 是标准布朗运动，并且 $s\leqslant t$，求：

$$\mathbb{E}\left\{W^2(s)\left[\int_s^t W(u)\,\mathrm{d}W(u)\right]^2\right\}$$

解答：根据伊藤等距可得：

$$\begin{aligned}\mathbb{E}\left\{W^2(s)\left[\int_s^t W(u)\,\mathrm{d}W(u)\right]^2\right\}&=\mathbb{E}\left\{\left[\int_s^t W(s)W(u)\,\mathrm{d}W(u)\right]^2\right\}\\&=\mathbb{E}\left[\int_s^t W^2(s)W^2(u)\,\mathrm{d}u\right]\\&=\int_s^t\mathbb{E}[W^2(s)W^2(u)]\,\mathrm{d}u\end{aligned}$$

由于 $s \leqslant u$，因此：

$$
\begin{aligned}
\mathbb{E}[W^2(s)W^2(u)] &= \mathbb{E}\Big\{W^2(s)[W(u)-W(s)+W(s)]^2\Big\} \\
&= \mathbb{E}\Big\{W^2(s)\{[W(u)-W(s)]^2+W^2(s)+2[W(u)-W(s)]W(s)\}\Big\} \\
&= \mathbb{E}\Big\{W^2(s)[W(u)-W(s)]^2\Big\}+\mathbb{E}\Big[W^4(s)\Big] \\
&\quad + 2\mathbb{E}\Big\{W^3(s)[W(u)-W(s)]\Big\}
\end{aligned}
$$

由于 $W(s)$ 与 $W(u)-W(s)$ 相互独立，因此：

$$
\mathbb{E}\Big\{W^2(s)[W(u)-W(s)]^2\Big\} = \mathbb{E}\Big[W^2(s)\Big]\mathbb{E}\Big\{[W(u)-W(s)]^2\Big\} = s(u-s)
$$

$$
\mathbb{E}\Big\{W^3(s)[W(u)-W(s)]\Big\} = \mathbb{E}\Big[W^3(s)\Big]\mathbb{E}\Big\{[W(u)-W(s)]\Big\} = 0
$$

从而：

$$
\mathbb{E}[W^2(s)W^2(u)] = s(u-s)+\mathbb{E}\Big[W^4(s)\Big]
$$

由于 $W(s) \sim \mathcal{N}(0,s)$，根据正态分布的矩母函数可以求得：

$$
\mathbb{E}\big[W^4(s)\big] = 3s^2
$$

因此：

$$
\mathbb{E}[W^2(s)W^2(u)] = s(u-s)+3s^2 = 2s^2+su
$$

最终可得：

$$
\begin{aligned}
\mathbb{E}\left\{W^2(s)\left[\int_s^t W(u)\,\mathrm{d}W(u)\right]^2\right\} &= \int_s^t \mathbb{E}[W^2(s)W^2(u)]\,\mathrm{d}u \\
&= \int_s^t (2s^2+su)\,\mathrm{d}u \\
&= \frac{1}{2}s(t-s)^2+3s^2(t-s) \\
&= \frac{1}{2}s(t+5s)(t-s)
\end{aligned}
$$

例 4.5 求 $\mathbb{P}\left(\int_0^1 W(t)\,\mathrm{d}t > \frac{2}{\sqrt{3}}\right)$。

解答：求解本问题的关键在于确定 $I = \int_0^1 W(t)\,\mathrm{d}t$ 的分布。由于此处的积分是针对标准布朗运动进行的，因此 I 的分布一定为正态分布。由此可进一步得到：

$$
\mathbb{E}(I) = \int_0^1 \mathbb{E}[W(t)]\,\mathrm{d}t = 0
$$

相应的方差计算如下：

$$\begin{aligned}\mathrm{Var}(I) = \mathbb{E}(I^2) - [\mathbb{E}(I)]^2 &= \mathbb{E}(I^2)\\ &= \int_0^1 \int_0^1 \mathbb{E}[W(s)W(t)]\,\mathrm{d}s\,\mathrm{d}t\\ &= \int_0^1 \mathrm{d}t \int_0^1 (s \wedge t)\,\mathrm{d}s\end{aligned}$$

此处需要根据 s 和 t 的大小关系，对内层积分进行拆分，具体如下：

$$\begin{aligned}\mathrm{Var}(I) &= \int_0^1 \mathrm{d}t \left[\int_0^t (s \wedge t)\,\mathrm{d}s + \int_t^1 (s \wedge t)\,\mathrm{d}s\right]\\ &= \int_0^1 \mathrm{d}t \left(\int_0^t s\,\mathrm{d}s + \int_t^1 t\,\mathrm{d}s\right)\\ &= \int_0^1 \left[\frac{t^2}{2} + t(1-t)\right] \mathrm{d}t\\ &= \left(\frac{t^2}{2} - \frac{t^3}{6}\right)_0^1 = \frac{1}{2} - \frac{1}{6} = \frac{1}{3}\end{aligned}$$

因此，$I \sim \mathcal{N}(0, 1/3)$，于是所求的概率计算结果如下：

$$\mathbb{P}\left(I > \frac{2}{\sqrt{3}}\right) = \mathbb{P}\left(Z = \frac{I}{\sqrt{1/3}} > 2\right) = 1 - N(2) = 0.025$$

此处的概率可以通过查表或软件计算得到。

第四节　伊藤引理

一、伊藤过程

定义 4.1 伊藤过程

对于随机过程 $\{X(t)\}$，若其满足随机微分方程

$$\mathrm{d}X(t) = F(t)\,\mathrm{d}t + G(t)\,\mathrm{d}W(t) \tag{4.16}$$

则称作伊藤过程（Itô process）。其中 $F(t)$ 和 $G(t)$ 均是 $\mathcal{F}(t)$ 可测的随机过程。

从定义中可以看出，随机过程 $\{X(t)\}$ 的瞬时增量受到两方面因素的影响：一方面是确定性因素的影响，以随机过程 $\{F(t)\}$ 随时间的变化来刻画；另一方面是随机性因素的影响，以随机过程 $\{G(t)\}$ 随布朗运动的变化来刻画。需要说明的是，除了带有跳跃特征的随机过程外，伊藤过程还包含了一大类时间和状态均连续的随机过程。

知识讲解

伊藤过程、
一维伊藤引理、
乘法法则

比如，假设 $F(t)=\mu$，$G(t)=\sigma$，其中 μ 和 σ 均是常数，则由此得到的随机微分方程 $\mathrm{d}X(t)=\mu\,\mathrm{d}t+\sigma\,\mathrm{d}W(t)$ 就是前面布朗运动一章所介绍的带有漂移的布朗运动。当然，如果 $\mu=0$，$\sigma=1$，则 $\mathrm{d}X(t)=\mathrm{d}W(t)$，此时 $X(t)$ 就是标准布朗运动。

与前面的伊藤积分类似，此处的伊藤过程也可以写成对应的积分形式。对于 $[0,T]$ 上的伊藤过程，其积分形式如下：

$$\int_0^T \mathrm{d}X(t)=\int_0^T F(t)\,\mathrm{d}t+\int_0^T G(t)\,\mathrm{d}W(t) \tag{4.17}$$

需要说明的是，积分形式更正式且严谨，而微分形式则相对容易理解。读者要熟悉两者之间的变换。

二、伊藤引理

伊藤引理是随机微积分的核心，其地位相当于普通微积分中的微分理论。仍需强调的是，由于布朗运动的二次变差不为零，因此随机微分理论具有全新的特征。

对于一个光滑的函数 $G(t)$ 而言，若有一个可微的函数 $f(x)$，那么根据普通微积分的链式法则（chain rule）可得：

$$\frac{\mathrm{d}f\big[G(t)\big]}{\mathrm{d}t}=f'\big[G(t)\big]G'(t)$$

上式也可以写成对应的微分形式：

$$\mathrm{d}f\big[G(t)\big]=f'\big[G(t)\big]G'(t)\,\mathrm{d}t=f'\big[G(t)\big]\,\mathrm{d}G(t) \tag{4.18}$$

当然，根据泰勒展开式，上式更精确的形式应该如下：

$$\begin{aligned}\mathrm{d}f\big[G(t)\big]=&f'\big[G(t)\big]\,\mathrm{d}G(t)+\frac{1}{2!}f''\big[G(t)\big][\,\mathrm{d}G(t)]^2\\&+\frac{1}{3!}f^{(3)}\big[G(t)\big][\,\mathrm{d}G(t)]^3+\cdots\end{aligned} \tag{4.19}$$

由于 $G(t)$ 是光滑函数，其高阶变差均等于零，即：

$$[\,\mathrm{d}G(t)]^2=[\,\mathrm{d}G(t)]^3=\cdots=0$$

因此，对于光滑函数 $G(t)$，式 (4.18) 已经足以用来刻画 $f\big[G(t)\big]$ 的微分。

但是，如果针对的是处处不可微的布朗运动 $W(t)$，那么直接使用式 (4.18) 则会存在一定的偏差，因为布朗运动 $W(t)$ 的二次变差不为零。考虑到这一因素，就需要使用式 (4.19)，具体如下：

$$\begin{aligned}\mathrm{d}f\left[W(t)\right] &= f'\left[W(t)\right]\mathrm{d}W(t) + \frac{1}{2}f''\left[W(t)\right]\left[\mathrm{d}W(t)\right]^2 \\ &= f'\left[W(t)\right]\mathrm{d}W(t) + \frac{1}{2}f''\left[W(t)\right]\mathrm{d}t\end{aligned} \tag{4.20}$$

更高阶的变差均为零，因此式 (4.19) 后面的各项均不再体现。

（一）一维伊藤引理

定理 4.4 一维伊藤引理

定义过程 $Z(t) = f[t, X(t)]$，并且 $X(t)$ 是满足如下形式的伊藤过程：

$$\mathrm{d}X(t) = F(t)\,\mathrm{d}t + G(t)\,\mathrm{d}W(t)$$

则随机过程 $\{Z(t)\}$ 满足如下形式的随机微分方程（stochastic differential equation, SDE）：

$$\begin{aligned}\mathrm{d}f(t,X) = &\left[\frac{\partial f(t,X)}{\partial t} + F(t)\frac{\partial f(t,X)}{\partial X} + \frac{1}{2}G^2(t)\frac{\partial^2 f(t,X)}{\partial X^2}\right]\mathrm{d}t \\ &+ G(t)\frac{\partial f(t,X)}{\partial X}\mathrm{d}W(t)\end{aligned} \tag{4.21}$$

该方程称作伊藤公式（Itô's formula），也称为伊藤引理（Itô's lemma）或伊藤-德布林公式（Itô-Doeblin formula）。

后文为了表述方便，将式 (4.21) 简写如下：

$$\mathrm{d}f(t,X) = \left[f_t + F(t)f_X + \frac{1}{2}G^2(t)f_{XX}\right]\mathrm{d}t + G(t)f_X\,\mathrm{d}W(t) \tag{4.22}$$

借助伊藤引理，可以通过变量替换的方式将随机过程 $X(t)$ 的随机微分方程转变为随机过程 $Z(t)$ 的随机微分方程。

阅读材料：德布林简介

沃尔夫冈·德布林出生于德国一个犹太人家庭，他的父亲阿尔弗雷德·德布林（Alfred Doeblin）是医师兼作家，同时也是社会主义者，甚至在 1933 年之前就因反对纳粹而闻名。随着希特勒的上台，德布林一家于 1933 年被迫迁移至苏黎世，并最终在巴黎定居。德布林从 1935 年起，在巴黎索邦大学师从数学家弗雷歇（Maurice Frechet）研究马氏链的相关理论，在短短的两年时间里，年轻的德布林很快取得了一些了不起的成就。1938 年春天，在通过了博士论文答辩后，作为法国公民的他入伍服役两年。在此期间二战爆发，已经成为法国公民的德布林改名文森特 • 德布林（Vincent Doeblin）并驻守马其诺防线。虽然身处军营，但是他依然默默地从事着其喜爱的数学研究。在 1940 年 2 月前线战事紧张之时，德布林将自己的研究成果寄给了法国科学院；当年 7 月，当德布林了解到所驻扎的村庄已被德军包围时，不愿成为战俘的他焚毁了自己的所有手稿并开枪自杀。

1955 年，数学家保罗 • 列维（Paul Levy）将沃尔夫冈 • 德布林的数学能力和命运与阿贝尔（Niels Henrik Abel）和伽罗瓦（Evariste Galois）相提并论。无论如何，德布林都无疑是一位天才的数学家，如果他活得更久的话，概率论或许可以发展得更快。

自 1701 年以来，法国科学院就有存放密封信（pli cacheté）的传统。这些密封信只有在征得寄件人、其亲属或者法国科学院（需要 100 年以后）的同意后才可以打开。2000 年，也就是德布林寄给法国科学院的最后一封密封信密封 60 年后，经过多方劝说，他的弟弟终于同意并授权打开当年德布林寄给法国科学院的密封信。人们发现，这封密封信的手稿中给出了与伊藤类似的随机积分的构造，以及变量替换公式的论述，相关的研究成果比日本数学家伊藤清早了近 10 年。正因为这一异乎寻常的发现，伊藤公式也被称为伊藤-德布林公式。

为了纪念这位伟大的学者，法国伯努利学会（Bernoulli Society）于 2011 年设立了沃尔夫冈 • 德布林奖（Wolfgang Doeblin Prize）。该奖自 2012 年起开始颁发，每两年评选一次，以表彰在概率论相关研究领域作出突出贡献的青年学者。

证明： 在证明伊藤引理之前，首先给出布朗运动变化量的乘法法则（product rule）表（见表 4.1），后面的相关运算均需要使用其中的结果。

表 4.1 乘法法则表

	$\mathrm{d}t$	$\mathrm{d}W_1(t)$	$\mathrm{d}W_2(t)$
$\mathrm{d}t$	0	0	0
$\mathrm{d}W_1(t)$	0	$\mathrm{d}t$	$\rho\,\mathrm{d}t$
$\mathrm{d}W_2(t)$	0	$\rho\,\mathrm{d}t$	$\mathrm{d}t$

说明：$W_1(t)$ 和 $W_2(t)$ 均是标准布朗运动，并且两者的相关系数为 ρ。

回顾一下微积分中的泰勒展开式（Taylor expansion）。对于二元连续函数 $f(x,y)$，其包含二阶各项的泰勒展开式为：

$$\begin{aligned}\mathrm{d}f(x,y)=&\frac{\partial f}{\partial x}\,\mathrm{d}x+\frac{\partial f}{\partial y}\,\mathrm{d}y+\frac{1}{2}\frac{\partial^2 f}{\partial x^2}(\,\mathrm{d}x)^2\\&+\frac{1}{2}\frac{\partial^2 f}{\partial y^2}(\,\mathrm{d}y)^2+\frac{\partial^2 f}{\partial x\partial y}(\,\mathrm{d}x\,\mathrm{d}y)\end{aligned}\tag{4.23}$$

该公式可用来刻画连续函数 $f(x,y)$ 随变量 x 和 y 变动的近似值。利用这个思想可以对随机变量随时间的变化进行类似的刻画。利用这个结论，令 $x=t$，$y=X(t)$，可得：

$$\begin{aligned}\mathrm{d}f[t,X(t)]=&\frac{\partial f}{\partial t}\,\mathrm{d}t+\frac{\partial f}{\partial X}\,\mathrm{d}X+\frac{1}{2}\frac{\partial^2 f}{\partial t^2}(\,\mathrm{d}t)^2\\&+\frac{1}{2}\frac{\partial^2 f}{\partial X^2}(\,\mathrm{d}X)^2+\frac{\partial^2 f}{\partial t\partial X}(\,\mathrm{d}t\,\mathrm{d}X)\end{aligned}\tag{4.24}$$

注意到上式中的 $(\,\mathrm{d}t)^2$ 和 $\mathrm{d}t\,\mathrm{d}X$ 两项，根据 $(\,\mathrm{d}t)^2=\mathrm{d}t\,\mathrm{d}W(t)=0$，相应的多余项可以删去。另外，根据布朗运动二次变差的性质 $[\,\mathrm{d}W(t)]^2=\,\mathrm{d}t$，可得：

$$\begin{aligned}\mathrm{d}f[t,X(t)]&=\frac{\partial f}{\partial t}\,\mathrm{d}t+\frac{\partial f}{\partial X}\,\mathrm{d}X+\frac{1}{2}\frac{\partial^2 f}{\partial X^2}(\,\mathrm{d}X)^2\\&=\frac{\partial f}{\partial t}\,\mathrm{d}t+\frac{\partial f}{\partial X}[F(t)\,\mathrm{d}t+G(t)\,\mathrm{d}W(t)]\\&\quad+\frac{1}{2}\frac{\partial^2 f}{\partial X^2}[F(t)\,\mathrm{d}t+G(t)\,\mathrm{d}W(t)]^2\\&=f_t\,\mathrm{d}t+f_XF(t)\,\mathrm{d}t+f_XG(t)\,\mathrm{d}W(t)+\frac{1}{2}f_{XX}G^2(t)\,\mathrm{d}t\end{aligned}$$

$$\mathrm{d}f[t,X(t)]=\left[f_t+F(t)f_X+\frac{1}{2}G^2(t)f_{XX}\right]\,\mathrm{d}t+G(t)f_X\,\mathrm{d}W(t)\tag{4.25}$$

例 4.6 已知 $\mathcal{F}(t)$ 可测的随机过程 $X(t)$ 的表达式如下：

$$X(t)=\exp\left[\theta W(t)-\frac{1}{2}\theta^2t\right]$$

其中，$W(t)$ 是标准布朗运动，θ 是常数。

求 $X(t)$ 的随机微分方程。

解答：根据题意，可得：

$$Y(t)=\theta W(t)-\frac{1}{2}\theta^2t,\qquad X[Y(t)]=\exp[Y(t)]$$

根据伊藤引理，可得：

知识讲解

一维伊藤引理的应用举例

$$
\begin{aligned}
\mathrm{d}X[Y(t)] &= X_t\,\mathrm{d}t + X_Y\,\mathrm{d}Y(t) + \frac{1}{2}X_{YY}[\,\mathrm{d}Y(t)]^2 \\
&= X(t)\left[\theta\,\mathrm{d}W(t) - \frac{1}{2}\theta^2\,\mathrm{d}t\right] + \frac{1}{2}X(t)\left[\theta\,\mathrm{d}W(t) - \frac{1}{2}\theta^2\,\mathrm{d}t\right]^2 \\
&= X(t)\theta\,\mathrm{d}W(t) - \frac{1}{2}X(t)\theta^2\,\mathrm{d}t + \frac{1}{2}X(t)\theta^2\,\mathrm{d}t \\
&= \theta X(t)\,\mathrm{d}W(t)
\end{aligned}
$$

因此：

$$
\mathrm{d}X(t) = \theta X(t)\,\mathrm{d}W(t)
$$

如果根据泰勒展开式进行计算，那么过程如下：

$$
\begin{aligned}
\mathrm{d}X(t) &= X_t\,\mathrm{d}t + X_W\,\mathrm{d}W(t) + \frac{1}{2}X_{WW}[\,\mathrm{d}W(t)]^2 \\
&= -\frac{1}{2}X(t)\theta^2\,\mathrm{d}t + \theta X(t)\,\mathrm{d}W(t) + \frac{1}{2}X(t)\theta^2\,\mathrm{d}t \\
&= \theta X(t)\,\mathrm{d}W(t)
\end{aligned}
$$

需要注意的是，第一种方法是针对 $X[Y(t)]$ 进行求偏导的计算，相应地，$X_t[Y(t)] = 0$；而第二种方法则是针对 $X[t, W(t)]$ 进行求偏导的计算，相应地，$X_t[t, W(t)] = -\frac{1}{2}\theta^2 X(t)$。

例 4.7 已知 $\mathcal{F}(t)$ 可测的随机过程 $X(t)$ 的表达式如下：

$$
X(t) = W^2(t)
$$

其中，$W(t)$ 是标准布朗运动。

求 $X(t)$ 的随机微分方程。

解答：使用泰勒展开式，可得：

$$
\begin{aligned}
\mathrm{d}X &= X_t\,\mathrm{d}t + X_W\,\mathrm{d}W(t) + \frac{1}{2}X_{WW}[\,\mathrm{d}W(t)]^2 \\
&= 0 + 2W(t)\,\mathrm{d}W(t) + \frac{1}{2} \times 2\,\mathrm{d}t \\
&= 2W(t)\,\mathrm{d}W(t) + \,\mathrm{d}t
\end{aligned}
$$

例 4.8 已知 $\mathcal{F}(t)$ 可测的随机过程 $f(S(t)) = \ln S(t)$，其中 $S(t)$ 的随机微分方程如下：

$$
\mathrm{d}S(t) = \mu S(t)\,\mathrm{d}t + \sigma S(t)\,\mathrm{d}W(t)
$$

其中，$W(t)$ 是标准布朗运动，μ 和 σ 均是常数。

求 $f[S(t)]$ 的随机微分方程。

解答：令 $\mu(t)=\mu S(t)$，$\sigma(t)=\sigma S(t)$，根据伊藤引理可得：

$$\begin{aligned}\mathrm{d}f&=\left[f_t+\mu(t)f_S+\frac{1}{2}\sigma^2(t)f_{SS}\right]\mathrm{d}t+\sigma(t)f_S\,\mathrm{d}W(t)\\&=\left[0+\mu S\frac{1}{S}+\frac{1}{2}\sigma^2S^2\left(-\frac{1}{S^2}\right)\right]\mathrm{d}t+\sigma S\frac{1}{S}\,\mathrm{d}W(t)\\&=\left(\mu-\frac{1}{2}\sigma^2\right)\mathrm{d}t+\sigma\,\mathrm{d}W(t)\end{aligned}$$

与前面的例子类似，这里也可以使用泰勒展开式进行求解，具体如下：

$$\begin{aligned}\mathrm{d}f&=f_t\,\mathrm{d}t+f_S\,\mathrm{d}S+\frac{1}{2}f_{SS}(\mathrm{d}S)^2\\&=0+\frac{1}{S}\left[\mu S\,\mathrm{d}t+\sigma S\,\mathrm{d}W(t)\right]+\frac{1}{2}\left(-\frac{1}{S^2}\right)(\sigma^2S^2\,\mathrm{d}t)\\&=\left(\mu-\frac{1}{2}\sigma^2\right)\mathrm{d}t+\sigma\,\mathrm{d}W(t)\end{aligned}$$

因此：

$$\mathrm{d}f(S(t))=\left(\mu-\frac{1}{2}\sigma^2\right)\mathrm{d}t+\sigma\,\mathrm{d}W(t)$$

需要说明的是，此处的随机微分方程常常用于股票等金融资产价格变动的建模。

例 4.9 假设 $f(S,t)=S-K\mathrm{e}^{-r(T-t)}$，并且其中的随机过程 $S(t)$ 的随机微分方程如下：

$$\mathrm{d}S(t)=\mu S(t)\,\mathrm{d}t+\sigma S(t)\,\mathrm{d}W(t)$$

其中，$W(t)$ 是标准布朗运动，μ 和 σ 均是常数。

求 $f(S,t)$ 的随机微分方程。

解答：使用泰勒展开式进行求解，具体如下：

$$\begin{aligned}\mathrm{d}f&=f_t\,\mathrm{d}t+f_S\,\mathrm{d}S+\frac{1}{2}f_{SS}(\mathrm{d}S)^2\\&=-K\mathrm{e}^{-r(T-t)}\cdot r\,\mathrm{d}t+\mathrm{d}S+0\\&=-rK\mathrm{e}^{-r(T-t)}\,\mathrm{d}t+\mu S\,\mathrm{d}t+\sigma S\,\mathrm{d}W(t)\\&=\left[-rK\mathrm{e}^{-r(T-t)}+\mu S\right]\mathrm{d}t+\sigma S\,\mathrm{d}W(t)\end{aligned}$$

因此：

$$\mathrm{d}f(S,t)=\left[-rK\mathrm{e}^{-r(T-t)}+\mu S(t)\right]\mathrm{d}t+\sigma S(t)\,\mathrm{d}W(t)$$

需要说明的是，此处的随机微分方程常常用于金融远期合约的建模。

例 4.10 假设 $f(S,t)=S\mathrm{e}^{r(T-t)}$，并且其中的随机过程 $S(t)$ 的随机微分方程如下：

$$\mathrm{d}S(t)=\mu S(t)\,\mathrm{d}t+\sigma S(t)\,\mathrm{d}W(t)$$

其中，$W(t)$ 是标准布朗运动，μ 和 σ 均是常数。

求 $f(S,t)$ 的随机微分方程。

解答： 使用泰勒展开式进行求解，具体如下：

$$\begin{aligned}\mathrm{d}f&=f_t\,\mathrm{d}t+f_S\,\mathrm{d}S+\frac{1}{2}f_{SS}(\mathrm{d}S)^2\\&=-S\mathrm{e}^{r(T-t)}\cdot r\,\mathrm{d}t+\mathrm{e}^{r(T-t)}\,\mathrm{d}S+0\\&=-rS\mathrm{e}^{r(T-t)}\,\mathrm{d}t+\mathrm{e}^{r(T-t)}[\mu S\,\mathrm{d}t+\sigma S\,\mathrm{d}W(t)]\\&=\mathrm{e}^{r(T-t)}\Big[(-rS+\mu S)\,\mathrm{d}t+\sigma S\,\mathrm{d}W(t)\Big]\\&=S\mathrm{e}^{r(T-t)}[(\mu-r)\,\mathrm{d}t+\sigma\,\mathrm{d}W(t)]\\&=f(S,t)[(\mu-r)\,\mathrm{d}t+\sigma\,\mathrm{d}W(t)]\end{aligned}$$

因此：

$$\mathrm{d}f(S,t)=f(S,t)[(\mu-r)\,\mathrm{d}t+\sigma\,\mathrm{d}W(t)]$$

需要说明的是，此处的随机微分方程常常用于金融期货合约的建模。

阅读材料：伊藤清简介

伊藤清，日本数学家，日本学士院院士，生于日本三重县北势町。为解释布朗运动等伴随偶然性的自然现象，伊藤清提出了伊藤公式，这成为随机分析这个数学新分支的基础定理。他的研究成果于 20 世纪 80 年代以后在金融领域得到广泛应用，他因此被称为“华尔街最有名的日本人”。

伊藤清主要研究随机过程，他 1944 年和 1946 年的著作分别奠定了随机积分（stochastic integration）和随机微分方程（stochastic differential equation, SDE）的理论基础，所以他被视为随机分析的创立者。他的理论被应用于很多不同的领域，包括自然科学和经济学，例如金融数学中用于期权定价的布莱克–斯科尔斯模型。伊藤清的成就不仅对数学，而且对社会科学也产生了很大影响。他是少有的在世的时候看到自己的理论研究被应用到现实生活中的数学家之一。

伊藤清因在概率论方面的奠基性工作而获得了 1987 年沃尔夫奖（Wolf Prize）。他还曾获得京都奖以及文化功劳者等荣誉称号。2006 年首届“高斯奖”就颁发给了伊藤清。

（二）二维伊藤引理

定理 4.5 二维伊藤引理

令函数 $f(t,x,y)$ 的各一阶和二阶偏导数均存在且连续。假设 $X(t)$ 和 $Y(t)$ 均是伊藤过程，则相应的二维伊藤公式如下：

$$\begin{aligned} \mathrm{d}f = {} & f_t\,\mathrm{d}t + f_x\,\mathrm{d}X(t) + f_y\,\mathrm{d}Y(t) + f_{xy}[\,\mathrm{d}X(t)\,\mathrm{d}Y(t)] \\ & + \frac{1}{2}f_{xx}[\,\mathrm{d}X(t)]^2 + \frac{1}{2}f_{yy}[\,\mathrm{d}Y(t)]^2 \end{aligned} \tag{4.26}$$

推论 4.3 伊藤乘法法则

假设 $X(t)$ 和 $Y(t)$ 均是伊藤过程，则有：

$$\mathrm{d}\Big[X(t)Y(t)\Big] = X(t)\,\mathrm{d}Y(t) + Y(t)\,\mathrm{d}X(t) + \mathrm{d}X(t)\,\mathrm{d}Y(t) \tag{4.27}$$

证明：令 $f(x,y)=xy$，则有：

$$f_x = y,\quad f_y = x,\quad f_t = 0,\quad f_{xx} = f_{yy} = 0,\quad f_{xy} = 1$$

根据式 (4.26)，可得：

$$\mathrm{d}f = Y(t)\,\mathrm{d}X(t) + X(t)\,\mathrm{d}Y(t) + \mathrm{d}X(t)\,\mathrm{d}Y(t)$$

因此：

$$\mathrm{d}\Big[X(t)Y(t)\Big] = X(t)\,\mathrm{d}Y(t) + Y(t)\,\mathrm{d}X(t) + \mathrm{d}X(t)\,\mathrm{d}Y(t)$$

知识讲解

二维伊藤引理、伊藤乘法法则

这里注意到，对于普通的函数 $F(t)$ 和 $G(t)$，其微分的乘法法则如下：

$$\mathrm{d}\Big[F(t)G(t)\Big] = F(t)\,\mathrm{d}G(t) + G(t)\,\mathrm{d}F(t)$$

相比之下，在伊藤过程中，其微分的乘法却多出一项 $\mathrm{d}X(t)\,\mathrm{d}Y(t)$，称为交叉变差项（cross variation term），出现这一项的原因在于：布朗运动的二次变差不为零。

对式 (4.27) 的两侧同时取积分，可得：

$$\int_0^t \mathrm{d}\Big[X(u)Y(u)\Big] = \int_0^t X(u)\,\mathrm{d}Y(u) + \int_0^t Y(u)\,\mathrm{d}X(u) + \int_0^t \mathrm{d}\langle X,Y\rangle(u) \tag{4.28}$$

$$\begin{aligned} X(t)Y(t) = {} & X(0)Y(0) + \int_0^t X(u)\,\mathrm{d}Y(u) \\ & + \int_0^t Y(u)\,\mathrm{d}X(u) + \int_0^t \mathrm{d}\langle X,Y\rangle(u) \end{aligned} \tag{4.29}$$

其中，$\mathrm{d}\langle X,Y\rangle(u) = \mathrm{d}X(u)\,\mathrm{d}Y(u)$，也就是交叉变差项。

推论 4.4

假设 $X(t)$ 是伊藤过程，$G(t)$ 是确定性函数，则有：

$$\mathrm{d}\Big[X(t)G(t)\Big] = X(t)\,\mathrm{d}G(t) + G(t)\,\mathrm{d}X(t) \tag{4.30}$$

与前面提及的伊藤乘法法则不同，此处没有了交叉变差项 $\mathrm{d}G(t)\,\mathrm{d}X(t)$，这是因为确定性函数 $G(t)$ 当中不包含随机项，因此对之与随机函数 $X(t)$ 求交叉变差后，$\mathrm{d}G(t)\,\mathrm{d}X(t) \equiv 0$，自然可以将之忽略。

类似地，对式 (4.30) 的两侧同时取积分，可得：

$$\int_0^t \mathrm{d}\Big[X(u)G(u)\Big] = \int_0^t X(u)\,\mathrm{d}G(u) + \int_0^t G(u)\,\mathrm{d}X(u) \tag{4.31}$$

$$X(t)G(t) = X(0)G(0) + \int_0^t X(u)\,\mathrm{d}G(u) + \int_0^t G(u)\,\mathrm{d}X(u) \tag{4.32}$$

由式 (4.32) 还可以进一步得到：

$$\int_0^t X(u)\,\mathrm{d}G(u) = X(u)G(u)\Big|_0^t - \int_0^t G(u)\,\mathrm{d}X(u) \tag{4.33}$$

$$\int_0^t G(u)\,\mathrm{d}X(u) = X(u)G(u)\Big|_0^t - \int_0^t X(u)\,\mathrm{d}G(u) \tag{4.34}$$

知识讲解

多维伊藤引理的应用举例

此处的结果与普通积分中的分部积分非常相似。

例 4.11 假设随机过程 $X(t)$ 对应的随机微分方程如下：

$$\mathrm{d}X(t) = -\frac{1}{2}bX(t)\,\mathrm{d}t + \frac{1}{2}\sigma\,\mathrm{d}W(t)$$

求 $Y(t) = X(t)\exp\left(\frac{1}{2}bt\right)$ 的随机微分方程。

解答：注意到 $Y(t)$ 是由确定性函数 $G(t) = \exp\left(\frac{1}{2}bt\right)$ 与随机函数 $X(t)$ 所构成的。因此：

$$\begin{aligned}
\mathrm{d}Y(t) &= X(t)\,\mathrm{d}G(t) + G(t)\,\mathrm{d}X(t) \\
&= X(t)\cdot\frac{1}{2}b\exp\left(\frac{1}{2}bt\right)\mathrm{d}t + \exp\left(\frac{1}{2}bt\right)\left[-\frac{1}{2}bX(t)\,\mathrm{d}t + \frac{1}{2}\sigma\,\mathrm{d}W(t)\right] \\
&= \frac{1}{2}\sigma\exp\left(\frac{1}{2}bt\right)\mathrm{d}W(t)
\end{aligned}$$

需要说明的是，$X(t)$ 对应的随机过程也称为奥伦斯坦-乌伦贝克过程（Ornstein-Uhlenbeck process），简称 O-U 过程，在金融中常用于刻画具有均值回复（mean-reverting）特征的资产价格，比如利率、大宗商品价格等。

例 4.12 已知关于 $S(t)$ 的随机微分方程如下：

$$\mathrm{d}S(t) = \mu S(t)\,\mathrm{d}t + \sqrt{V(t)}S(t)\,\mathrm{d}W_1(t)$$

其中：

$$\mathrm{d}V(t) = [a + bV(t)]\,\mathrm{d}t + \xi V(t)^{\alpha}\,\mathrm{d}W_2(t)$$

并且 $W_1(t)$ 和 $W_2(t)$ 均是标准布朗运动，两者的相关系数为 ρ。

求 $f(t,S,V)$ 的随机微分方程。

解答：根据伊藤乘法法则可得：

$$[\mathrm{d}W_1(t)]^2 = [\mathrm{d}W_2(t)]^2 = \mathrm{d}t, \quad [\mathrm{d}W_1(t)\,\mathrm{d}W_2(t)] = \rho\,\mathrm{d}t$$

由泰勒展开式可得：

$$\mathrm{d}f(t,S,V) = f_t\,\mathrm{d}t + f_S\,\mathrm{d}S + f_V\,\mathrm{d}V + f_{SV}\,\mathrm{d}S\,\mathrm{d}V + \frac{1}{2}\left[f_{SS}(\mathrm{d}S)^2 + f_{VV}(\mathrm{d}V)^2\right]$$

由于

$$\begin{aligned}
(\mathrm{d}S)^2 &= VS^2\,\mathrm{d}t \\
(\mathrm{d}V)^2 &= \xi^2 V^{2\alpha}\,\mathrm{d}t \\
\mathrm{d}S\,\mathrm{d}V &= \sqrt{V}S\xi V^{\alpha}\rho\,\mathrm{d}t = \rho\xi S V^{\alpha+0.5}\,\mathrm{d}t
\end{aligned}$$

因此：

$$\begin{aligned}
\mathrm{d}f &= f_t\,\mathrm{d}t + f_S\left(\mu S\,\mathrm{d}t + \sqrt{V}S\,\mathrm{d}W_1\right) + f_V[(a+bV)\,\mathrm{d}t + \xi V^{\alpha}\,\mathrm{d}W_2] \\
&\quad + f_{SV}\left(\rho\xi S V^{\alpha+0.5}\,\mathrm{d}t\right) + \frac{1}{2}\left(f_{SS}VS^2\,\mathrm{d}t + f_{VV}\xi^2V^{2\alpha}\,\mathrm{d}t\right) \\
&= \left[f_t + \mu S f_S + (a+bV)f_V + \rho\xi S V^{\alpha+0.5} f_{SV} + \frac{1}{2}S^2 V f_{SS} + \frac{1}{2}\xi^2 V^{2\alpha} f_{VV}\right]\mathrm{d}t \\
&\quad + \sqrt{V}S f_S\,\mathrm{d}W_1 + \xi V^{\alpha} f_V\,\mathrm{d}W_2
\end{aligned}$$

需要说明的是，上面的随机过程包含两个部分：一个是资产价格的过程，另一个是相应波动率的过程。该模型也因此被称为随机波动率模型（stochastic volatility model)，由史蒂文·赫斯顿（Steven Heston）于 1993 年提出。

例 4.13 已知 $W(t)$ 是标准布朗运动，证明：

$$\int_0^t W^2(s)\,\mathrm{d}W(s) = \frac{1}{3}W^3(t) - \int_0^t W(s)\,\mathrm{d}s$$

证明：假设 $X(t)=\frac{1}{3}W^3(t)$，根据伊藤引理可得：

$$\mathrm{d}X=X_t\,\mathrm{d}t+X_W\,\mathrm{d}W+\frac{1}{2}X_{WW}(\mathrm{d}W)^2=0+W^2\,\mathrm{d}W+W\,\mathrm{d}t$$

因此：

$$\mathrm{d}X(t)=W^2(t)\,\mathrm{d}W(t)+W(t)\,\mathrm{d}t$$

对上式两端取积分，可得：

$$\int_0^t \mathrm{d}X(s)=\int_0^t W^2(s)\,\mathrm{d}W(s)+\int_0^t W(s)\,\mathrm{d}s$$

$$\begin{aligned}\int_0^t W^2(s)\,\mathrm{d}W(s)&=\int_0^t \mathrm{d}X(s)-\int_0^t W(s)\,\mathrm{d}s\\&=X(t)-X(0)-\int_0^t W(s)\,\mathrm{d}s\\&=\frac{1}{3}W^3(t)-\frac{1}{3}W^3(0)-\int_0^t W(s)\,\mathrm{d}s\end{aligned}$$

因此：

$$\int_0^t W^2(s)\,\mathrm{d}W(s)=\frac{1}{3}W^3(t)-\int_0^t W(s)\,\mathrm{d}s$$

对于确定性函数 $f(t)$，若 $f(0)=0$，则其积分的结果如下：

$$\int_0^t f^2(s)\,\mathrm{d}f(s)=\frac{1}{3}f^3(s)\Big|_0^t=\frac{1}{3}f^3(t)-\frac{1}{3}f^3(0)=\frac{1}{3}f^3(t)$$

而上题对于布朗运动所做的随机积分，结果中却多出一项，两者的差异源自布朗运动的二次变差不为零。

例 4.14 已知 $W(t)$ 是标准布朗运动，假设

$$M(t)=[W(t)+t]\exp\left[-W(t)-\frac{1}{2}t\right]$$

(a) 求 $M(t)$ 的随机微分方程；
(b) 证明 $M(t)$ 是鞅。

解答：(a) 记 $X(t)=W(t)+t,\quad Y(t)=\exp\left[-W(t)-\frac{1}{2}t\right]$，因此：

$$M(t)=X(t)Y(t)$$

根据伊藤乘法法则可得：

$$\mathrm{d}M(t)=\mathrm{d}[X(t)Y(t)]=X(t)\,\mathrm{d}Y(t)+Y(t)\,\mathrm{d}X(t)+\mathrm{d}X(t)\,\mathrm{d}Y(t)$$

根据伊藤引理，可以得到：

$$\begin{aligned}\mathrm{d}Y(t) &= Y_t\,\mathrm{d}t + Y_W\,\mathrm{d}W + \frac{1}{2}Y_{WW}(\,\mathrm{d}W)^2 \\ &= -\frac{1}{2}Y\,\mathrm{d}t - Y\,\mathrm{d}W(t) + \frac{1}{2}Y\,\mathrm{d}t \\ &= -Y(t)\,\mathrm{d}W(t)\end{aligned}$$

另外，$\mathrm{d}X(t) = \mathrm{d}W(t) + \mathrm{d}t$，因此：

$$\mathrm{d}X(t)\,\mathrm{d}Y(t) = -Y(t)\,\mathrm{d}t$$

从而：

$$\begin{aligned}\mathrm{d}M(t) &= X(t)[-Y(t)\,\mathrm{d}W(t)] + Y(t)[\,\mathrm{d}W(t) + \,\mathrm{d}t] - Y(t)\,\mathrm{d}t \\ &= -M(t)\,\mathrm{d}W(t) + Y(t)\,\mathrm{d}W(t) \\ &= -[W(t) + t - 1]\exp\left[-W(t) - \frac{1}{2}t\right]\,\mathrm{d}W(t)\end{aligned}$$

(b) 接下来证明 $M(t)$ 是鞅，设 $s < t$，则需要证明下式成立：

$$\mathbb{E}[M(t)|\mathcal{F}(s)] = M(s)$$

对于 $M(t) = [W(t) + t]\exp\left[-W(t) - \frac{1}{2}t\right]$，有：

$$\begin{aligned}M(t) &= [W(t) - W(s) + W(s) + t]\exp\left[-W(t) + W(s) - W(s) - \frac{1}{2}t\right] \\ &= [W(s) + t]\exp\left[-W(s) - \frac{1}{2}t\right]\cdot\exp[-W(t) + W(s)] \\ &\quad + [W(t) - W(s)]\exp\left[-W(s) - \frac{1}{2}t\right]\cdot\exp[-W(t) + W(s)]\end{aligned}$$

注意到 $W(t) - W(s)$ 与 $\mathcal{F}(s)$ 独立，并且 $W(s)$ 是 $\mathcal{F}(s)$ 可测的，因此：

$$\begin{aligned}\mathbb{E}[M(t)|\mathcal{F}(s)] &= [W(s) + t]\exp\left[-W(s) - \frac{1}{2}t\right]\cdot\mathbb{E}\{\exp[-W(t) + W(s)]\} \\ &\quad + \exp\left[-W(s) - \frac{1}{2}t\right]\cdot\mathbb{E}\{[W(t) - W(s)]\exp[-W(t) + W(s)]\}\end{aligned}$$

记 $u = t - s$，则：

$$W(t) - W(s) = W(t - s) = W(u) \sim \mathcal{N}(0, u)$$

因此：

$$\begin{aligned}\mathbb{E}\{\exp[-W(t) + W(s)]\} &= \mathbb{E}\{\exp[-W(u)]\} \\ &= \exp\left(\frac{1}{2}u\right) = \exp\left[\frac{1}{2}(t - s)\right]\end{aligned}$$

此处的相关计算过程，请参见第一章的例 1.9，类似地：

$$\begin{aligned}\mathbb{E}\{[W(t)-W(s)]\exp[-W(t)+W(s)]\} &= \mathbb{E}\{[W(u)]\exp[-W(u)]\}\\ &= -u\exp\left(\frac{1}{2}u\right)\\ &= -(t-s)\exp\left[\frac{1}{2}(t-s)\right]\end{aligned}$$

因此：

$$\begin{aligned}\mathbb{E}[M(t)|\mathcal{F}(s)] = {} & [W(s)+t]\exp\left[-W(s)-\frac{1}{2}t\right]\cdot\exp\left[\frac{1}{2}(t-s)\right]\\ & -\exp\left[-W(s)-\frac{1}{2}t\right]\cdot(t-s)\exp\left[\frac{1}{2}(t-s)\right]\\ = {} & \exp\left[-W(s)-\frac{1}{2}t\right]\cdot\exp\left[\frac{1}{2}(t-s)\right][W(s)+t-t+s]\\ = {} & [W(s)+s]\exp\left[-W(s)-\frac{1}{2}s\right]\end{aligned}$$

因此，$M(t)$ 是鞅。

注意：对于本问题而言，$M(t)$ 是鞅的结论还可以利用 (a) 的结果直接得到。由于鞅不具有时间趋势，因此，若 $M(t)$ 是鞅，则其微分 $\mathrm{d}M(t)$ 的表达式中不应包含时间趋势项 $\mathrm{d}t$。(a) 中得到的 $\mathrm{d}M(t)$ 的表达式如下：

$$\mathrm{d}M(t) = -[W(t)+t-1]\exp\left[-W(t)-\frac{1}{2}t\right]\mathrm{d}W(t)$$

其中只有 $\mathrm{d}W(t)$ 项，而没有 $\mathrm{d}t$ 项，这意味着 $M(t)$ 的变动只受 $W(t)$ 变动的影响，与时间 t 的变动无关。由于 $W(t)$ 是鞅，因此与其对应，成一定倍数变动的 $M(t)$ 也是鞅。这给了我们一个证明类似问题的新思路：运用伊藤引理，得到对应随机过程的微分表达式，若表达式中不包含 $\mathrm{d}t$ 项，只有 $\mathrm{d}W(t)$ 项，则对应的随机过程就是鞅。

例 4.15 已知 $W(t)$ 是标准布朗运动，证明：

(a) $\displaystyle\int_0^t W(s)\,\mathrm{d}s = \int_0^t (t-s)\,\mathrm{d}W(s)$；

(b) $\displaystyle\int_0^t W(s)\,\mathrm{d}s \sim \mathcal{N}\left(0,\frac{t^3}{3}\right)$。

证明：(a) 由于 $G(t)=t$ 可看作确定性函数，根据分部积分的计算公式，下式成立：

$$\int_0^t W(s)\,\mathrm{d}G(s) = W(s)G(s)\Big|_0^t - \int_0^t G(s)\,\mathrm{d}W(s)$$

因此：

$$\int_0^t W(s)\,\mathrm{d}s = W(s)s\Big|_0^t - \int_0^t s\,\mathrm{d}W(s) = tW(t) - \int_0^t s\,\mathrm{d}W(s)$$
$$= t\int_0^t \mathrm{d}W(s) - \int_0^t s\,\mathrm{d}W(s)$$
$$= \int_0^t (t-s)\,\mathrm{d}W(s)$$

(b) 由于 $\int_0^t (t-s)\,\mathrm{d}W(s)$ 是确定性函数的伊藤积分，因此服从正态分布，相应地：

$$\mathbb{E}\left[\int_0^t (t-s)\,\mathrm{d}W(s)\right] = 0$$

$$\mathrm{Var}\left[\int_0^t (t-s)\,\mathrm{d}W(s)\right] = \mathbb{E}\left[\int_0^t (t-s)\,\mathrm{d}W(s)\right]^2 = \int_0^t (t-s)^2\,\mathrm{d}s = \frac{t^3}{3}$$

最终：

$$\int_0^t W(s)\,\mathrm{d}s \sim \mathcal{N}\left(0, \frac{t^3}{3}\right)$$

阅读材料：钟开莱简介

钟开莱（K. L. Chung, 1917—2009），浙江杭州人，生于上海，著名华裔数学家，曾任美国斯坦福大学数学系主任。1936 年进入清华大学物理系学习，后转到数学系，1940 年毕业于西南联合大学数学系，毕业之后留校任数学系助教。他先师从华罗庚，后转投中国概率论与数理统计研究开拓者许宝騄门下学习概率论。1944 年获得第六届庚子赔款公费留美奖学金。1945 年底赴美留学，1947 年获普林斯顿大学博士学位，师从当时概率与统计学界的世界第一人克拉默（Harald Cramer）。据不完全统计，他直接指导的博士生有 15 位左右，间接的学术后代超过 500 位，为世界公认的 20 世纪后半叶“概率学界学术教父”。

作为概率学界的领袖，钟开莱于 1981 年创办了随机过程研讨会，该研讨会目前仍是这一领域的重要国际年会。钟开莱去世后，为了纪念他为整个领域做出的重要贡献，2011 年起随机过程研讨会专门设立了“钟开莱讲座”，每年由一位世界领军概率学家做讲座专题报告。

钟开莱共有十余部著作，其清晰的逻辑和严谨的叙述，使得这些著作已经成为享誉世界的经典，影响了几代学生。

本章附录

一、伊藤积分性质的证明

对如下形式的伊藤积分的相关性质加以证明：

$$I(t) = \int_0^t g(u)\,\mathrm{d}W(u)$$

(1) 鞅性：$I(t)$ 是鞅。

证明：假设 $0 < s \leqslant t < T$，$I(t)$ 是鞅，则意味着 $\mathbb{E}[I(t)|\mathcal{F}(s)] = I(s)$，将时间段 $[0, T]$ 切割成 n 个子时间段，对应的时点分别为：

$$0 = t_0 < t_1 < \cdots < t_n = T$$

假设 $s \in [t_{m-1}, t_m]$，$t \in [t_{k-1}, t_k]$，并且 $1 \leqslant m \leqslant k \leqslant n$，同时假设 $g(t_i)$ 在每个子时间段 $[t_i, t_{i+1})$ 是常数，根据式 (4.5) 可得：

$$\begin{aligned} I(t) = & \sum_{i=0}^{m-2} g(t_i)\big[W(t_{i+1}) - W(t_i)\big] + g(t_{m-1})\big[W(s) - W(t_{m-1})\big] \\ & + g(t_{m-1})\big[W(t_m) - W(s)\big] + \sum_{j=m}^{k-2} g(t_j)\big[W(t_{j+1}) - W(t_j)\big] \\ & + g(t_{k-1})\big[W(t) - W(t_{k-1})\big] \end{aligned}$$

结合图 4.4 不难看出，上式将 $I(t)$ 在五个子时间段的情况全部刻画出来，对应的子时间段分别为：

$$[t_0, t_{m-1}) \cup [t_{m-1}, s) \cup [s, t_m) \cup [t_m, t_{k-1}) \cup [t_{k-1}, t]$$

其中，$[t_0, t_{m-1}) \cup [t_{m-1}, s)$ 是 $\mathcal{F}(s)$ 可测的。

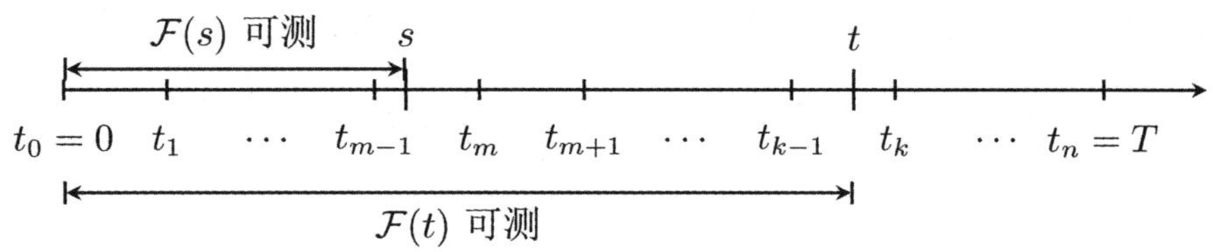

图 4.4　时间轴展示

由此令：

$$I(s) = \sum_{i=0}^{m-2} g(t_i)\big[W(t_{i+1}) - W(t_i)\big] + g(t_{m-1})\big[W(s) - W(t_{m-1})\big]$$

并且注意到 $g(t_{m-1})$ 是 $\mathcal{F}(s)$ 可测的，因此：

$$\begin{aligned}\mathbb{E}[I(t)|\mathcal{F}(s)] = I(s) &+ g(t_{m-1})\mathbb{E}\big[W(t_m) - W(s)|\mathcal{F}(s)\big] \\ &+ \sum_{j=m}^{k-2}\mathbb{E}\Big\{g(t_j)\big[W(t_{j+1}) - W(t_j)\big]\Big|\mathcal{F}(s)\Big\} \\ &+ \mathbb{E}\Big\{g(t_{k-1})\big[W(t) - W(t_{k-1})\big]\Big|\mathcal{F}(s)\Big\}\end{aligned}$$

由于 $W(t_m) - W(s)$ 与 $\mathcal{F}(s)$ 相互独立，因此：

$$\mathbb{E}\big[W(t_m) - W(s)|\mathcal{F}(s)\big] = \mathbb{E}\big[W(t_m) - W(s)\big] = 0$$

接下来运用条件期望的性质，构造 σ-代数 $\mathcal{F}(t_j)$，使其满足 $\mathcal{F}(t_j) \supset \mathcal{F}(s)$，因此：

$$\begin{aligned}&\mathbb{E}\Big\{g(t_j)\big[W(t_{j+1}) - W(t_j)\big]\Big|\mathcal{F}(s)\Big\} \\ &= \mathbb{E}\Big\{\mathbb{E}\{g(t_j)\big[W(t_{j+1}) - W(t_j)\big]|\mathcal{F}(t_j)\}\Big|\mathcal{F}(s)\Big\} \\ &= \mathbb{E}\Big\{g(t_j)\mathbb{E}\{\big[W(t_{j+1}) - W(t_j)\big]|\mathcal{F}(t_j)\}\Big|\mathcal{F}(s)\Big\} \\ &= 0\end{aligned}$$

类似地，可得：

$$\sum_{j=m}^{k-2}\mathbb{E}\Big\{g(t_j)\big[W(t_{j+1}) - W(t_j)\big]\Big|\mathcal{F}(s)\Big\} = 0$$

$$\mathbb{E}\Big\{g(t_{k-1})\big[W(t) - W(t_{k-1})\big]\Big|\mathcal{F}(s)\Big\} = 0$$

因此，$\mathbb{E}[I(t)|\mathcal{F}(s)] = I(s)$，伊藤积分 $I(t)$ 是鞅。

(2) 期望：$\mathbb{E}[I(t)] = 0,\ 0 \leqslant t \leqslant T$。

证明：由于伊藤积分 $I(t)$ 是鞅，因此：

$$\mathbb{E}[I(t)] = \mathbb{E}[I(0)] = 0, \qquad 0 \leqslant t \leqslant T$$

(3) 伊藤等距：

$$\mathbb{E}[I^2(t)] = \mathbb{E}\int_0^t g^2(u)\,\mathrm{d}u \tag{4.35}$$

证明：为了简化推导过程，这里假定 $t = t_k$，$k = 1, 2, \ldots, n$，相应地，有：

$$I(t_k) = \sum_{i=0}^{k-1} g(t_i)\big[W(t_{i+1}) - W(t_i)\big]$$

记 $Z_i = W(t_{i+1}) - W(t_i) \sim \mathcal{N}(0, t_{i+1} - t_i)$，于是：

$$
\begin{aligned}
I(t_k) &= \sum_{i=0}^{k-1} g(t_i) Z_i \\
I^2(t_k) &= \sum_{i=0}^{k-1} g^2(t_i) Z_i^2 + 2 \sum_{0 \leqslant i < j < k} g(t_i) g(t_j) Z_i Z_j
\end{aligned}
$$

于是：

$$
\mathbb{E}[I^2(t_k)] = \sum_{i=0}^{k-1} \mathbb{E}[g^2(t_i) Z_i^2] + 2 \sum_{0 \leqslant i < j < k} \mathbb{E}[g(t_i) g(t_j) Z_i Z_j]
$$

由于 $g(t_i)$ 是 $\mathcal{F}(t_i)$ 可测的，而 $Z_i = W(t_{i+1}) - W(t_i)$ 与之相互独立，因此：

$$
\mathbb{E}[g^2(t_i) Z_i^2] = \mathbb{E}[g^2(t_i)] \mathbb{E}(Z_i^2) = (t_{i+1} - t_i) \cdot \mathbb{E}[g^2(t_i)]
$$

由于 $i < j$，根据条件期望的性质可得：

$$
\begin{aligned}
\mathbb{E}[g(t_i) g(t_j) Z_i Z_j] &= \mathbb{E}\Big\{\mathbb{E}[g(t_i) g(t_j) Z_i Z_j | \mathcal{F}(t_j)]\Big\} \\
&= \mathbb{E}\Big\{g(t_i) g(t_j) Z_i \, \mathbb{E}\big[Z_j | \mathcal{F}(t_j)\big]\Big\} \\
&= \mathbb{E}\Big\{g(t_i) g(t_j) Z_i \, \mathbb{E}\big[W(t_{j+1}) - W(t_j) | \mathcal{F}(t_j)\big]\Big\} \\
&= 0
\end{aligned}
$$

因此：

$$
\begin{aligned}
\mathbb{E}[I^2(t)] &= \sum_{i=0}^{k-1} (t_{i+1} - t_i) \cdot \mathbb{E}[g^2(t_i)] \\
&= \int_0^{t_k} \mathbb{E}[g^2(u)] \, \mathrm{d}u = \mathbb{E} \int_0^t g^2(u) \, \mathrm{d}u
\end{aligned}
$$

更进一步可得：

$$
\operatorname{Var}[I(t)] = \mathbb{E}[I^2(t)] - [\mathbb{E} I(t)]^2 = \mathbb{E} \int_0^t g^2(u) \, \mathrm{d}u
$$

(4) 伊藤积分的二次变差：

$$
\langle I, I \rangle(t) = \int_0^t g^2(u) \, \mathrm{d}u \tag{4.36}
$$

证明：对 $[0, t]$ 任取一个子区间 $[t_i, t_{i+1}]$，并假设 $g(t_i)$ 在该区间内为定值，选取这个子区间中的 m 个时间段，并分别标注为 $s_0, s_1, \ldots, s_m$，其中：

$$
t_i = s_0 < s_1 < \cdots < s_m = t_{i+1}
$$

考虑伊藤积分在此区间内的二次变差如下：

$$\begin{aligned}\sum_{k=0}^{m-1}\Big[I(s_{k+1})-I(s_k)\Big]^2&=\sum_{k=0}^{m-1}\Big\{g(t_i)\big[W(s_{k+1})-W(s_k)\big]\Big\}^2\\&=g^2(t_i)\sum_{k=0}^{m-1}\Big[W(s_{k+1})-W(s_k)\Big]^2\end{aligned}$$

当 $m\to\infty$ 时，相应的子区间宽度趋近于零，此时 $\sum\limits_{k=0}^{m-1}\Big[W(s_{k+1})-W(s_k)\Big]^2$ 将收敛于布朗运动的二次变差，因此：

$$\lim_{m\to\infty}\sum_{k=0}^{m-1}\Big[W(s_{k+1})-W(s_k)\Big]^2=t_{i+1}-t_i$$

最终在子区间 $[t_i,t_{i+1}]$ 上的二次变差为：

$$g^2(t_i)(t_{i+1}-t_i)=\int_{t_i}^{t_{i+1}}g^2(u)\,\mathrm{d}u$$

将所有子区间的二次变差加总，最终可得：

$$\langle I,I\rangle(t)=\int_0^t g^2(u)\,\mathrm{d}u$$

二、斯特拉托诺维奇积分的例子

求解以下斯特拉托诺维奇积分：

$$SI(a,b)=\int_a^b W(t)\circ\mathrm{d}W(t)$$

解答：根据斯特拉托诺维奇积分的定义，将 $[a,b]$ 区间划分成 n 个部分，并且

$$a=t_0<t_1<\cdots<t_n=b$$

$$\|\Pi\|=\max|t_{i+1}-t_i|,\ i=0,1,2,\ldots,n-1$$

对应的时间轴如图 4.5 所示。

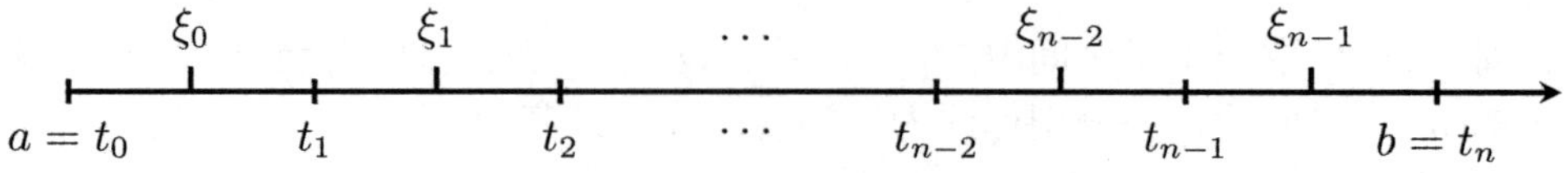

图 4.5　时间轴展示

记 $\xi_i = (t_{i+1} + t_i)/2$，由此可得：

$$
\begin{aligned}
SI(a,b) &= \lim_{\substack{\|\Pi\|\to 0\\ n\to\infty}} \sum_{i=0}^{n-1} W(\xi_i)\left[W(t_{i+1}) - W(t_i)\right] \\
&= \lim_{\substack{\|\Pi\|\to 0\\ n\to\infty}} \sum_{i=0}^{n-1} [W(\xi_i) - W(t_i) + W(t_i)][W(t_{i+1}) - W(t_i)] \\
&= \lim_{\substack{\|\Pi\|\to 0\\ n\to\infty}} \sum_{i=0}^{n-1} [W(\xi_i) - W(t_i)][W(t_{i+1}) - W(t_i)] \\
&\quad + \lim_{\substack{\|\Pi\|\to 0\\ n\to\infty}} \sum_{i=0}^{n-1} W(t_i)[W(t_{i+1}) - W(t_i)]
\end{aligned}
$$

注意到，上式的第二项就是伊藤积分的定义，根据式 (4.12)，可得：

$$
\begin{aligned}
I(a,b) &= \int_a^b W(t)\,\mathrm{d}W(t) \\
&= \lim_{\substack{\|\Pi\|\to 0\\ n\to\infty}} \sum_{i=0}^{n-1} W(t_i)[W(t_{i+1}) - W(t_i)] \\
&= \frac{1}{2}[W^2(b) - W^2(a) - (b-a)]
\end{aligned}
\tag{4.37}
$$

为了计算 $\lim\limits_{\substack{\|\Pi\|\to 0\\ n\to\infty}} \sum\limits_{i=0}^{n-1} [W(\xi_i) - W(t_i)]\big[W(t_{i+1}) - W(t_i)\big]$，从其期望和方差着手。首先计算 $\mathbb{E}\Big\{[W(\xi_i) - W(t_i)][W(t_{i+1}) - W(t_i)]\Big\}$，具体如下：

$$
\begin{aligned}
&\mathbb{E}\Big\{\big[W(\xi_i) - W(t_i)\big]\big[W(t_{i+1}) - W(t_i)\big]\Big\} \\
=& \mathbb{E}\Big\{\big[W(\xi_i) - W(t_i)\big]\big[W(t_{i+1}) - W(\xi_i) + W(\xi_i) - W(t_i)\big]\Big\} \\
=& \mathbb{E}\Big\{\big[W(\xi_i) - W(t_i)\big]^2\Big\} + \mathbb{E}\Big\{\big[W(t_{i+1}) - W(\xi_i)\big]\big[W(\xi_i) - W(t_i)\big]\Big\} \\
=& \mathbb{E}\Big\{\big[W(\xi_i) - W(t_i)\big]^2\Big\} = \xi_i - t_i \\
=& \frac{t_{i+1} + t_i}{2} - t_i = \frac{1}{2}\big(t_{i+1} - t_i\big)
\end{aligned}
$$

上式中，由于 $W(t_{i+1}) - W(\xi_i)$ 与 $W(\xi_i) - W(t_i)$ 是独立增量，因此：

$$
\mathbb{E}\Big\{\big[W(t_{i+1}) - W(\xi_i)\big]\big[W(\xi_i) - W(t_i)\big]\Big\} = 0
$$

所以：

$$
\begin{aligned}
&\mathbb{E}\left\{\lim_{\substack{\|\Pi\|\to 0\\ n\to\infty}}\sum_{i=0}^{n-1}\left[W(\xi_i)-W(t_i)\right]\left[W(t_{i+1})-W(t_i)\right]\right\}\\
&=\lim_{\substack{\|\Pi\|\to 0\\ n\to\infty}}\sum_{i=0}^{n-1}\frac{1}{2}\big(t_{i+1}-t_i\big)\\
&=\frac{1}{2}(t_n-t_0)=\frac{1}{2}(b-a)
\end{aligned}
$$

接下来计算 $\mathrm{Var}\Big\{\big[W(\xi_i)-W(t_i)\big]\big[W(t_{i+1})-W(t_i)\big]\Big\}$，具体如下：

$$
\begin{aligned}
&\mathrm{Var}\Big\{\big[W(\xi_i)-W(t_i)\big]\big[W(t_{i+1})-W(t_i)\big]\Big\}\\
&=\mathrm{Var}\Big\{\big[W(\xi_i)-W(t_i)\big]\big[W(t_{i+1})-W(\xi_i)+W(\xi_i)-W(t_i)\big]\Big\}\\
&=\mathrm{Var}\Big\{\big[W(\xi_i)-W(t_i)\big]^2\Big\}+\mathrm{Var}\Big\{\big[W(t_{i+1})-W(\xi_i)\big]\big[W(\xi_i)-W(t_i)\big]\Big\}
\end{aligned}
$$

其中：

$$
\begin{aligned}
\mathrm{Var}\Big\{\big[W(\xi_i)-W(t_i)\big]^2\Big\}&=\mathbb{E}\Big\{\big[W(\xi_i)-W(t_i)\big]^4\Big\}-\Big\{\mathbb{E}\big[W(\xi_i)-W(t_i)\big]^2\Big\}^2\\
&=3(\xi_i-t_i)^2-(\xi_i-t_i)^2=2(\xi_i-t_i)^2\\
&=2\times\frac{1}{4}\big(t_{i+1}-t_i\big)^2=\frac{1}{2}\big(t_{i+1}-t_i\big)^2
\end{aligned}
$$

此处的推导涉及高斯积分的相关知识，请参阅第二章的附录。

$$
\begin{aligned}
&\mathrm{Var}\Big\{\big[W(t_{i+1})-W(\xi_i)\big]\big[W(\xi_i)-W(t_i)\big]\Big\}\\
&=\mathbb{E}\Big\{\big[W(t_{i+1})-W(\xi_i)\big]^2\big[W(\xi_i)-W(t_i)\big]^2\Big\}\\
&=\mathbb{E}\Big\{\big[W(t_{i+1})-W(\xi_i)\big]^2\Big\}\cdot\mathbb{E}\Big\{\big[W(\xi_i)-W(t_i)\big]^2\Big\}\\
&=(t_{i+1}-\xi_i)(\xi_i-t_i)=\frac{1}{4}\big(t_{i+1}-t_i\big)^2
\end{aligned}
$$

因此：

$$
\begin{aligned}
&\mathrm{Var}\Big\{\big[W(\xi_i)-W(t_i)\big]\big[W(t_{i+1})-W(t_i)\big]\Big\}\\
&=\frac{1}{2}\big(t_{i+1}-t_i\big)^2+\frac{1}{4}\big(t_{i+1}-t_i\big)^2\\
&=\frac{3}{4}\big(t_{i+1}-t_i\big)^2
\end{aligned}
$$

相应地，有：

$$
\begin{aligned}
&\operatorname{Var}\left\{\lim_{\substack{\|\Pi\|\to 0\\ n\to\infty}}\sum_{i=0}^{n-1}\left[W(\xi_i)-W(t_i)\right]\left[W(t_{i+1})-W(t_i)\right]\right\}\\
&=\lim_{\substack{\|\Pi\|\to 0\\ n\to\infty}}\sum_{i=0}^{n-1}\frac{3}{4}\left(t_{i+1}-t_i\right)^2\\
&\leqslant \frac{3}{4}\lim_{\substack{\|\Pi\|\to 0\\ n\to\infty}}\left[\sum_{i=0}^{n-1}\left(t_{i+1}-t_i\right)\right]\max|t_{i+1}-t_i| = \frac{3}{4}(b-a)\|\Pi\|\to 0
\end{aligned}
$$

因此：

$$
\lim_{\substack{\|\Pi\|\to 0\\ n\to\infty}}\sum_{i=0}^{n-1}\left[W(\xi_i)-W(t_i)\right]\left[W(t_{i+1})-W(t_i)\right]=\frac{1}{2}(b-a)
$$

最终可得：

$$
\begin{aligned}
SI(a,b)&=\int_a^b W(t)\circ \mathrm{d}W(t)\\
&=\frac{1}{2}(b-a)+\frac{1}{2}\left[W^2(b)-W^2(a)-(b-a)\right]\\
&=\frac{1}{2}\left[W^2(b)-W^2(a)\right]
\end{aligned}
$$

由此可见，与伊藤积分不同，斯特拉托诺维奇积分的结果没有对应的 $\frac{1}{2}(b-a)$ 项，并且积分的结果与普通微积分下的分部积分非常相似。

三、定理 4.3 的完整证明

假设 $W(s)$ 是一个布朗运动；$f(s)$ 是关于时间 s 的确定性函数。定义如下伊藤积分：

$$
I(t)=\int_0^t f(s)\,\mathrm{d}W(s),\qquad \forall t\geqslant 0
$$

则

$$
I(t)\sim\mathcal{N}\left(0,\int_0^t f^2(s)\,\mathrm{d}s\right)
$$

证明：令 λ 是一个任意常数，并记 $g(x)=\mathrm{e}^{\lambda x}$，则有：

$$
g_x(x)=\lambda\mathrm{e}^{\lambda x}=\lambda g(x),\qquad g_{xx}(x)=\lambda^2\mathrm{e}^{\lambda x}=\lambda^2 g(x)
$$

另外，伊藤积分 $I(t)$ 的积分形式为：$\mathrm{d}I(t)=f(t)\,\mathrm{d}W(t)$。记 $Y(t)=g[I(t)]$，根据伊藤引理可得：

$$
\begin{aligned}
\mathrm{d}Y(t)=\mathrm{d}g[I(t)]&=g_I[I(t)]\,\mathrm{d}I(t)+\frac{1}{2}g_{II}[I(t)][\mathrm{d}I(t)]^2\\
&=\lambda g[I(t)]\,\mathrm{d}I(t)+\frac{1}{2}\lambda^2 g[I(t)]f^2(t)\,\mathrm{d}t\\
&=\lambda Y(t)f(t)\,\mathrm{d}W(t)+\frac{1}{2}\lambda^2 f^2(t)Y(t)\,\mathrm{d}t
\end{aligned}
$$

对上式两端取期望，可得：

$$
\begin{aligned}
\mathbb{E}[\,\mathrm{d}Y(t)] &= f(t)\mathbb{E}\left[\lambda Y(t)\,\mathrm{d}W(t)\right] + \frac{1}{2}\lambda^2 f^2(t)\mathbb{E}[Y(t)]\,\mathrm{d}t \\
\mathrm{d}\mathbb{E}[Y(t)] &= \frac{1}{2}\lambda^2 f^2(t)\mathbb{E}[Y(t)]\,\mathrm{d}t
\end{aligned}
$$

令 $h(t)=\mathbb{E}[Y(t)]$，则上式可表示成：

$$
h'(t) = \frac{1}{2}\lambda^2 f^2(t)h(t)
$$

由于 $h(0)=\mathbb{E}[Y(0)]=\mathbb{E}[g(I(0))]=1$，因此：

$$
\begin{aligned}
h(t) &= h(0)\exp\left[\int_0^t \frac{1}{2}\lambda^2 f^2(s)\,\mathrm{d}s\right] \\
&= \exp\left[\int_0^t \frac{1}{2}\lambda^2 f^2(s)\,\mathrm{d}s\right]
\end{aligned}
$$

从而：

$$
\mathbb{E}\left[\mathrm{e}^{\lambda I(t)}\right] = \mathbb{E}[Y(t)] = h(t) = \exp\left[\frac{1}{2}\lambda^2\int_0^t f^2(s)\,\mathrm{d}s\right]
$$

从中不难看出，$\mathbb{E}\left[\mathrm{e}^{\lambda I(t)}\right]$ 是随机变量 $I(t)$ 的矩母函数，对上式与第一章例 1.9 中计算得到的正态分布矩母函数进行对比，不难发现：

$$
I(t) \sim \mathcal{N}\left(0, \int_0^t f^2(s)\,\mathrm{d}s\right)
$$

本章习题

1. 假设 $W(t)$ 是标准布朗运动。

$$
Z_1 = \int_0^1 \mathbf{1}_{\{W(t)=0\}}\,\mathrm{d}W(t), \qquad Z_2 = \int_0^1 \mathbf{1}_{\{W(t)\geqslant 0\}}\,\mathrm{d}W(t)
$$

求 Z_1 和 Z_2 的期望和方差。

2. 假设 $W(t)$ 是标准布朗运动，并且

$$
Y(t) = \int_0^t \mathrm{e}^s\,\mathrm{d}W(s), \qquad Z(t) = \int_0^t Y(s)\,\mathrm{d}W(s)
$$

求 $\mathbb{E}Z(t)$，$\mathbb{E}[Z^2(t)]$ 和 $\mathbb{E}[Z(t)Z(s)]$。

3. 已知 $X(t)=\int_0^t W(s)\,\mathrm{d}s$，其中 $W(t)$ 是标准布朗运动。求：
   (a) $\mathrm{Cov}[X(t), W(t)]$；
   (b) $\mathrm{Var}[X(t)]$；
   (c) $X(t)$ 与 $W(t)$ 的相关系数 $\mathrm{Corr}[X(t), W(t)]$。

4. 随机过程 $X(t)$ 定义如下：

$$X(t) = \int_0^t \exp\left[\alpha(t-u)\right] \mathrm{d}W(u)$$

其中，$W(t)$ 是标准布朗运动，$t \geqslant 0$。
证明：

$$\mathrm{Cov}[X(s), X(t)] = \frac{\exp\left[\alpha(s+t)\right] - \exp\left(\alpha|s-t|\right)}{2\alpha}, \quad s, t \geqslant 0$$

5. 假设 $W(t)$ 是标准布朗运动，令 $X(t) = \int_0^t W(s)\,\mathrm{d}s$，其中 $t \geqslant 0$。
证明：当 $s \leqslant t$ 时，

$$\mathrm{Cov}[X(s), X(t)] = s^2\left(\frac{t}{2} - \frac{s}{6}\right)$$

6. 已知 $W(t)$ 是标准布朗运动，令：

$$X(t) = \int_0^t W(u)\,\mathrm{d}u, \qquad X(s) = \int_0^s W(v)\,\mathrm{d}v$$

证明：

$$\mathrm{Cov}[X(s), X(t)] = \frac{1}{3}(s^3 \wedge t^3) + \frac{1}{2}|t-s|(s^2 \wedge t^2)$$

7. 假设 $X(t)$ 是伊藤过程，并且取值严格为正。
(a) 定义 $Y(t) = \ln X(t)$，证明：

$$\mathrm{d}Y = \frac{\mathrm{d}X}{X} - \frac{1}{2}\left(\frac{\mathrm{d}X}{X}\right)^2$$

(b) 定义 $Y(t) = X(t)^{-\lambda}$，其中 λ 是常数，证明：

$$\frac{\mathrm{d}Y}{Y} = -\lambda\frac{\mathrm{d}X}{X} + \frac{\lambda(1+\lambda)}{2}\left(\frac{\mathrm{d}X}{X}\right)^2$$

8. 假设 $X_1(t)$ 和 $X_2(t)$ 均是取值严格为正的伊藤过程。
(a) 定义 $Y(t) = X_1(t)X_2(t)$，证明：

$$\frac{\mathrm{d}Y}{Y} = \frac{\mathrm{d}X_1}{X_1} + \frac{\mathrm{d}X_2}{X_2} + \left(\frac{\mathrm{d}X_1}{X_1}\right)\left(\frac{\mathrm{d}X_2}{X_2}\right)$$

(b) 定义 $Y(t) = X_1(t)/X_2(t)$，证明：

$$\frac{\mathrm{d}Y}{Y} = \frac{\mathrm{d}X_1}{X_1} - \frac{\mathrm{d}X_2}{X_2} - \left(\frac{\mathrm{d}X_1}{X_1}\right)\left(\frac{\mathrm{d}X_2}{X_2}\right) + \left(\frac{\mathrm{d}X_2}{X_2}\right)^2$$

9. 已知 $X(t)$ 对应的随机微分方程如下：

$$\mathrm{d}X(t) = -\frac{1}{2}\theta^2(t)\,\mathrm{d}t - \theta(t)\,\mathrm{d}W(t)$$

其中，$W(t)$ 是标准布朗运动。
求 $Z(t) = \exp[X(t)]$ 的随机微分方程。

10. 已知 $X(t)$ 是一个 O-U 过程，其对应的随机微分方程如下：

$$\mathrm{d}X(t) = -\kappa X(t)\,\mathrm{d}t + \sigma\,\mathrm{d}W(t)$$

其中，$W(t)$ 是标准布朗运动。
假设 $Y(t) = X^2(t)$，求 $Y(t)$ 的随机微分方程。

11. 若 $\mathrm{d}X(t) = \mu X(t)\,\mathrm{d}t + \sigma X(t)\,\mathrm{d}W(t)$。求：
(a) $X^k(t)$ 的随机微分方程；
(b) $X^{-1}(t)$ 的随机微分方程。

12. 假设短期利率 $r(t)$ 的随机微分方程［瓦西切克（Vasicek）模型］如下：

$$\mathrm{d}r(t) = a[b - r(t)]\,\mathrm{d}t + \sigma\,\mathrm{d}W(t), \qquad a, b > 0$$

求 $\mathrm{e}^{at}r(t)$ 的随机微分方程。

13. 已知 $S(t)$ 服从几何布朗运动，其随机微分方程的形式如下：

$$\mathrm{d}S(t) = \mu(t)S(t)\,\mathrm{d}t + \sigma(t)S(t)\,\mathrm{d}W(t)$$

证明 $Y(t) = S^n(t)$ 的随机微分方程为：

$$\frac{\mathrm{d}Y(t)}{Y(t)} = n\left[\mu(t) + \frac{1}{2}(n-1)\sigma^2(t)\right]\mathrm{d}t + n\sigma(t)\,\mathrm{d}W(t)$$

14. 已知 $X(t)$ 服从几何均值回复过程（geometric mean-reverting process），其随机微分方程如下：

$$\mathrm{d}X(t) = \kappa[\theta - \ln X(t)]X(t)\,\mathrm{d}t + \sigma X(t)\,\mathrm{d}W(t)$$

求 $Y(t) = \ln X(t)$ 的随机微分方程。

15. 已知 $S(t)$ 服从恒定的方差弹性（constant elasticity of variance, CEV）模型，其随机微分方程如下：

$$\mathrm{d}S(t) = rS(t)\,\mathrm{d}t + \sigma[S(t), t]S(t)\,\mathrm{d}W(t)$$

其中，r 是常数，$\alpha > 0$，$0 < \beta < 1$，$\sigma[S(t), t] = \alpha S^{\beta-1}(t)$。求：
(a) $\sigma[S(t), t]$ 的随机微分方程；
(b) $X(t) = \mathrm{e}^{-rt}S(t)$ 的随机微分方程。

16. 已知 $Z(t)$ 的表达式如下：

$$Z(t) = (1-t)\int_0^t \frac{1}{1-s}\,\mathrm{d}W(s)$$

其中 $W(t)$ 是标准布朗运动。求 $Z(t)$ 的随机微分方程。

17. 利用伊藤积分的相关知识，证明：
(a) $\displaystyle\int_0^t s\,\mathrm{d}W(s) = tW(t) - \int_0^t W(s)\,\mathrm{d}s$；

(b) $\int_0^t \left[W^2(s) - s\right] \mathrm{d}W(s) = \frac{1}{3}W^3(t) - tW(t)$;

(c) $\int_0^t \exp\left[-\frac{s}{2} + W(s)\right] \mathrm{d}W(s) = \exp\left[-\frac{t}{2} + W(t)\right] - 1$;

(d) $\int_0^t \sin W(s)\,\mathrm{d}W(s) = 1 - \cos W(t) - \frac{1}{2}\int_0^t \cos W(s)\,\mathrm{d}s$;

(e) $\int_0^t \cos W(s)\,\mathrm{d}W(s) = \sin W(t) + \frac{1}{2}\int_0^t \sin W(s)\,\mathrm{d}s$。

18. 假设 $W(t)$ 是标准布朗运动，定义

$$\beta_k(t) = \mathbb{E}\big[W^k(t)\big], \qquad k = 0, 1, \ldots$$

证明下式成立：

$$\beta_k(t) = \frac{1}{2}k(k-1)\int_0^t \beta_{k-2}(s)\,\mathrm{d}s, \qquad k \geqslant 2$$

并由此推导出 $\mathbb{E}[W^4(t)]$ 的值。

19. 假设 $W(t)$ 是标准布朗运动，并且与之有关的随机微分方程如下：

$$\mathrm{d}f(t) = (r + \sigma_1\sigma_2)f(t)\,\mathrm{d}t + \sigma_1 f(t)\,\mathrm{d}W(t)$$
$$\mathrm{d}g(t) = (r + \sigma_2^2)g(t)\,\mathrm{d}t + \sigma_2 g(t)\,\mathrm{d}W(t)$$

证明：

$$\mathrm{d}\left[\frac{f(t)}{g(t)}\right] = (\sigma_1 - \sigma_2)\frac{f(t)}{g(t)}\,\mathrm{d}W(t)$$

20. 已知 $W(t)$ 是标准布朗运动，并且

$$X = \int_0^T W(t)\,\mathrm{d}t, \qquad Y = \int_0^T t\,\mathrm{d}W(t)$$

证明：$\mathrm{Corr}(X, Y) = \frac{1}{2}$。

21. 已知 $W(t)$ 是标准布朗运动，并且

$$\mathrm{d}S(t) = \alpha S(t)\,\mathrm{d}t + \sigma S(t)\,\mathrm{d}W(t), \qquad \mathcal{E}(t) = \exp\left[-\theta W(t) - \left(r + \frac{1}{2}\theta^2\right)t\right]$$

其中：α, r, σ 均为常数，并且 $\theta = \frac{\alpha - r}{\sigma}$。

证明：

(a) $\mathrm{d}\mathcal{E}(t) = -r\mathcal{E}(t)\,\mathrm{d}t - \theta\mathcal{E}(t)\,\mathrm{d}W(t)$

(b) $\mathcal{E}(t)X(t)$ 是一个鞅。其中：

$$\mathrm{d}X(t) = rX(t)\,\mathrm{d}t + \Delta(t)(\alpha - r)S(t)\,\mathrm{d}t + \Delta(t)S(t)\sigma\,\mathrm{d}W(t)$$

22. 已知：$W(t)$ 是标准布朗运动。

(a) 记 $X(t)=\int_t^{5t}|W(u)|\,\mathrm{d}W(u)$，求 $\mathbb{E}[X(t)]$ 和 $\mathrm{Var}[X(t)]$。

(b) 求 $\mathbb{E}\left[\left(\int_0^T\int_0^t W^2(s)\,\mathrm{d}W(s)\,\mathrm{d}W(t)\right)^2\right]$。（提示：$\mathbb{E}[W^4(s)]=3s^2$。）

23. 假定对任意 t，随机变量 $\pi(t)$ 均满足 $0<\pi(t)<1$，并且

$$\mathrm{d}\pi(t)=\pi(t)[1-\pi(t)]\,\mathrm{d}W(t)$$

其中，$W(t)$ 是标准布朗运动。求 $X(t)=\dfrac{\pi(t)}{1-\pi(t)}$ 的随机微分方程。

24. 假设 $W(t)$ 和 $\widetilde{W}(t)$ 均是标准布朗运动，并且两者的相关系数为常数 ρ，求：

$$\mathbb{E}\left[\int_0^{2T}t^2\,\mathrm{d}W(t)\cdot\int_T^{3T}W^2(t)\,\mathrm{d}\widetilde{W}(t)\right]$$

25. 已知 $W(t)$ 是标准布朗运动，并且

$$\mathrm{d}X(t)=X(t)[r\,\mathrm{d}t+\sigma\,\mathrm{d}W(t)]$$
$$\mathrm{d}Y(t)=Y(t)[\mu\,\mathrm{d}t+\theta\,\mathrm{d}W(t)]$$

求 $Z(t)=\dfrac{X(t)}{Y(t)}$ 的随机微分方程。

26. 已知 $W(t)$ 是标准布朗运动，并且

$$X(t)=\int_0^{4t}W(s)\,\mathrm{d}W(s),\qquad Y(t)=\int_{2t}^{6t}\mathrm{e}^{W(s)}\,\mathrm{d}W(s)$$

求 $\mathbb{E}[X(t)Y(t)]$。（提示：使用正态分布的矩母函数进行计算。）

27. 已知 $W(t)$ 是标准布朗运动，并且

$$X(t)=\int_0^t[W(s)-2s]^2\,\mathrm{d}W(s)$$

求 $\mathrm{Var}[X(t)]$。

28. 已知 $W(t)$ 是标准布朗运动，并且

$$X(t)=\mathrm{e}^{t/2}\cos[W(t)]$$

证明：$X(t)$ 是鞅。

29. 已知 $W(t)$ 是标准布朗运动，并且定义

$$\tau=\min\{t:W(t)=2\text{ 或 }W(t)=-3\}$$

求 $\mathrm{Cov}[\tau,W(\tau)]$。（提示：从 $W^3(t)$ 的随机微分方程入手。）

第五章　随机微分方程概论

前面几章已经介绍了布朗运动、鞅理论以及伊藤积分的相关知识。本章将初步探讨随机微分方程（SDE）求解的问题。通过对 SDE 的求解，可以更深刻地认识随机过程的演化规律。随机微分方程是微分方程的扩展。一般微分方程的对象为可导函数，并以其建立等式。然而，随机过程函数本身的导数不可定义，所以通常求解微分方程的概念不适用于随机微分方程。随机微分方程多用于对一些多样化现象进行建模，比如不停变动的股票价格、部分物理现象如热扰动等。

随机微分方程的概念最早以布朗运动的形式，由阿尔伯特・爱因斯坦在《热的分子运动论所要求的静液体中悬浮粒子的运动》一文中提出。这项研究随后由保罗・朗之万（Paul Langevin）继续。此后，伊藤清和斯特拉托诺维奇则完善了随机微分方程的数学基础，使得这一领域更加科学、严谨。

由于 SDE 的相关理论是一个非常前沿的学科方向，本章只简要介绍几种具有代表性的 SDE 求解方法，并通过金融中的实际问题加以阐述。

知识讲解

随机微分方程简介

第一节　引　言

前面的章节提到了几何布朗运动，其对应的方程如下：

$$\mathrm{d}S(t) = \mu S(t)\,\mathrm{d}t + \sigma S(t)\,\mathrm{d}W(t) \tag{5.1}$$

在该方程中，$S(t)$ 是随机过程；μ 和 σ 均是常数；$W(t)$ 是标准布朗运动。在金融领域，该方程可以用来刻画股票等金融资产的价格演化，其中公式右侧的第一项可以看作股价走势的趋势项，反映了股价 $S(t)$ 以比率 μ 随时间的变化；第二项则是方程的随机项，反映了股价 $S(t)$ 以比率 σ 受到随机扰动的影响。这种既包含了随机项 [$\mathrm{d}W(t)$]，也包含了微分项（ $\mathrm{d}t$）的方程就是随机微分方程。需要注意的是，上面的 SDE 有无穷多个可能的解，为了对解加以限定，还需要加入初值条件（initial value condition），比如，$S(0) = S_0$。

对于普通的微分方程而言，不存在此处的随机项，在考虑初值条件的情况下，下式就是一个微分方程：

$$\begin{cases} \mathrm{d}S(t) = \mu S(t)\,\mathrm{d}t \\ S(0) = S \end{cases} \tag{5.2}$$

对于这样的常系数微分方程，可以非常简单地运用微积分的相关知识得到它的解，基本思路如下：

(1) 采用分离变量法（separation of variables），将公式右侧的 $S(t)$ 提到左侧，即：

$$\frac{\mathrm{d}S(t)}{S(t)} = \mu\,\mathrm{d}t$$

(2) 对公式两侧取积分，可得：

$$\int_0^t \frac{\mathrm{d}S(u)}{S(u)} = \int_0^t \mu\,\mathrm{d}u \quad \Longrightarrow \quad \ln S(t) - \ln S(0) = \mu t$$

(3) 将初值条件代入，最终可得：

$$S(t) = S(0)\mathrm{e}^{\mu t} = S \cdot \mathrm{e}^{\mu t}$$

如上所述，对常系数微分方程的求解最终得到的结果通常是一个函数。如果将随机项 $\mathrm{d}W(t)$ 纳入微分方程中，便可以构造出 SDE。在前面几章中，我们不断提到，布朗运动 $W(t)$ 是处处连续且处处不可微的，这一特征造成了我们不能采用通常求解微分方程的相关方法对 SDE 进行分析和求解，比如：

$$\frac{\mathrm{d}S(t)}{S(t)} = \mu\,\mathrm{d}t \quad \Rightarrow \quad \mathrm{d}\ln[S(t)] = \mu\,\mathrm{d}t$$

$$\frac{\mathrm{d}S(t)}{S(t)} = \mu\,\mathrm{d}t + \sigma\,\mathrm{d}W(t) \quad \nRightarrow \quad \mathrm{d}\ln[S(t)] = \mu\,\mathrm{d}t + \sigma\,\mathrm{d}W(t)$$

为何上式不成立？原因在于布朗运动 $W(t)$ 的二次变差不为零，需要使用伊藤公式进行求解。假设 $f(x) = \ln(x)$，于是有：

$$\begin{aligned} \mathrm{d}f[S(t)] &= f_t\,\mathrm{d}t + f_S\,\mathrm{d}S + \frac{1}{2}f_{SS}(\mathrm{d}S)^2 \\ &= 0 + \frac{1}{S}(\mu S\,\mathrm{d}t + \sigma S\,\mathrm{d}W) + \frac{1}{2}\left(-\frac{1}{S^2}\right)\sigma^2 S^2\,\mathrm{d}t \\ &= \mu\,\mathrm{d}t + \sigma\,\mathrm{d}W - \frac{1}{2}\sigma^2\,\mathrm{d}t \end{aligned} \tag{5.3}$$

因此：

$$\mathrm{d}\ln S(t) = \left(\mu - \frac{1}{2}\sigma^2\right)\mathrm{d}t + \sigma\,\mathrm{d}W(t) \tag{5.4}$$

在此基础上，采用与微分方程中的分离变量方法类似的方法。接下来对上式两端取积分，可得：

$$\begin{aligned}\int_0^t \mathrm{d}\ln S(u) &= \int_0^t \left(\mu - \frac{1}{2}\sigma^2\right) \mathrm{d}u + \int_0^t \sigma\, \mathrm{d}W(u)\\ \ln S(t) - \ln S(0) &= \left(\mu - \frac{1}{2}\sigma^2\right) t + \sigma[W(t) - W(0)]\\ \ln S(t) &= \ln S_0 + \left(\mu - \frac{1}{2}\sigma^2\right) t + \sigma W(t) \qquad (5.5)\end{aligned}$$

最终得到：

$$S(t) = S_0 \cdot \exp\left[\left(\mu - \frac{1}{2}\sigma^2\right) t + \sigma W(t)\right] \tag{5.6}$$

上式便是式 (5.1) 在初值条件 $S(0) = S_0$ 下 SDE 的解。从结果不难看出，由于包含了 $W(t)$ 项，该方程的解仍然是一个随机过程。可以据此得到 $S(t)$ 的期望和方差取值，以及对应的概率分布信息。

根据式 (5.5) 可得：

$$\ln S(t) \sim \mathcal{N}\left[\ln S_0 + \left(\mu - \frac{1}{2}\sigma^2\right) t, \sigma^2 t\right]$$

因此，$\ln S(t)$ 服从正态分布。对应的 $S(t)$ 则服从对数正态分布（log-normal distribution）。图 5.1 展示了对数正态分布的概率密度函数。

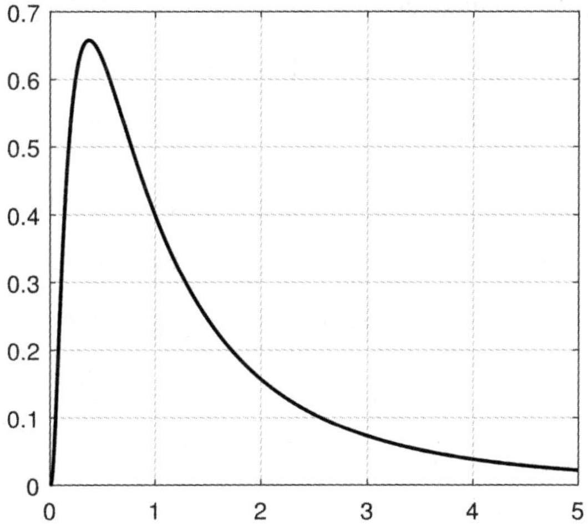

图 5.1 对数正态分布的概率密度函数图

根据本章附录，相应地 $S(t)$ 的期望和方差分别如下：

$$\begin{aligned}\mathbb{E}[S(t)] &= \exp\left(\ln S_0 + \mu t\right) = S_0 \cdot \mathrm{e}^{\mu t}\\ \mathrm{Var}[S(t)] &= \exp\left(2\ln S_0 + 2\mu t\right)\left[\exp(\sigma^2 t) - 1\right] = S_0^2 \mathrm{e}^{2\mu t} \cdot \left(\mathrm{e}^{\sigma^2 t} - 1\right)\end{aligned}$$

限于篇幅及研究的主题，本章只涉及线性随机微分方程的求解问题。

第二节　线性随机微分方程的分类

一维线性 SDE 的基本形式如下：

$$\mathrm{d}X(t) = \alpha\big[t, X(t)\big]\,\mathrm{d}t + \beta\big[t, X(t)\big]\,\mathrm{d}W(t) \tag{5.7}$$

其中，$\alpha\big[t, X(t)\big] = a_1(t)X(t) + a_2(t)$，$\beta\big[t, X(t)\big] = b_1(t)X(t) + b_2(t)$。$\alpha\big[t, X(t)\big]$ 称作漂移项（drift term）；$\beta\big[t, X(t)\big]$ 称作扩散项（diffusion term）。另外 SDE 还有一个相应的初值条件，比如，$X(0) = X_0$。

知识讲解

线性随机微分方程的分类

线性 SDE 根据系数的取值不同，又可以分为以下几类：

(1) 若所有的系数（a_1, a_2, b_1, b_2）均是常数，则称为自治（autonomous）线性 SDE，即系数不是时变的；

(2) 若 $a_2 = b_2 = 0$，则称为齐次线性 SDE；

(3) 若 $b_1 = 0$，则线性 SDE 具有加性噪声（additive noise）；

(4) 若 $b_2 = 0$，则线性 SDE 具有乘性噪声（multiplicative noise）。

接下来仅列举部分在金融中经常用到的 SDE 方程，关于其中部分方程的求解问题，将在后面简要介绍。

例 5.1　几何布朗运动。股票价格 $S(t)$ 服从如下几何布朗运动：

$$\mathrm{d}S(t) = \mu S(t)\,\mathrm{d}t + \sigma S(t)\,\mathrm{d}W(t)$$

其中，μ 和 σ 均是常数，将上式与式 (5.7) 进行比对，可以看出：

$$a_1 = \mu, \quad a_2 = 0, \quad b_1 = \sigma, \quad b_2 = 0$$

因此，用来刻画股价变动的几何布朗运动属于自治线性 SDE，并且具有乘性噪声。

例 5.2　瓦西切克[1]模型。刻画利率 $r(t)$ 变动的瓦西切克模型如下：

$$\mathrm{d}r(t) = \big[\alpha - \beta r(t)\big]\,\mathrm{d}t + \sigma\,\mathrm{d}W(t)$$

其中，α, β, σ 均是大于零的常数，将上式与式 (5.7) 进行比对可以看出：

$$a_1 = -\beta, \quad a_2 = \alpha, \quad b_1 = 0, \quad b_2 = \sigma$$

因此，用来刻画短期利率变动的瓦西切克模型属于自治线性 SDE，并且具有加性噪声。需要说明的是，该模型来自 O-U 过程，并且该过程具有均值回复的特征。

[1] 瓦西切克（Oldrich Vasicek）是捷克的数学家和量化分析师，因利率建模方面的开创性工作而闻名。他于 1964 年在捷克技术大学获得数学硕士学位，并在四年后获得了查尔斯大学概率论博士学位。后来前往美国旧金山，并于 1969 年 1 月加盟富国银行（Wells Fargo Bank）。1989 年，瓦西切克与斯蒂芬·基霍夫（Stephen Kealhofer）和约翰·麦昆（John McQuown）创立了 KMV 公司。他们所开发的 KMV 模型成为信用风险管理领域的经典模型。

例 5.3 赫尔–怀特（Hull-White）模型[①]。刻画利率 $r(t)$ 变动的赫尔–怀特模型如下：

$$\mathrm{d}r(t) = \big[\alpha(t) - \beta(t)r(t)\big]\,\mathrm{d}t + \sigma(t)\,\mathrm{d}W(t)$$

其中，$\alpha(t)$, $\beta(t)$, $\sigma(t)$ 均是取值大于零的函数，将上式与式 (5.7) 进行比对可以看出：

$$a_1 = -\beta(t), \quad a_2 = \alpha(t), \quad b_1 = 0, \quad b_2 = \sigma(t)$$

因此，赫尔–怀特模型属于具有加性噪声的线性 SDE。对比瓦西切克模型，此处的模型仍然具有均值回复的特征，只是相应的系数均是时变的。

例 5.4 CIR 模型[②]。刻画利率 $r(t)$ 变动的 CIR 模型如下：

$$\mathrm{d}r(t) = \big[\alpha - \beta r(t)\big]\,\mathrm{d}t + \sigma\sqrt{r(t)}\,\mathrm{d}W(t)$$

其中，α, β, σ 均是大于零的常数。与前面的瓦西切克模型相比，CIR 模型的随机项当中增加了 $\sqrt{r(t)}$。将上式与式 (5.7) 进行比对可以看出，该模型无法被归入任何一个线性 SDE 类别中。正因为该模型中包含 $\sqrt{r(t)}$ 项，该模型也被称作平方根过程（square-root process）。

例 5.5 HJM 模型[③]。刻画瞬时远期利率 $f(t,T)$ 演化的多因子 HJM 模型如下：

$$\mathrm{d}f(t,T) = \alpha(t,T)\,\mathrm{d}t + \sum_{i=1}^{n}\sigma_i(t,T)\,\mathrm{d}W_i(t)$$

将上式与式 (5.7) 进行比对可以看出，此模型的 $a_1 = b_1 = 0$，并且由于模型中包含了 n 个布朗运动 $W_i(t)$, $i = 1, 2, \ldots, n$，因此这是一个多维线性 SDE。

第三节　线性随机微分方程的求解

前面列举了部分在金融理论研究中经常提及的 SDE。与常微分方程类似，SDE 的求解也有很多种不同的方法。然而，SDE 往往难以显式地得到相应的解 $X(t)$，也就是说，在通常情况下往往等式的两端均存在 $X(t)$ 项（类似于微积分中提到的隐函数）。幸运的是，对于一维线性 SDE 来说，是可以得到其显式解（explicit solution）的。

本节将对其中具有代表性的线性 SDE 加以求解。

[①] 该模型由约翰·赫尔（John Hull）与阿兰·怀特（Alan White）提出，故名赫尔–怀特模型。

[②] 该模型由约翰·考克斯（John Cox）、小乔纳森·英格索尔（Jonathan Ingersoll Jr.）和斯蒂芬·罗斯（Stephen Ross）三人提出，故名 CIR 模型。

[③] 该模型框架由大卫·赫斯（David Heath）、罗伯特·加罗（Robert Jarrow）和安德鲁·莫顿（Andrew Morton）三人提出，故名 HJM 模型。

一、齐次标量线性 SDE 的求解

定义 5.1

形如下式的 SDE：

$$\mathrm{d}X(t) = \Big[a(t)X(t) + b(t)\Big]\,\mathrm{d}t + \sum_{k=1}^{m}\Big[c_k(t)X(t) + d_k(t)\Big]\,\mathrm{d}W_k(t)$$

其中的 $a(\cdot)$，$b(\cdot)$，$c_k(\cdot)$，$d_k(\cdot)$ 均是连续有界的标量（scalar）函数，称作标量线性 SDE（scalar linear SDE）。若 $b(\cdot) = d_k(\cdot) \equiv 0$，则称这样的方程为齐次标量线性 SDE（homogeneous scalar linear SDE）。

在本章开始时，我们已经通过一个例子介绍了几何布朗运动的求解问题。该模型相当于齐次标量线性 SDE，并且其中的 $a(\cdot)$ 和 $b(\cdot)$ 均是常数，其 SDE 方程和解的形式分别如下：

$$\mathrm{d}S(t) = \mu S(t)\,\mathrm{d}t + \sigma S(t)\,\mathrm{d}W(t), \qquad S(0) = S_0$$

$$S(t) = S_0 \cdot \exp\left[\left(\mu - \frac{1}{2}\sigma^2\right)t + \sigma W(t)\right]$$

求解的基本思路如下：

(1) 使用分离变量法，将 SDE 右侧的 $S(t)$ 项全部移到等式的左侧；

(2) 使用伊藤引理，得到 $\mathrm{d}\ln S(t)$ 的 SDE；

(3) 对 SDE 两端取积分，进而得到 $\ln S(t)$ 的表达式；

(4) 对 $\ln S(t)$ 取指数 e，最终得到 $S(t)$ 的解。

这里所采用的方法类似于常微分方程求解中通常采用的分离变量法。

知识讲解

有代表性的线性随机微分方程求解 1

$$\mathbb{E}[S(t)] = S_0 \cdot \mathrm{e}^{\mu t}$$

$$\mathrm{Var}[S(t)] = S_0^2 \cdot \mathrm{e}^{2\mu t} \cdot \left(\mathrm{e}^{\sigma^2 t} - 1\right)$$

期望和方差的结果分别如下：

求解思路如下：

(1) 由 $S(t)$ 的形式，得到 $S(t)$ 的概率分布；

(2) 基于 $S(t)$ 的概率分布，依次计算出相对应的期望、二阶矩和方差。

在此基础上，可以利用类似的方法来求解齐次标量线性 SDE。

定理 5.1

假设关于随机过程 $S(t)$ 的齐次标量线性 SDE 如下：

$$\mathrm{d}S(t) = \mu(t)S(t)\,\mathrm{d}t + \sigma(t)S(t)\,\mathrm{d}W(t) \tag{5.8}$$

其中，$\mu(t)$ 和 $\sigma(t)$ 均是时间 t 的连续有界函数，并且在当前时刻，$S(0) = S_0$。则该 SDE 的显式解为：

$$S(t) = S_0 \exp\left\{\int_0^t \left[\mu(u) - \frac{1}{2}\sigma^2(u)\right]\,\mathrm{d}u + \int_0^t \sigma(u)\,\mathrm{d}W(u)\right\} \tag{5.9}$$

证明：注意到，齐次标量线性 SDE 两端均有 $S(t)$ 项，因此令 $X(t) = \ln S(t)$，根据伊藤引理可得：

$$\begin{aligned}
\mathrm{d}X(t) &= X_t\,\mathrm{d}t + X_S\,\mathrm{d}S + \frac{1}{2}X_{SS}(\,\mathrm{d}S)^2 \\
&= 0 + \frac{1}{S(t)}\left[\mu(t)S(t)\,\mathrm{d}t + \sigma(t)S(t)\,\mathrm{d}W(t)\right] + \frac{1}{2}\left[-\frac{1}{S^2(t)}\right]\sigma^2(t)S^2(t)\,\mathrm{d}t \\
&= \left[\mu(t) - \frac{1}{2}\sigma^2(t)\right]\,\mathrm{d}t + \sigma(t)\,\mathrm{d}W(t)
\end{aligned}$$

对上式两端取积分，可得：

$$\begin{aligned}
X(t) - X(0) &= \int_0^t \left[\mu(u) - \frac{1}{2}\sigma^2(u)\right]\,\mathrm{d}u + \int_0^t \sigma(u)\,\mathrm{d}W(u) \\
\ln S(t) - \ln S(0) &= \int_0^t \left[\mu(u) - \frac{1}{2}\sigma^2(u)\right]\,\mathrm{d}u + \int_0^t \sigma(u)\,\mathrm{d}W(u) \\
S(t) &= S_0 \exp\left\{\int_0^t \left[\mu(u) - \frac{1}{2}\sigma^2(u)\right]\,\mathrm{d}u + \int_0^t \sigma(u)\,\mathrm{d}W(u)\right\}
\end{aligned}$$

另外，由于 $\ln S(t)$ 服从正态分布，相应地 $S(t)$ 服从对数正态分布，并且其期望和方差分别为：

$$\begin{aligned}
\mathbb{E}[S(t)] &= S_0 \cdot \exp\left[\int_0^t \mu(u)\,\mathrm{d}u\right] \\
\mathrm{Var}[S(t)] &= S_0^2 \cdot \exp\left[2\int_0^t \mu(u)\,\mathrm{d}u\right] \cdot \left\{\exp\left[\int_0^t \sigma^2(u)\,\mathrm{d}u\right] - 1\right\}
\end{aligned}$$

二、狭义线性 SDE 的求解

定义 5.2

形如下式的 SDE：

$$\mathrm{d}X(t) = \Big[a(t)X(t) + b(t)\Big]\,\mathrm{d}t + \sum_{k=1}^{m} d_k(t)\,\mathrm{d}W_k(t)$$

称作狭义线性 SDE（linear SDE in the narrow sense）。其中的 $a(\cdot)$，$b(\cdot)$，$d_k(\cdot)$ 均是连续有界的标量函数。若 $b(\cdot) = d_k(\cdot) \equiv 0$，则这样的齐次方程就是普通的微分方程。

与前面提及的齐次标量线性 SDE 不同，此处方程的随机项不含 $X(t)$，因此不能简单地采用分离变量法进行求解。前面所提及的瓦西切克模型可看作狭义线性 SDE 的特殊形式。关于此类 SDE 的求解方法，我们从瓦西切克模型开始探索。

例 5.6 瓦西切克模型。已知 $r(0) = r_0$，求解以下 SDE：

$$\mathrm{d}r(t) = \big[\alpha - \beta r(t)\big]\,\mathrm{d}t + \sigma\,\mathrm{d}W(t)$$

解答： 与前面的几何布朗运动不同，瓦西切克模型在随机项当中并无 $r(t)$ 项，因此无法参照前面的例子使用分离变量法求解。解决问题的思路是：通过构造函数的方式，将等式右侧的 $r(t)$ 项消去，进而实现 SDE 的求解。

假设 $X(t) = \mathrm{e}^{\beta t} r(t)$，根据伊藤乘法法则可得：

$$\begin{aligned}
\mathrm{d}\left[\mathrm{e}^{\beta t} r(t)\right] &= \mathrm{e}^{\beta t}\,\mathrm{d}r(t) + r(t)\,\mathrm{d}\mathrm{e}^{\beta t} \\
&= \mathrm{e}^{\beta t}\Big\{\big[\alpha - \beta r(t)\big]\,\mathrm{d}t + \sigma\,\mathrm{d}W(t)\Big\} + r(t)\mathrm{e}^{\beta t}\beta\,\mathrm{d}t \\
&= \alpha \mathrm{e}^{\beta t}\,\mathrm{d}t + \sigma \mathrm{e}^{\beta t}\,\mathrm{d}W(t)
\end{aligned}$$

经过这样的变换后，等式右侧不再有 $r(t)$ 的相关项。对上式两端取积分，最终可得：

$$\mathrm{e}^{\beta t} r(t) - r_0 = \alpha \int_0^t \mathrm{e}^{\beta u}\,\mathrm{d}u + \sigma \int_0^t \mathrm{e}^{\beta u}\,\mathrm{d}W(u)$$

$$\mathrm{e}^{\beta t} r(t) = r_0 + \frac{\alpha}{\beta}\left(\mathrm{e}^{\beta t} - 1\right) + \sigma \int_0^t \mathrm{e}^{\beta u}\,\mathrm{d}W(u)$$

$$r(t) = \mathrm{e}^{-\beta t}\left[r_0 + \frac{\alpha}{\beta}\left(\mathrm{e}^{\beta t} - 1\right) + \sigma \int_0^t \mathrm{e}^{\beta u}\,\mathrm{d}W(u)\right]$$

因此：

$$r(t) = \mathrm{e}^{-\beta t} r_0 + \frac{\alpha}{\beta}\left(1 - \mathrm{e}^{-\beta t}\right) + \mathrm{e}^{-\beta t}\sigma \int_0^t \mathrm{e}^{\beta u}\,\mathrm{d}W(u)$$

根据 $r(t)$ 的表达式，结合伊藤积分的期望为零的性质，可得：

$$\mathbb{E}[r(t)] = \mathrm{e}^{-\beta t} r_0 + \frac{\alpha}{\beta}\left(1 - \mathrm{e}^{-\beta t}\right)$$

根据伊藤等距，可得：

$$\mathrm{Var}[r(t)] = \left(\mathrm{e}^{-\beta t}\sigma\right)^2 \cdot \int_0^t \mathrm{e}^{2\beta u}\,\mathrm{d}u = \frac{\sigma^2}{2\beta}\left(1 - \mathrm{e}^{-2\beta t}\right)$$

因此：

$$r(t) \sim \mathcal{N}\left[\mathrm{e}^{-\beta t} r_0 + \frac{\alpha}{\beta}\left(1 - \mathrm{e}^{-\beta t}\right), \frac{\sigma^2}{2\beta}\left(1 - \mathrm{e}^{-2\beta t}\right)\right]$$

前面的内容中提到了瓦西切克模型具有均值回复特征。从 $r(t)$ 的期望随时间的演化中不难看出这一特征：当 $t \to \infty$ 时，$\mathbb{E}[r(t)] \to \alpha/\beta$。同时也注意到，由于 $r(t)$ 服从的是正态分布，因而其取值有可能为负，但负利率现象在真实的金融市场中是非常罕见的，这也是瓦西切克模型的不足之处。

除了采用求解 SDE 的方法对瓦西切克模型中 $r(t)$ 的期望和方差进行求解外，我们还可以采用取期望的方法进行相应的计算，具体过程如下：

对 $\mathrm{d}r(t) = [\alpha - \beta r(t)]\,\mathrm{d}t + \sigma\,\mathrm{d}W(t)$ 的两端取期望，可得：

$$\begin{aligned}
\mathbb{E}[\,\mathrm{d}r(t)] &= \mathbb{E}\left\{[\alpha - \beta r(t)]\,\mathrm{d}t\right\} + \sigma\mathbb{E}[\,\mathrm{d}W(t)] \\
\mathrm{d}\mathbb{E}[r(t)] &= \{\alpha - \beta E[r(t)]\}\,\mathrm{d}t
\end{aligned}$$

记 $\mathbb{E}[r(t)] = f(t)$，则上式可表示为：

$$f'(t) = \alpha - \beta f(t)$$

因此：

$$[\mathrm{e}^{\beta t} f(t)]' = \beta\mathrm{e}^{\beta t} f(t) + \mathrm{e}^{\beta t} f'(t) = \mathrm{e}^{\beta t}\alpha$$

对上式的两端取积分，可得：

$$\begin{aligned}
\mathrm{e}^{\beta t} f(t) - f(0) &= \alpha \int_0^t \mathrm{e}^{\beta u}\,\mathrm{d}u \\
\mathrm{e}^{\beta t} f(t) - r(0) &= \alpha \cdot \frac{1}{\beta}\left(\mathrm{e}^{\beta t} - 1\right) \\
\mathbb{E}[r(t)] = f(t) &= r_0\mathrm{e}^{-\beta t} + \frac{\alpha}{\beta}\left(1 - \mathrm{e}^{-\beta t}\right)
\end{aligned}$$

记 $X(t) = r^2(t)$，根据伊藤引理可得：

$$\begin{aligned}
\mathrm{d}X(t) &= 2r(t)\,\mathrm{d}r(t) + [\,\mathrm{d}r(t)]^2 \\
&= 2r(t)[\alpha - \beta r(t)]\,\mathrm{d}t + 2r(t)\sigma\,\mathrm{d}W(t) + \sigma^2\,\mathrm{d}t \\
&= \left[\sigma^2 + 2\alpha r(t) - 2\beta r^2(t)\right]\,\mathrm{d}t + 2\sigma r(t)\,\mathrm{d}W(t)
\end{aligned}$$

对上式两侧同时取期望，可得：

$$\mathrm{d}\mathbb{E}[X(t)] = \left\{\sigma^2 + 2\alpha\mathbb{E}[r(t)] - 2\beta\mathbb{E}[r^2(t)]\right\}\,\mathrm{d}t$$

记 $\mathbb{E}[r^2(t)] = \mathbb{E}[X(t)] = g(t)$，则 $\mathrm{Var}[r(t)] = \mathbb{E}[r^2(t)] - [\mathbb{E}r(t)]^2 = g(t) - f^2(t)$，相应地上式可化简为：

$$\begin{aligned}\mathrm{d}g(t) &= \left[\sigma^2 + 2\alpha f(t) - 2\beta g(t)\right]\,\mathrm{d}t\\ g'(t) &= \sigma^2 + 2\alpha f(t) - 2\beta g(t)\end{aligned}$$

记 $h(t) = \mathrm{Var}[r(t)] = g(t) - f^2(t)$，则有：

$$h'(t) = g'(t) - 2f(t)f'(t)$$

对上式进行整理，可得：

$$\begin{aligned}h'(t) + 2\beta h(t) &= \sigma^2\\ \left[\mathrm{e}^{2\beta t}h(t)\right]' &= \mathrm{e}^{2\beta t}\sigma^2\end{aligned}$$

对等式两侧取积分，可得：

$$\begin{aligned}\mathrm{e}^{2\beta t}h(t) - h(0) &= \int_0^t \mathrm{e}^{2\beta u}\sigma^2\,\mathrm{d}u\\ \mathrm{e}^{2\beta t}h(t) &= \sigma^2\int_0^t \mathrm{e}^{2\beta u}\,\mathrm{d}u\\ h(t) &= \mathrm{e}^{-2\beta t}\sigma^2\frac{1}{2\beta}\left(\mathrm{e}^{2\beta t} - 1\right)\\ \mathrm{Var}[r(t)] &= \frac{\sigma^2}{2\beta}\left(1 - \mathrm{e}^{-2\beta t}\right)\end{aligned}$$

知识讲解

有代表性的线性随机微分方程求解 2

不难看出，此处所得到的结果，与通过求解 SDE 得到的结果完全相同。

定理 5.2

对于如下线性 SDE：

$$\mathrm{d}X(t) = [a(t)X(t) + b(t)]\,\mathrm{d}t + \sigma(t)\,\mathrm{d}W(t) \tag{5.10}$$

其初值条件为 $X(0) = X_0$，相应的显式解为：

$$\begin{aligned}X(t) = X_0\exp\left[\int_0^t a(s)\,\mathrm{d}s\right] &+ \int_0^t \exp\left[\int_s^t a(u)\,\mathrm{d}u\right]b(s)\,\mathrm{d}s\\ &+ \int_0^t \exp\left[\int_s^t a(u)\,\mathrm{d}u\right]\sigma(s)\,\mathrm{d}W(s)\end{aligned} \tag{5.11}$$

证明： 参照前面瓦西切克模型求解的思路，首先构造函数 $\Lambda(t)$，其满足：

$$\Lambda(t)=\exp\left[-\int_0^t a(s)\,\mathrm{d}s\right]$$

相应地，有：

$$\mathrm{d}\Lambda(t)=\exp\left[-\int_0^t a(s)\,\mathrm{d}s\right][-a(t)\,\mathrm{d}t]=-a(t)\Lambda(t)\,\mathrm{d}t$$

因此，根据伊藤乘法法则可得：

$$\begin{aligned}\mathrm{d}[\Lambda(t)X(t)]&=\Lambda(t)\,\mathrm{d}X(t)+X(t)\,\mathrm{d}\Lambda(t)\\&=\Lambda(t)\Big\{[a(t)X(t)+b(t)]\,\mathrm{d}t+\sigma(t)\,\mathrm{d}W(t)\Big\}-X(t)a(t)\Lambda(t)\,\mathrm{d}t\\&=\Lambda(t)[b(t)\,\mathrm{d}t+\sigma(t)\,\mathrm{d}W(t)]\end{aligned}$$

不难看出，通过此次变换，最终 $X(t)$ 项只出现在了等式的左侧。对上式的两侧取积分，可得：

$$\begin{aligned}\Lambda(t)X(t)-\Lambda(0)X(0)&=\int_0^t\Lambda(s)b(s)\,\mathrm{d}s+\int_0^t\Lambda(s)\sigma(s)\,\mathrm{d}W(s)\\\Lambda(t)X(t)&=X(0)+\int_0^t\Lambda(s)b(s)\,\mathrm{d}s+\int_0^t\Lambda(s)\sigma(s)\,\mathrm{d}W(s)\\X(t)&=\frac{1}{\Lambda(t)}\left[X_0+\int_0^t\Lambda(s)b(s)\,\mathrm{d}s+\int_0^t\Lambda(s)\sigma(s)\,\mathrm{d}W(s)\right]\end{aligned}$$

因此：

$$\begin{aligned}X(t)=X_0\exp\left[\int_0^t a(s)\,\mathrm{d}s\right]&+\int_0^t\exp\left[\int_s^t a(u)\,\mathrm{d}u\right]b(s)\,\mathrm{d}s\\&+\int_0^t\exp\left[\int_s^t a(u)\,\mathrm{d}u\right]\sigma(s)\,\mathrm{d}W(s)\end{aligned}$$

例 5.7 赫尔–怀特模型。已知 $r(0)=r_0$，求解以下赫尔–怀特模型 SDE 对应的 $r(t)$ 之显式解，并在此基础上求 $r(t)$ 的期望和方差：

$$\mathrm{d}r(t)=\big[\alpha(t)-\beta(t)r(t)\big]\,\mathrm{d}t+\sigma(t)\,\mathrm{d}W(t)$$

解答： 根据狭义线性 SDE 的显式解形式不难得到：

$$a(t)=-\beta(t),\qquad b(t)=\alpha(t)$$

于是可得：

$$\begin{aligned}r(t)=r_0\exp\left[-\int_0^t\beta(s)\,\mathrm{d}s\right]&+\int_0^t\exp\left[-\int_s^t\beta(u)\,\mathrm{d}u\right]\alpha(s)\,\mathrm{d}s\\&+\int_0^t\exp\left[-\int_s^t\beta(u)\,\mathrm{d}u\right]\sigma(s)\,\mathrm{d}W(s)\end{aligned}$$

因此，根据伊藤积分的性质可知，$r(t)$ 服从正态分布，并且其期望和方差分别为：

$$\begin{aligned}\mathbb{E}[r(t)] &= r_0 \exp\left[-\int_0^t \beta(s)\,\mathrm{d}s\right] + \int_0^t \exp\left[-\int_s^t \beta(u)\,\mathrm{d}u\right] \alpha(s)\,\mathrm{d}s \\ \operatorname{Var}[r(t)] &= \int_0^t \exp\left[-2\int_s^t \beta(u)\,\mathrm{d}u\right] \sigma^2(s)\,\mathrm{d}s\end{aligned}$$

注意到，赫尔–怀特模型中的利率同样可能为负，这一缺陷与瓦西切克模型类似。

例 5.8 CIR 模型。已知 $r(0)=r_0$，求解以下 SDE 对应的 $r(t)$ 之期望和方差：

$$\mathrm{d}r(t) = [\alpha - \beta r(t)]\,\mathrm{d}t + \sigma\sqrt{r(t)}\,\mathrm{d}W(t)$$

解答： **解法一**：与瓦西切克模型类似，假设 $X(t)=\mathrm{e}^{\beta t}r(t)$，根据伊藤乘法法则可得：

$$\begin{aligned}\mathrm{d}\left[\mathrm{e}^{\beta t}r(t)\right] &= \mathrm{e}^{\beta t}\,\mathrm{d}r(t) + r(t)\,\mathrm{d}\mathrm{e}^{\beta t} \\ &= \mathrm{e}^{\beta t}\Big\{[\alpha - \beta r(t)]\,\mathrm{d}t + \sigma\sqrt{r(t)}\,\mathrm{d}W(t)\Big\} + r(t)\mathrm{e}^{\beta t}\beta\,\mathrm{d}t \\ &= \alpha\mathrm{e}^{\beta t}\,\mathrm{d}t + \sigma\mathrm{e}^{\beta t}\sqrt{r(t)}\,\mathrm{d}W(t)\end{aligned}$$

因此：

$$\mathrm{d}X(t) = \alpha\mathrm{e}^{\beta t}\,\mathrm{d}t + \sigma\sqrt{X(t)}\mathrm{e}^{0.5\beta t}\,\mathrm{d}W(t)$$

对上式的两端取积分，最终可得：

$$\begin{aligned}X(t) - X(0) &= \alpha\int_0^t \mathrm{e}^{\beta u}\,\mathrm{d}u + \sigma\int_0^t \sqrt{r(u)}\mathrm{e}^{\beta u}\,\mathrm{d}W(u) \\ X(t) &= r(0) + \frac{\alpha}{\beta}\mathrm{e}^{\beta u}\Big|_0^t + \sigma\int_0^t \sqrt{r(u)}\mathrm{e}^{\beta u}\,\mathrm{d}W(u) \\ X(t) &= r_0 + \frac{\alpha}{\beta}\left(\mathrm{e}^{\beta t}-1\right) + \sigma\int_0^t \sqrt{r(u)}\mathrm{e}^{\beta u}\,\mathrm{d}W(u) \\ \mathrm{e}^{\beta t}r(t) &= r_0 + \frac{\alpha}{\beta}\left(\mathrm{e}^{\beta t}-1\right) + \sigma\int_0^t \sqrt{r(u)}\mathrm{e}^{\beta u}\,\mathrm{d}W(u) \\ r(t) &= r_0\mathrm{e}^{-\beta t} + \frac{\alpha}{\beta}\left(1-\mathrm{e}^{-\beta t}\right) + \sigma\mathrm{e}^{-\beta t}\int_0^t \sqrt{r(u)}\mathrm{e}^{\beta u}\,\mathrm{d}W(u)\end{aligned}$$

由于伊藤积分的期望为 0，因此：

$$\begin{aligned}\mathbb{E}[X(t)] &= r_0 + \frac{\alpha}{\beta}\left(\mathrm{e}^{\beta t}-1\right) \\ \mathbb{E}[r(t)] &= r_0\mathrm{e}^{-\beta t} + \frac{\alpha}{\beta}\left(1-\mathrm{e}^{-\beta t}\right)\end{aligned}$$

可见，CIR 模型中利率 $r(t)$ 的期望与瓦西切克模型中的相同。

接下来计算方差，注意到 $r(t)$ 的表达式右端仍然有 $\sqrt{r(u)}$ 项，因此无法直接判断 $r(t)$ 的方差。进一步对 $X^2(t)$ 的 SDE 进行探索。由伊藤引理可得：

$$\begin{aligned}
\mathrm{d}\left[X^2(t)\right] &= 2X(t)\,\mathrm{d}X(t) + \mathrm{d}X(t)\cdot\mathrm{d}X(t) \\
&= 2X(t)\left[\alpha\mathrm{e}^{\beta t}\,\mathrm{d}t + \sigma\sqrt{X(t)}\mathrm{e}^{0.5\beta t}\,\mathrm{d}W(t)\right] + \sigma^2 X(t)\mathrm{e}^{\beta t}\,\mathrm{d}t \\
&= \left[2X(t)\alpha\mathrm{e}^{\beta t} + \sigma^2 X(t)\mathrm{e}^{\beta t}\right]\mathrm{d}t + 2X(t)\sigma\sqrt{X(t)}\mathrm{e}^{0.5\beta t}\,\mathrm{d}W(t) \\
&= \left(2\alpha+\sigma^2\right)X(t)\mathrm{e}^{\beta t}\,\mathrm{d}t + 2\sigma X^{1.5}(t)\mathrm{e}^{0.5\beta t}\,\mathrm{d}W(t)
\end{aligned}$$

对上式两端取积分，可得：

$$X^2(t) - X^2(0) = \left(2\alpha+\sigma^2\right)\int_0^t X(u)\mathrm{e}^{\beta u}\,\mathrm{d}u + 2\sigma\int_0^t X^{1.5}(u)\mathrm{e}^{0.5\beta u}\,\mathrm{d}W(u)$$

$$X^2(t) = r_0^2 + \left(2\alpha+\sigma^2\right)\int_0^t X(u)\mathrm{e}^{\beta u}\,\mathrm{d}u + 2\sigma\int_0^t X^{1.5}(u)\mathrm{e}^{0.5\beta u}\,\mathrm{d}W(u)$$

由伊藤积分的期望为 0，可得：

$$\begin{aligned}
\mathbb{E}[X^2(t)] &= r_0^2 + \left(2\alpha+\sigma^2\right)\int_0^t \mathbb{E}[X(u)]\mathrm{e}^{\beta u}\,\mathrm{d}u \\
&= r_0^2 + \left(2\alpha+\sigma^2\right)\int_0^t \left[r_0 + \frac{\alpha}{\beta}\left(\mathrm{e}^{\beta u}-1\right)\right]\mathrm{e}^{\beta u}\,\mathrm{d}u \\
&= r_0^2 + \left(2\alpha+\sigma^2\right)\int_0^t \left[\frac{\alpha}{\beta}\mathrm{e}^{2\beta u} + \left(r_0-\frac{\alpha}{\beta}\right)\mathrm{e}^{\beta u}\right]\mathrm{d}u \\
&= r_0^2 + \left(2\alpha+\sigma^2\right)\left[\frac{\alpha}{\beta}\cdot\frac{1}{2\beta}\left(\mathrm{e}^{2\beta t}-1\right) + \left(r_0-\frac{\alpha}{\beta}\right)\cdot\frac{1}{\beta}\left(\mathrm{e}^{\beta t}-1\right)\right]
\end{aligned}$$

相应地，有：

$$\begin{aligned}
\mathbb{E}[r^2(t)] &= \mathrm{e}^{-2\beta t}\mathbb{E}[X^2(t)] \\
&= \mathrm{e}^{-2\beta t}r_0^2 + \left(2\alpha+\sigma^2\right)\left[\frac{\alpha}{2\beta^2}\left(1-\mathrm{e}^{-2\beta t}\right)\right. \\
&\quad \left. + \left(r_0-\frac{\alpha}{\beta}\right)\cdot\frac{1}{\beta}\left(\mathrm{e}^{-\beta t}-\mathrm{e}^{-2\beta t}\right)\right]
\end{aligned}$$

最终可得：

$$\begin{aligned}
\mathrm{Var}[r(t)] &= \mathbb{E}[r^2(t)] - [\mathbb{E}r(t)]^2 \\
&= \frac{\sigma^2}{\beta}\left(\mathrm{e}^{-\beta t}-\mathrm{e}^{-2\beta t}\right)r_0 + \frac{\alpha\sigma^2}{2\beta^2}\left(1-2\mathrm{e}^{-\beta t}+\mathrm{e}^{-2\beta t}\right)
\end{aligned}$$

解法二：对 CIR 模型的 SDE 两端取期望，可得：

$$\begin{aligned}
\mathbb{E}[\,\mathrm{d}r(t)] &= \mathbb{E}[\alpha-\beta r(t)]\,\mathrm{d}t + \mathbb{E}[\sigma\sqrt{r(t)}\,\mathrm{d}W(t)] \\
\mathrm{d}\mathbb{E}[r(t)] &= \{\alpha-\beta\mathbb{E}[r(t)]\}\,\mathrm{d}t
\end{aligned}$$

记 $f(t)=\mathbb{E}[r(t)]$，则上式可以表述为：

$$
\begin{aligned}
\mathrm{d}f(t) &= [\alpha-\beta f(t)]\,\mathrm{d}t \\
f'(t) &= \alpha-\beta f(t) \\
\mathrm{e}^{\beta t}f'(t)+\beta\mathrm{e}^{\beta t}f(t) &= \mathrm{e}^{\beta t}\alpha \\
\left[\mathrm{e}^{\beta t}f(t)\right]' &= \alpha\mathrm{e}^{\beta t}
\end{aligned}
$$

对上式两端取积分，可得：

$$
\mathrm{e}^{\beta t}f(t)-f(0)=\alpha\int_0^t \mathrm{e}^{\beta u}\,\mathrm{d}u
$$

由于 $f(0)=\mathbb{E}[r(0)]=r(0)=r_0$，由上式可以进一步得到：

$$
\mathbb{E}[r(t)]=f(t)=\mathrm{e}^{-\beta t}\left[r_0+\frac{\alpha}{\beta}\left(\mathrm{e}^{\beta t}-1\right)\right]=r_0\mathrm{e}^{-\beta t}+\frac{\alpha}{\beta}\left(1-\mathrm{e}^{-\beta t}\right)
$$

利用伊藤引理，可以得到 $r^2(t)$ 的 SDE 如下：

$$
\begin{aligned}
\mathrm{d}[r^2(t)] &= 2r(t)\,\mathrm{d}r(t)+[\,\mathrm{d}r(t)]^2 \\
&= 2r(t)\left\{\left[\alpha-\beta r(t)\right]\mathrm{d}t+\sigma\sqrt{r(t)}\,\mathrm{d}W(t)\right\}+\sigma^2 r(t)\,\mathrm{d}t \\
&= \left[-2\beta r^2(t)+(2\alpha+\sigma^2)r(t)\right]\,\mathrm{d}t+2\sigma[r(t)]^{1.5}\,\mathrm{d}W(t)
\end{aligned}
$$

对上式两端取期望，可得：

$$
\mathrm{d}\mathbb{E}[r^2(t)]=-2\beta\mathbb{E}[r^2(t)]\,\mathrm{d}t+(2\alpha+\sigma^2)\mathbb{E}\left[r(t)\right]\,\mathrm{d}t
$$

记 $g(t)=\mathbb{E}[r^2(t)]$，则上式可以表述为：

$$
\begin{aligned}
g'(t) &= -2\beta g(t)+(2\alpha+\sigma^2)\mathbb{E}\left[r(t)\right] \\
&= -2\beta g(t)+(2\alpha+\sigma^2)f(t)
\end{aligned}
$$

记 $\mathrm{Var}[r(t)]=h(t)$，则有：

$$
h(t)=\mathbb{E}[r^2(t)]-[\mathbb{E}r(t)]^2=g(t)-f^2(t)
$$

因此：

$$
\begin{aligned}
h'(t) &= g'(t)-2f(t)f'(t) \\
&= -2\beta g(t)+(2\alpha+\sigma^2)f(t)-2f(t)[\alpha-\beta f(t)] \\
&= -2\beta[g(t)-f^2(t)]+\sigma^2 f(t) \\
&= -2\beta h(t)+\sigma^2 f(t)
\end{aligned}
$$

相应地，可得：

$$\begin{aligned}\left[\mathrm{e}^{2\beta t}h(t)\right]' &= \mathrm{e}^{2\beta t}\cdot\sigma^2\left[r_0\mathrm{e}^{-\beta t}+\frac{\alpha}{\beta}\left(1-\mathrm{e}^{-\beta t}\right)\right]\\ &=\sigma^2\left[r_0\mathrm{e}^{\beta t}+\frac{\alpha}{\beta}\left(\mathrm{e}^{2\beta t}-\mathrm{e}^{\beta t}\right)\right]\end{aligned}$$

对上式两端取积分，可得：

$$\begin{aligned}\mathrm{e}^{2\beta t}h(t)-h(0)&=\sigma^2\left[r_0\int_0^t \mathrm{e}^{\beta u}\,\mathrm{d}u+\frac{\alpha}{\beta}\int_0^t\left(\mathrm{e}^{2\beta u}-\mathrm{e}^{\beta u}\right)\mathrm{d}u\right]\\ \mathrm{e}^{2\beta t}h(t)&=\sigma^2\left[\frac{r_0}{\beta}\left(\mathrm{e}^{\beta t}-1\right)+\frac{\alpha}{2\beta^2}\left(\mathrm{e}^{2\beta t}-1\right)-\frac{\alpha}{\beta^2}\left(\mathrm{e}^{\beta t}-1\right)\right]\\ \mathrm{Var}[r(t)]=h(t)&=\frac{\sigma^2}{\beta}\left(\mathrm{e}^{-\beta t}-\mathrm{e}^{-2\beta t}\right)r_0+\frac{\alpha\sigma^2}{2\beta^2}\left(1-2\mathrm{e}^{-\beta t}+\mathrm{e}^{-2\beta t}\right)\end{aligned}$$

从结果来看，CIR 模型仍然具有类似瓦西切克模型的均值回复特征，并且当 $t\to\infty$ 时，可得：

$$\lim_{t\to\infty}\mathrm{Var}[r(t)]=\frac{\alpha\sigma^2}{2\beta^2}$$

因此在该模型中，随着时间的流逝，利率 $r(t)$ 的方差也会回复。需要说明的是，与瓦西切克模型不同，CIR 模型中等式两端均有 $r(t)$ 项，因此该模型无法得到利率 $r(t)$ 的显式解。

阅读材料：彭实戈院士简介

彭实戈，男，1947 年 12 月 8 日生，数学家，祖籍广东海丰，出生于今山东省滨州市。现为中国科学院院士，山东大学数学与系统工程学院博士生导师、数学研究所所长、经济学院院长、金融研究院院长。长期致力于随机控制、金融数学和概率统计方面的研究，在随机控制理论研究领域有很高的国际知名度。他和法国数学家 Pardoux 教授一起开创了倒向随机微分方程（Backward Stochastic Differential Equation, BSDE）的新方向。倒向随机微分方程后来成为研究金融产品定价的重要工具。

彭实戈出生于一个红色家族。他的父母都是广东海丰人。彭实戈的母亲彭平是烈士彭湃的亲侄女。彭实戈的外祖父彭汉垣也是烈士。当年，尚在济南战役的硝烟中浴血奋战的父亲为他刚刚出生的儿子取名“实戈”，就是希望他长大后做一名踏踏实实的战士。然而，还没来得及见上爱子一面，父亲就倒在了黎明前的枪林弹雨中。

1993 年，彭实戈教授派学生调查，了解期货市场情况。他敏锐地发现了中国期权、期货交易中存在的一些严重问题。当时中国刚刚进入国际市场，绝大部分企业、机构经验不足，信息不够通畅，对期货、期权的避险功能了解甚少，很多人在不清楚这种现代金融工具所隐藏的巨大风险以及如何度量和规避这种金融风险的情况下便盲目投资，进行境外期货期权交易。在进行了一些统计分析调查以后，彭教授根据交易规则，运用自己所研究的倒向随机微分方程预计到：每位投资者每做一单交易，输的概率将大于 70%，而赢的概率则小于 30%。而根据概率论中的大数定律就可以断定：这必然会造成中国资金的大量流失。

出于学者的社会责任感，他感到自己不能无所作为。于是，他写了两封信，一封交给山东大学校长潘承洞，潘校长立即转呈山东省副省长；另一封递交国家自然科学基金委员会。信中，他陈述了自己对国际期货期权市场的基本看法，以及中国目前进行境外期货交易所面临的巨大风险，并建议从速开展对国际期货市场的风险分析和控制的研究，加强对金融高级人才的培养。他还亲赴北京，向国家自然科学基金委员会领导当面表达了自己的意见。

后来，山东省立即停止了境外期货交易。国家自然科学基金委员会也很快发文将彭实戈的建议信转呈中央财经领导小组。中央财经领导小组采取相应措施，避免了国有资产的大量流失。以彭实戈为第一负责人的国家自然科学基金委员会“九五”重大项目“金融数学、金融工程和金融管理”有力地推动了“金融数学”这门新兴学科在中国的发展。彭实戈教授的研究成果使他独立获得了 1995 年国家自然科学二等奖和 2003 年山东省科学技术最高奖，并于 2005 年当选中国科学院院士。

2011 年 11 月 14 日，彭实戈院士因其在随机分析、随机控制及金融风险度量领域的杰出贡献，获得第十届华罗庚数学奖。2020 年 9 月 6 日，素有“中国诺奖”之称的未来科学大奖获奖名单揭晓，彭实戈院士获“数学与计算机科学奖”，以表彰他在倒向随机微分方程理论、非线性 Feynman-Kac 公式和非线性数学期望理论中的开创性贡献。彭实戈院士在随机最优控制系统的最大值原理、倒向随机微分方程理论和非线性数学期望理论的研究方面取得了国际领先的原创性研究成果，这些成果得到了国内外同行的广泛引用和高度评价，推动了随机控制理论、金融数学、随机分析等相关学科的发展。

本章附录

一、对数正态分布的期望和方差求解

假设 $X \sim \mathcal{N}(\mu, \sigma^2)$，则相应的概率密度函数如下：

$$f_X(x) = \frac{1}{\sqrt{2\pi}\sigma} \exp\left[-\frac{(x-\mu)^2}{2\sigma^2}\right]$$

相应地，$Y = \mathrm{e}^X$ 服从对数正态分布，相应的概率密度函数如下：

$$f_Y(y) = f_X(\ln y) \cdot (\ln y)' = \frac{1}{y\sqrt{2\pi}\sigma} \exp\left\{-\frac{[\ln(y)-\mu]^2}{2\sigma^2}\right\}$$

相应地，Y 的期望如下：

$$\begin{aligned}
\mathbb{E}(Y) &= \int_0^{\infty} y f_Y(y)\,\mathrm{d}y \\
&= \int_0^{\infty} \frac{1}{\sqrt{2\pi}\sigma} \exp\left\{-\frac{[\ln(y)-\mu]^2}{2\sigma^2}\right\} \mathrm{d}y \\
z = \ln y \rightarrow &= \int_{-\infty}^{\infty} \frac{1}{\sqrt{2\pi}\sigma} \exp\left[-\frac{(z-\mu)^2}{2\sigma^2}\right] \mathrm{e}^z\,\mathrm{d}z \\
&= \int_{-\infty}^{\infty} \frac{1}{\sqrt{2\pi}\sigma} \exp\left[-\frac{(z-\mu)^2 - 2\sigma^2 z}{2\sigma^2}\right] \mathrm{d}z \\
&= \int_{-\infty}^{\infty} \frac{1}{\sqrt{2\pi}\sigma} \exp\left\{-\frac{[z-(\mu+\sigma^2)]^2 + 2\mu\sigma^2 + \sigma^4}{2\sigma^2}\right\} \mathrm{d}z \\
&= \int_{-\infty}^{\infty} \frac{1}{\sqrt{2\pi}\sigma} \exp\left\{-\frac{[z-(\mu+\sigma^2)]^2}{2\sigma^2} + \left(\mu + \frac{1}{2}\sigma^2\right)\right\} \mathrm{d}z \\
&= \exp\left(\mu + \frac{1}{2}\sigma^2\right) \cdot \int_{-\infty}^{\infty} \frac{1}{\sqrt{2\pi}\sigma} \exp\left\{-\frac{[z-(\mu+\sigma^2)]^2}{2\sigma^2}\right\} \mathrm{d}z \\
&= \exp\left(\mu + \frac{1}{2}\sigma^2\right)
\end{aligned}$$

相应的二阶矩如下：

$$\begin{aligned}
\mathbb{E}(Y^2) &= \int_0^{\infty} y^2 f_Y(y)\,\mathrm{d}y \\
&= \int_0^{\infty} \frac{y}{\sqrt{2\pi}\sigma} \exp\left\{-\frac{[\ln(y)-\mu]^2}{2\sigma^2}\right\} \mathrm{d}y \\
z = \ln y \rightarrow &= \int_{-\infty}^{\infty} \frac{\mathrm{e}^z}{\sqrt{2\pi}\sigma} \exp\left[-\frac{(z-\mu)^2}{2\sigma^2}\right] \mathrm{e}^z\,\mathrm{d}z \\
&= \int_{-\infty}^{\infty} \frac{1}{\sqrt{2\pi}\sigma} \exp\left[-\frac{(z-\mu)^2 - 4\sigma^2 z}{2\sigma^2}\right] \mathrm{d}z \\
&= \int_{-\infty}^{\infty} \frac{1}{\sqrt{2\pi}\sigma} \exp\left\{-\frac{[z-(\mu+2\sigma^2)]^2 + 4\mu\sigma^2 + 4\sigma^4}{2\sigma^2}\right\} \mathrm{d}z \\
&= \int_{-\infty}^{\infty} \frac{1}{\sqrt{2\pi}\sigma} \exp\left\{-\frac{[z-(\mu+\sigma^2)]^2}{2\sigma^2} + (2\mu + 2\sigma^2)\right\} \mathrm{d}z \\
&= \exp\left(2\mu + 2\sigma^2\right) \cdot \int_{-\infty}^{\infty} \frac{1}{\sqrt{2\pi}\sigma} \exp\left\{-\frac{[z-(\mu+\sigma^2)]^2}{2\sigma^2}\right\} \mathrm{d}z \\
&= \exp\left(2\mu + 2\sigma^2\right)
\end{aligned}$$

因此：

$$\begin{aligned}\operatorname{Var}(Y) &= \mathbb{E}(Y^2) - [\mathbb{E}(Y)]^2 \\ &= \exp\left(2\mu + 2\sigma^2\right) - \exp\left(2\mu + \sigma^2\right) \\ &= \exp\left(2\mu + \sigma^2\right)\left[\exp(\sigma^2) - 1\right]\end{aligned}$$

二、更加复杂的 SDE 求解举例

例 5.9 求解如下 SDE，其中 r，κ 和 β 均是常数，并且初值条件为 $X(0)=x$：

$$\mathrm{d}X(t) = rX(t)[\kappa - X(t)]\,\mathrm{d}t + \beta X(t)\,\mathrm{d}W(t)$$

解答：将 $X(t)$ 项移至等式的左端，可得：

$$\begin{aligned}\frac{\mathrm{d}X(t)}{X(t)} &= r[\kappa - X(t)]\,\mathrm{d}t + \beta\,\mathrm{d}W(t) \\ \frac{\mathrm{d}X(t)}{X(t)} + rX(t)\,\mathrm{d}t &= r\kappa\,\mathrm{d}t + \beta\,\mathrm{d}W(t)\end{aligned}$$

对上式的两端取积分，可得：

$$\begin{aligned}\int_0^t \frac{\mathrm{d}X(u)}{X(u)} + r\int_0^t X(u)\,\mathrm{d}u &= r\kappa\int_0^t \mathrm{d}u + \beta\int_0^t \mathrm{d}W(u) \\ \int_0^t \frac{1}{X(u)}\,\mathrm{d}X(u) + r\int_0^t X(u)\,\mathrm{d}u &= r\kappa t + \beta W(t)\end{aligned}$$

根据伊藤引理，由于：

$$\begin{aligned}\mathrm{d}\ln X(t) &= \frac{1}{X(t)}\,\mathrm{d}X(t) + \frac{1}{2}\frac{-1}{X^2(t)}[\,\mathrm{d}X(t)]^2 \\ &= \frac{1}{X(t)}\,\mathrm{d}X(t) - \frac{1}{2}\frac{1}{X^2(t)}\beta^2 X^2(t)\,\mathrm{d}t \\ &= \frac{1}{X(t)}\,\mathrm{d}X(t) - \frac{1}{2}\beta^2\,\mathrm{d}t\end{aligned}$$

于是：

$$\begin{aligned}\frac{1}{X(u)}\,\mathrm{d}X(u) &= \mathrm{d}\ln X(u) + \frac{1}{2}\beta^2\,\mathrm{d}u \\ \int_0^t \frac{1}{X(u)}\,\mathrm{d}X(u) &= \int_0^t \mathrm{d}\ln X(u) + \frac{1}{2}\beta^2\int_0^t \mathrm{d}u \\ &= \ln X(t) - \ln X(0) + \frac{1}{2}\beta^2 t \\ &= \ln X(t) - \ln x + \frac{1}{2}\beta^2 t\end{aligned}$$

因此：

$$\ln X(t)-\ln x+\frac{1}{2}\beta^2 t+r\int_0^t X(u)\,\mathrm{d}u=r\kappa t+\beta W(t)$$

$$\ln X(t)+r\int_0^t X(u)\,\mathrm{d}u=\ln x+\left(r\kappa-\frac{1}{2}\beta^2\right)t+\beta W(t)$$

上式两端取指数，可得：

$$X(t)\exp\left[r\int_0^t X(u)\,\mathrm{d}u\right]=x\exp\left[\left(r\kappa-\frac{1}{2}\beta^2\right)t+\beta W(t)\right]$$

记

$$Y(t)=\exp\left[r\int_0^t X(u)\,\mathrm{d}u\right]$$

于是有：

$$\frac{\mathrm{d}Y(t)}{\mathrm{d}t}=r\exp\left[r\int_0^t X(u)\,\mathrm{d}u\right]X(t)=rX(t)Y(t)$$

因此：

$$\frac{\mathrm{d}Y(t)}{\mathrm{d}t}=rx\exp\left[\left(r\kappa-\frac{1}{2}\beta^2\right)t+\beta W(t)\right]$$

对上式两端取积分，可得：

$$\int_0^t \mathrm{d}Y(u)=rx\int_0^t \exp\left[\left(r\kappa-\frac{1}{2}\beta^2\right)u+\beta W(u)\right]\mathrm{d}u$$

$$Y(t)-Y(0)=rx\int_0^t \exp\left[\left(r\kappa-\frac{1}{2}\beta^2\right)u+\beta W(u)\right]\mathrm{d}u$$

于是有：

$$Y(t)-1=rx\int_0^t \exp\left[\left(r\kappa-\frac{1}{2}\beta^2\right)u+\beta W(u)\right]\mathrm{d}u$$

$$\exp\left[r\int_0^t X(u)\,\mathrm{d}u\right]=rx\int_0^t \exp\left[\left(r\kappa-\frac{1}{2}\beta^2\right)u+\beta W(u)\right]\mathrm{d}u+1$$

$$\int_0^t X(u)\,\mathrm{d}u=\frac{1}{r}\ln\left\{rx\int_0^t \exp\left[\left(r\kappa-\frac{1}{2}\beta^2\right)u+\beta W(u)\right]\mathrm{d}u+1\right\}$$

对上式的两端关于 t 进行微分，最终可得：

$$X(t)=\frac{1}{r}\cdot\frac{rx\exp\left[\left(r\kappa-\frac{1}{2}\beta^2\right)t+\beta W(t)\right]}{rx\int_0^t \exp\left[\left(r\kappa-\frac{1}{2}\beta^2\right)u+\beta W(u)\right]\mathrm{d}u+1}$$

$$=\frac{\exp\left[\left(r\kappa-\frac{1}{2}\beta^2\right)t+\beta W(t)\right]}{r\int_0^t \exp\left[\left(r\kappa-\frac{1}{2}\beta^2\right)u+\beta W(u)\right]\mathrm{d}u+x^{-1}}$$

例 5.10 求解如下 SDE，其中 $\alpha(t)$ 和 $\beta(t)$ 均是确定性函数，并且初值条件为 $X(0)=x$。

$$\mathrm{d}X(t)=\alpha(t)\,\mathrm{d}t+\beta(t)X(t)\,\mathrm{d}W(t)$$

解答：上式可以进行如下整理：

$$\mathrm{d}X(t)-\beta(t)X(t)\,\mathrm{d}W(t)=\alpha(t)\,\mathrm{d}t$$

此处需要找到适当的 $\rho(t)$，使得：

$$\rho(t)\,\mathrm{d}X(t)-\beta(t)\rho(t)X(t)\,\mathrm{d}W(t)=\alpha(t)\rho(t)\,\mathrm{d}t$$

显然 $\rho(t)$ 当中应当包含随机项。我们的想法是将上式左侧变成 $\mathrm{d}[\rho(t)X(t)]$ 这样的形式。

我们利用伊藤乘法法则，可得：

$$\mathrm{d}[\rho(t)X(t)]=\rho(t)\,\mathrm{d}X(t)+X(t)\,\mathrm{d}\rho(t)+\,\mathrm{d}\rho(t)\,\mathrm{d}X(t)$$

由于 $\mathrm{d}\rho(t)\,\mathrm{d}X(t)$ 项不可能出现 $\mathrm{d}W(t)$ 的相应表达式，因此，此处不妨设

$$X(t)\,\mathrm{d}\rho(t)=-\beta(t)\rho(t)X(t)\,\mathrm{d}W(t)$$

相应地，有：

$$\frac{\mathrm{d}\rho(t)}{\rho(t)}=-\beta(t)\,\mathrm{d}W(t)\tag{5.12}$$

对上式两端取积分，可得：

$$\int_0^t\frac{\mathrm{d}\rho(u)}{\rho(u)}=-\int_0^t\beta(u)\,\mathrm{d}W(u)\tag{5.13}$$

根据伊藤引理，由于

$$\mathrm{d}\ln\rho(t)=\frac{1}{\rho(t)}\,\mathrm{d}\rho(t)+\frac{1}{2}\frac{-1}{\rho^2(t)}[\,\mathrm{d}\rho(t)]^2\tag{5.14}$$

于是：

$$\int_0^t\frac{\mathrm{d}\rho(u)}{\rho(u)}=\ln\rho(t)-\ln\rho(0)+\frac{1}{2}\int_0^t\frac{1}{\rho^2(u)}[\,\mathrm{d}\rho(u)]^2\tag{5.15}$$

利用式 (5.12)，可得：

$$\begin{aligned}\int_0^t\frac{\mathrm{d}\rho(u)}{\rho(u)}&=\ln\rho(t)-\ln\rho(0)+\frac{1}{2}\int_0^t\frac{1}{\rho^2(u)}\beta^2(u)\rho^2(u)\,\mathrm{d}u\\&=\ln\rho(t)-\ln\rho(0)+\frac{1}{2}\int_0^t\beta^2(u)\,\mathrm{d}u\end{aligned}\tag{5.16}$$

与式 (5.13) 合并，可得：

$$-\int_0^t\beta(u)\,\mathrm{d}W(u)=\ln\rho(t)-\ln\rho(0)+\frac{1}{2}\int_0^t\beta^2(u)\,\mathrm{d}u$$

$$\rho(t)=\rho(0)\exp\left[-\int_0^t\beta(u)\,\mathrm{d}W(u)-\frac{1}{2}\int_0^t\beta^2(u)\,\mathrm{d}u\right]$$

由于 $\rho(t)$ 是积分因子，不妨设 $\rho(0)=1$，于是有：

$$\rho(t)=\exp\left[-\int_0^t \beta(u)\,\mathrm{d}W(u)-\frac{1}{2}\int_0^t \beta^2(u)\,\mathrm{d}u\right] \tag{5.17}$$

由于

$$\begin{cases}\mathrm{d}X(t)=\alpha(t)\,\mathrm{d}t+\beta(t)X(t)\,\mathrm{d}W(t)\\ \mathrm{d}\rho(t)=-\beta(t)\rho(t)\,\mathrm{d}W(t)\end{cases}$$

因此：

$$\begin{aligned}\mathrm{d}[\rho(t)X(t)]&=\rho(t)\,\mathrm{d}X(t)+X(t)\,\mathrm{d}\rho(t)+\,\mathrm{d}\rho(t)\,\mathrm{d}X(t)\\&=\rho(t)[\alpha(t)\,\mathrm{d}t+\beta(t)X(t)\,\mathrm{d}W(t)]+X(t)[-\beta(t)\rho(t)\,\mathrm{d}W(t)]\\&\quad+[-\beta^2(t)X(t)\rho(t)\,\mathrm{d}t]\\&=\alpha(t)\rho(t)\,\mathrm{d}t-\beta^2(t)X(t)\rho(t)\,\mathrm{d}t\end{aligned} \tag{5.18}$$

于是可得：

$$\mathrm{d}[\rho(t)X(t)]+\beta^2(t)\rho(t)X(t)\,\mathrm{d}t=\alpha(t)\rho(t)\,\mathrm{d}t$$

将 $\rho(t)X(t)$ 看成一个整体，对上式的左侧再取积分因子

$$G(t)=\exp\left(\int_0^t \beta^2(u)\,\mathrm{d}u\right) \tag{5.19}$$

于是有：

$$\begin{aligned}\mathrm{d}[G(t)\rho(t)X(t)]&=G(t)\,\mathrm{d}[\rho(t)X(t)]+\rho(t)X(t)\,\mathrm{d}G(t)\\&=G(t)\Big[\alpha(t)\rho(t)\,\mathrm{d}t-\beta^2(t)X(t)\rho(t)\,\mathrm{d}t\Big]+\rho(t)X(t)G(t)\beta^2(t)\,\mathrm{d}t\\&=G(t)\alpha(t)\rho(t)\,\mathrm{d}t\end{aligned}$$

令 $F(t)=G(t)\rho(t)$，则有：

$$\mathrm{d}[F(t)X(t)]=F(t)\alpha(t)\,\mathrm{d}t \tag{5.20}$$

将式 (5.17) 与式 (5.19) 代入 $F(t)$ 的表达式，可得：

$$\begin{aligned}F(t)&=\exp\left(\int_0^t \beta^2(u)\,\mathrm{d}u\right)\cdot\exp\left[-\int_0^t \beta(u)\,\mathrm{d}W(u)-\frac{1}{2}\int_0^t \beta^2(u)\,\mathrm{d}u\right]\\&=\exp\left[-\int_0^t \beta(u)\,\mathrm{d}W(u)+\frac{1}{2}\int_0^t \beta^2(u)\,\mathrm{d}u\right]\end{aligned} \tag{5.21}$$

对式 (5.20) 两侧关于 t 取积分，可得：

$$\int_0^t \mathrm{d}[F(u)X(u)]=\int_0^t F(u)\alpha(u)\,\mathrm{d}u$$

$$F(t)X(t)-F(0)X(0)=\int_0^t F(u)\alpha(u)\,\mathrm{d}u$$

由于 $F(0)=1$，$X(0)=x$，因此：

$$\begin{aligned}X(t)&=\frac{1}{F(t)}\left[x+\int_0^t F(u)\alpha(u)\,\mathrm{d}u\right]\\&=x\exp\left[\int_0^t\beta(u)\,\mathrm{d}W(u)-\frac{1}{2}\int_0^t\beta^2(u)\,\mathrm{d}u\right]\\&\quad+\int_0^t\alpha(u)\exp\left[\int_u^t\beta(s)\,\mathrm{d}W(s)-\frac{1}{2}\int_u^t\beta^2(s)\,\mathrm{d}s\right]\mathrm{d}u\end{aligned}$$

本章习题

1. 假设 $\mathrm{d}S(t)=\mu S(t)\,\mathrm{d}t+\sigma S(t)\,\mathrm{d}W(t)$，其中 μ, σ 均是常数，$W(t)$ 是标准布朗运动。假设以下随机微分方程中，π, r 均为常数，并且 $X(0)=x$：

$$\mathrm{d}X(t)=(1-\pi)rX(t)\,\mathrm{d}t+\pi X(t)/S(t)\,\mathrm{d}S(t)$$

求 $X(t)$ 的显式解。

2. 求以下 SDE 的显式解，以及 $X(t)$ 的期望、方差和协方差：

$$\mathrm{d}X(t)=-\frac{X(t)}{1-t}\,\mathrm{d}t+\mathrm{d}W(t),\qquad t<1$$

其中，初值条件为 $X(0)=x$。

3. 求以下 SDE 的显式解，以及 $X(t)$ 的期望、方差和协方差：

$$\mathrm{d}X(t)=-\frac{1}{2}\frac{X(t)}{1-t}\,\mathrm{d}t+\sqrt{1-t}\,\mathrm{d}W(t),\qquad t<1$$

其中，初值条件为 $X(0)=x$。

4. 假设有以下 SDE：

$$\mathrm{d}X(t)=\left[\sqrt{1+X^2(t)}+\frac{1}{2}X(t)\right]\mathrm{d}t+\sqrt{1+X^2(t)}\,\mathrm{d}W(t)$$

其中，初值条件为 $X(0)=x$。

(a) 假设 $Y(t)=\ln\left[\sqrt{1+X^2(t)}+X(t)\right]$，求关于 $Y(t)$ 的 SDE；

(b) 求 $X(t)$ 的解。

5. 假设有以下 SDE：

$$\mathrm{d}X(t)=\left\{\kappa[\theta-X(t)]-\frac{1}{2}\sigma^2\right\}\mathrm{d}t+\sigma\,\mathrm{d}W(t)$$

其中，κ，σ 和 θ 均为常数。

求在初始条件为 $X(0)=x$ 时方程的解，并在此基础上求 $\mathbb{E}[X(t)]$ 和 $\mathrm{Var}[X(t)]$。

6. 假设有以下 SDE：

$$\frac{\mathrm{d}A(t)}{A(t)} = (r-\delta)\,\mathrm{d}t + \sigma\sqrt{\rho}\,\mathrm{d}W_1(t) + \sigma\sqrt{1-\rho}\,\mathrm{d}W_2(t)$$

其中，初值条件为 $A(0)=\alpha$，并且 $W_1(t)$ 和 $W_2(t)$ 是相互独立的标准布朗运动；r, δ, ρ, σ 均为常数
求 $A(t)$ 的显式解。

7. 假设有两个资产 $X(t)$ 和 $Y(t)$，其服从如下巴舍利耶模型：

$$\mathrm{d}X(t) = \alpha\,\mathrm{d}t + \beta\,\mathrm{d}W_1(t), \qquad \mathrm{d}Y(t) = \gamma\,\mathrm{d}t + \delta\,\mathrm{d}W_2(t)$$

其中，$X(0)=4$, $Y(0)=5$，并且 $W_1(t)$ 和 $W_2(t)$ 是相互独立的两个标准布朗运动，同时 $\alpha = 2\%$, $\beta = 30\%$, $\gamma = 3\%$, $\delta = 20\%$。
投资者持有一个资产组合 $\Pi(t)$，其中 30% 的份额由资产 $X(t)$ 构成；剩下 70% 的份额则由资产 $Y(t)$ 构成。计算该资产组合在两年后的总价值大于 5 的概率。

8. 某资产的价值 $Y(t)$ 服从巴舍利耶模型，其中漂移项 $\mu = 0.1$，波动项 $\sigma = 0.4$。为了简便起见，假设零时刻资产的价值为 0，即 $Y(0)=0$。试计算：
   (a) 已知 $t=1$ 时，在资产价值为正的条件下，时间段 $t\in[2,6]$ 内资产的收益为负（即：$Y(6)-Y(2)<0$）的概率。
   (b) 时间段 $t\in[2,6]$ 内资产的收益与 $t=1$ 时刻资产价值的相关系数。

9. 假设 $r(t)$ 的 SDE 如下：

$$\mathrm{d}r(t) = [10 - r(t)]\,\mathrm{d}t + 2\sqrt{r(t)}\,\mathrm{d}W(t)$$

其中，初值条件为 $r_0 = 4$。求 $r(t)$ 的期望和方差。

10. 假设 $X(t)$ 的 SDE 如下：

$$\mathrm{d}X(t) = \mu X(t)\,\mathrm{d}t + \sigma\,\mathrm{d}W(t)$$

其中，μ 和 σ 均为常数，并且 $X(0)=X_0$。求 $\mathbb{E}[X(t)]$ 和 $\mathbb{E}[X^2(t)]$。

第六章　金融市场及其数学基础

本章将介绍金融市场的相关概念，对金融市场中的金融产品进行简单介绍，并在此基础上对套利等相关概念加以阐述。在此过程中，本章内容也将从离散时间模型转向连续时间模型，最终目的是引出期权定价的相关基本理论，这是本门课程的核心所在。

第一节　金融市场的相关概念

金融市场是一个便于进行金融产品交易的场所，该市场的参与者包含买方和卖方。金融产品，也称作金融工具（financial instrument），是金融市场相关交易的载体。根据金融产品的市场属性，可将它们分为基础金融产品和金融衍生品两大类。

知识讲解

金融市场的相关概念

一、基础金融产品

基础金融产品是在实际金融交易中出具的能证明债权债务关系或所有权关系的合法凭证，主要有商业票据、债券等债权债务凭证和股票、基金等所有权凭证。

（一）股票

股票（stock）是有价证券的主要形式，是股份有限公司签发的用于证明股东按其所持股份享有权利和承担义务的凭证。

股份有限公司的全部资本被划分为等额的单位，称为“股份”，每一股份都代表着所有者，即股东对公司财产占有一定的份额。将“股份”印制成一定的书面形式，记载表明其价值的事项及有关股权等条件的说明，就是传统的股票。随着电子技术的发展，现在的股票大多是一种电子符号，记录在证券登记结算公司的电子账簿中，而没有了实体的形式。股票和股份是形式和内容的关系，股票是形式，股份是内容。

股票就其性质来看，代表着股东对公司的所有权，是代表一定经济利益分配请求权的资本证券，是资本市场上流通的一种有价证券。

（二）债券

债券是发行人（也称债务人或借款人）按照法定程序发行的、在未来按约定的时间和方式向其购买方（也称债权人或投资者）支付利息和偿还本金的一种债务凭证。

债券包含以下四层含义：首先，债券发行人（借款人）是资金的借入者；其次，债券投资者是资金的供给者；再次，发行人需要按约定的条件还本付息；最后，债券投资者与发行者之间是一种债权债务关系，债券发行人即债务人，投资者（或债券持有人）即债权人，债券是债务的证明书，具有法律效力。

债券对资金借贷双方权责关系的约定包括以下内容：借贷货币资金的数额、借贷的时间、借贷期间的资金成本或应有补偿。

二、金融衍生品

金融衍生品（financial derivative）又称金融衍生工具，是建立在基础金融产品之上，价格变动取决于基础金融产品的派生品。金融衍生品是 20 世纪 70 年代全球金融创新浪潮中的创新性金融产品，它是在传统金融产品的基础上派生出来的，通过预测股价、利率、汇率等的未来走势，采用交付少量保证金或权利金签订远期合同或互换不同金融资产等交易形式的新兴金融产品。金融衍生品主要包括金融期货、金融远期、金融期权等类别。

（一）金融期货

金融期货指交易双方在期货交易所以公开竞价的方式成交，承诺在未来某一日期或某一段时间内，以事先约定的价格交割某种特定的标准数量的金融工具的契约。金融期货是各类金融衍生品中人们较为熟悉的一个品种。金融期货的出现改变了传统的现货交易模式，为转移和规避风险提供了新的方式和手段。

与商品期货不同，金融期货的标的物是金融工具或金融指数，比如国债、外汇、股票、股票价格指数等。虽然金融期货的产生大大晚于商品期货，但发展却极为迅速，目前，金融期货占西方期货市场交易量的比重已达 60% 以上。当今世界上的金融期货按交易对象不同大致可分为三种：外汇期货、利率期货和股指期货。它们分别被用来防范汇率风险、利率风险和股价变动的风险。

（二）金融远期

金融远期，是指由交易双方约定于未来某日期以成交时所确定的价格，交割一定数量的某种金融商品的协议或合约，如远期外汇合约、远期利率协议、远期股票合约、远期债券合约等。在金融远期的有效期内，合约的价值随标的资产市场价格的波动而变化。

金融远期与前文所述的金融期货在交易方式上有着一定的相似性，尤其是这两种交易均具有先成交、后交割的特点。因此，人们很容易将这两种交易形式混为一谈。但是与期货交易不同，远期交易是一种在场外进行的、非标准化的远期合约交易。两者在很多方面都大不相同。

金融远期采用的是一对一的交易方式，交易事项可以协商确定，较为灵活。金融机构或大型工商企业通常利用远期交易作为风险管理手段，但是非集中性的交易也存在交易对手搜索困难、交易成本较高、存在违约风险等缺点。相比之下，金融期货合约则是在交易所进行的，合约的标准化和期货保证金制度的保障使得交易双方不存在违约风险，并且合约易于流通和转让。

在作为金融衍生品的金融远期合约中，目前最常见的是远期外汇合约和远期利率协议，这两类金融衍生品分别被用于防范汇率和利率变动的风险。

（三）金融期权

期权（option）又称选择权，是一种能在未来某个日期或该日期之前，以事先确定的价格买进或卖出一定数量的某种商品的权利。

根据定义，期权交易实际上是一种权利的交易，而期权费就是这一权利的价格。所谓期权费（premium），又称为权利金或保险费，是指期权购买者为获得期权合约所赋予的权利，而向期权出售者支付的费用。一经支付，则不管期权购买者是否执行该期权，期权费均不予退还。

这里的期权购买者（buyer），也称为期权持有者（holder），是指支付期权费以获得期权合约所赋予的权利的一方；而所谓期权的出售者（seller），也称期权签发者（writer），是指收取期权费并履行期权合约所规定的义务的一方。在期权交易中，期权购买者在向期权出售者支付一定的期权费后，就获得了期权合约所赋予的权利。期权交易所针对的交易对象也称作标的物或标的资产（underlying asset）。若标的资产是股票、债券等金融产品，则称为金融期权；若标的资产是商品现货或商品期货，则称为商品期权。

行权价（strike price, exercise price），也称履约价格或执行价格，是指期权合约所规定的、期权购买者在执行期权时买进或卖出标的资产的价格。在期权合约的有效期内，无论期权合约标的资产价格涨到什么水平或跌到什么水平，只要期权购买者要求执行期权，期权出售者就必须以此价格履行其承担的义务。

这里必须明确的是，期权费通常也称为期权价格，这一价格与行权价是两个完全不同的概念。期权费或期权价格只是期权合约的价格，更确切地说，它是期权合约所赋予的权利的价格；而行权价则是在期权被执行时，买卖期权合约对应的标的资产的价格。

三、期权的分类

由于后文研究的重点是在期权的定价上，因此有必要对期权的分类加以详细阐述和说明。

（一）看涨期权与看跌期权

根据期权合约赋予期权购买者的权利的不同，期权可分为看涨期权与看跌期权。

看涨期权（call option）是指期权购买者可在约定的未来某个日期或该日期之前，以行权价向期权出售者买进一定数量的某种标的资产的权利。看跌期权（put option）则是指期权购买者可在约定的未来某个日期或该日期之前，以行权价向期权出售者卖出一定数量的某种标的资产的权利。

需要指出的是，这里所谓的“看涨”与“看跌”，都是就期权购买者而言的。也就是说，期权购买者之所以买进看涨期权，是因为他们对市场行情“看涨”。买进看涨期权后，他们可在市场价格上涨且涨至行权价以上时，以较低的行权价买进标的物，从而避免市场价格上涨所造成的损失；而期权购买者之所以买进看跌期权，则是因为他们对市场行情“看跌”。买进看跌期权后，他们可在市场价格下跌，且跌至行权价以下时，以较高的行权价卖出他们所持有的标的物，从而避免市场价格下跌所造成的损失。

（二）欧式期权与美式期权

在期权交易中，根据期权合约对履约时间的不同规定，期权可分为欧式期权与美式期权两种类型。

欧式期权（European option），是指期权购买者只能在期权到期日履约的期权；而所谓美式期权（American option），则是指期权购买者既可在期权到期日履约，又可在期权到期日之前的任一营业日履约的期权。

很显然，美式期权购买者比欧式期权购买者有着更大的选择余地。美式期权购买者可在期权有效期内选择一个比较理想的日期执行期权，从而获取较多的利润或避免更大的损失。美式期权出售者面临的风险比欧式期权出售者更大。所以，在实际的期权交易中，尤其是在期权定价中，区分欧式期权与美式期权是非常重要的。

（三）场内期权与场外期权

根据交易场所是否集中，以及期权合约是否标准化，期权可分为场内期权与场外期权这两种不同的类型。

场内期权（exchange-traded option）也称为交易所交易期权或交易所上市期权，是指在集中性的期权市场交易的标准化的期权合约；而场外期权（over-the-counter option，OTC option）也称为店头市场期权或柜台式期权，是指在非集中性的交易场所交易的非标准化的期权合约。

场内期权与场外期权最主要的区别在于期权合约是否标准化。场内期权是一种标准化的期权合约，其交易数量、行权价、到期日及履约时间等均由交易所统一规定；而场外期权则是一种非标准化的期权合约，其交易数量、行权价、到期日及履约时间等均可由交易双方自由议定。

由于场外期权的灵活性，金融市场中有一类具有特殊交易规则和特殊合约条款的期权，人们通常称之为奇异期权或新型期权（exotic option）。奇异期权中最具有代表性的品种是障碍期权。

障碍期权（barrier option）是指在期权的期限内，当标的资产价格达到某一水平时，既可以被启动也可以被取消的期权。在障碍期权中，除了行权价，还增设了一个障碍价格。

障碍期权一般分为两类，即敲出期权（knock-out option）和敲入期权（knock-in option）。敲出期权是指当标的资产价格达到一个特定障碍水平时，该期权作废；敲入期权是指只有在标的资产价格达到一个特定障碍水平时，该期权才有效。障碍期权的收益依赖于标的资产价格在一段特定时间内是否达到一个特定障碍水平。与标准期权不同的是，在期权有效期内，当标的资产价格达到某一水平时，障碍期权就生效或失效。

四、货币的时间价值

货币的时间价值（time value of money, TVM），是指当前的 1 元钱比未来某时刻得到的 1 元钱的价值要大。原因在于：可以将当前的 1 元钱进行投资，到未来某时刻得到的本金和利息之和会大于初始状态的 1 元钱；另外，通货膨胀会造成当前的 1 元钱的购买力大于未来的 1 元钱。正因为如此，在相关的金融研究中，不能把不同时期的现金数额直接加总，因为各期现金的比较没有基准，这样的加总是毫无意义的。为了解决这个问题，需要通过求现值或终值的方式，使得不同期的现金数额在经过相关的调整和转换后，可以在一个基准上进行计算和比较。

（一）终值的含义

将当前时刻的现金价值换算成未来时刻的价值，这个过程称作求终值（future value, FV）。假设当前有 1 000 元，将这笔钱存入银行，年利率为 5%，如果存款时间为 1 年，则 1 年后可得到的本利和为：

$$\mathrm{FV} = 1\,000 \times (1 + 5\%) = 1\,050(\text{元})$$

可以称当前的 1 000 元在 1 年后的终值等于 1 050 元。

如果使用单利（simple interest）计息方式，则 2 年后可得到的本利和为：

$$\mathrm{FV} = 1\,000 \times (1 + 5\% \times 2) = 1\,100(\text{元})$$

也就是说，一年后的本金和利息中，原始本金被用作第二年利息计算的依据。如果一年后的本利和作为第二年利息计算的依据，则称这种计算方式为复利（compound interest）计息。在上面的例子中，如果采用复利计息，则第 2 年末本利和为：

$$\mathrm{FV} = 1\,000 \times (1 + 5\%)^2 = 1\,102.5(\text{元})$$

依此类推，在复利计息方式下，n 年后的本利和等于 $1\,000 \times (1 + 5\%)^n$。需要说明的是，在相关的金融研究中，往往采用复利计息方式。

如果调整计息的频度，假设一年计息两次，则复利计息方式下 1 年后的本利和为：

$$\mathrm{FV} = 1\,000 \times \left(1 + \frac{5\%}{2}\right)^{1\times 2} = 1\,050.63(\text{元})$$

类似地，如果一年计息 n 次，则复利条件下 m 年后的本利和为：

$$\mathrm{FV} = 1\,000 \times \left(1 + \frac{5\%}{n}\right)^{m\times n}$$

在极端情况下，若复利计息每时每刻都在进行，则这种计息方式称作连续复利（continuous compound）。此时假设期初本金数额为 A，年利率为 r，时间长度为 t 年，则有：

$$\mathrm{FV} = \lim_{n\to\infty} A\left(1 + \frac{r}{n}\right)^{nt} = A\lim_{n\to\infty}\left[\left(1 + \frac{r}{n}\right)^{n/r}\right]^{rt} = A\mathrm{e}^{rt} \tag{6.1}$$

相比普通的复利计息，连续复利是在金融的理论研究中经常用到的计息方式。

（二）现值的含义

将未来时刻的现金价值换算成当前时刻的价值，这个过程称作求现值（present value, PV）。前面提到的求终值的方法可以用来解决诸如 1 000 元以 4% 的年利率投资 10 年，可以得到多少本利和这样的问题。在现实中，常常还要考虑这样的问题：当前时刻需要投入多少资金，才能在 8 年后获得子女入学所需的 15 000 元学费？为解决这一问题，需要计算未来一定数额的资金现在的价值。

假设未来一年后可以得到 1 000 元，投资的年收益率为 5%，则当前应当投入的资金数额为：

$$\mathrm{PV}=\frac{1\,000}{1+5\%}=952.38(\text{元})$$

这里的 952.38 元就是 1 年后 1 000 元的现值，现值的计算称作贴现或折现（discount）；相应的利率 5% 称作贴现率或折现率（discount rate）。对于未来第 n 期的资金数额 A，假设每期的贴现率是 r，则其现值就是：

$$\mathrm{PV}=\frac{A}{(1+r)^n}$$

求现值可看作求终值的逆运算。因此，在连续复利条件下，现值的计算公式如下：

$$\mathrm{PV}=A\mathrm{e}^{-rt} \tag{6.2}$$

其中，未来的资金数额为 A，年贴现率为 r，时间长度为 t 年。

第二节 无套利原理

一、金融市场上的价格

金融市场上金融产品的潜在买方会报出其希望的购买价格，该价格称作买价（bid price）；潜在的卖方则会报出其希望的卖出价格，该价格称作卖价（ask price）。如果市场上买方的买价和卖方的卖价刚好相等，就会发生相应的金融产品交易，这个价格就是该金融产品的交易价格。

本节假设金融市场中资产价格演化的时间是离散的，即资产价格的交易时间是离散的时刻 $0,1,2,\ldots,N$，同时假设时间是有限的，并且资产的价格也只能取有限个可能的值。

假设有 M 个不同的证券，分别记作证券 $1,2,\ldots,M$。记 $S_i(n)$ 表示证券 i 在 n 时刻的价格，其中 $i=1,2,\ldots,M$，$n=0,1,2,\ldots,N$。进一步假设证券 1 是银行账户（bank account），并且该证券按年获得数额为 r 的无风险利率（risk-free interest rate），假设该利率为常数。将 0 时刻银行账户的单位价值记为 $S_1(0)$，n 时刻的单位价值记为 $S_1(n)$，两者的关系如下：

$$S_1(0)=1,\qquad S_1(n)=(1+r)^n$$

除了证券 1 以外，其余的 $(M-1)$ 个证券均是有风险的资产，比如股票、期权等，它们的价格变动是随机的，因此在当前时刻，无法预知其未来任意时刻的价格。由此可以得到 n 时刻该组合中各资产价格所组成的 M 维列向量 $\mathbf{S}(n)$ 如下：

$$\mathbf{S}(n) = \begin{bmatrix} S_1(n) & S_2(n) & \cdots & S_M(n) \end{bmatrix}'_{1\times M} \tag{6.3}$$

其中，$'$ 是向量的转置。这里假定所有证券都可以无限细分，即可以交易任意数量的证券；市场可以进行卖空交易，即持有的证券头寸可以为负；市场不存在佣金（commission）等交易成本。并且由于银行账户的存在，投资者可以在市场上以无风险利率 r 进行自由借贷。

最后一个假设是：所有证券在整个期限的中间任意时刻均不发生分红或利息的收付。因此在该假设下，只有在资产出售或到期时，才会有资金的流入或流出。

二、套利的相关概念

在金融市场中，证券价格会随着时间的推移不断发生随机的变动。表面上看这样的价格变动无规律可循，但是无套利原理保证了它们的变动存在一定的相关性。在介绍无套利原理之前，有必要先介绍若干个概念。

知识讲解

自融资策略、套利的概念、市场的完备性

定义 6.1

交易策略（trading strategy）是指金融市场的参与者基于事先确定的规则，对市场上的证券进行买卖操作的方法。交易策略指定了各时刻持有的每个资产的数量及方向。

比如，某个投资者在开始时同时购买了若干单位的 A 证券和 B 证券，然后在未来 A 证券价格上涨 10 元的时刻，将 A 证券卖出并买入 B 证券。在此过程中，投资者基于市场上 A 证券的价格行情，对 A 证券和 B 证券分别进行了卖出和买入操作。如果投资者在 A 证券价格上涨 10 元的时刻，将 B 证券卖出并买入 A 证券，那么这样的操作方式与之前的交易策略下买卖的方向刚好相反，称作反向策略（reverse strategy）。

上一节假定一个资产组合包含了 1 个无风险资产，$(M-1)$ 个风险资产，假设该组合当中各资产相应的份额（holding position）分别为 $h_1, h_2, \ldots, h_M$，由此可以得到 n 时刻资产份额的 M 维列向量 $\mathbf{h}(n)$ 如下：

$$\mathbf{h}(n) = \begin{bmatrix} h_1(n) & h_2(n) & \cdots & h_M(n) \end{bmatrix}'_{1\times M} \tag{6.4}$$

其中，$h_1(n)$ 就是无风险资产在 n 时刻的份额数。此处的 $\mathbf{h}(n)$ 就是交易策略。

综合式 (6.3) 和式 (6.4)，可以得到 n 时刻资产组合的价值 $V(n)$，表达式如下：

$$V(n) = \sum_{i=1}^{M} h_i(n) S_i(n) = \mathbf{h}(n) \cdot \mathbf{S}(n) \tag{6.5}$$

即 $V(n)$ 是一个标量值，通过对资产份额向量 $\mathbf{h}(n)$ 和资产价格向量 $\mathbf{S}(n)$ 进行内积（inner product）运算得到。

定义 6.2

如果对于所有 $n \in \{1, 2, \ldots, N\}$，下式均成立：

$$\mathbf{h}(n-1) \cdot \mathbf{S}(n) = \mathbf{h}(n) \cdot \mathbf{S}(n) \tag{6.6}$$

则称交易策略 $\mathbf{h}$ 是自融资策略（self-financing strategy）。

该定义的金融含义在于：投资者为了增加组合中某个证券的持有份额，就必须出售该组合中的其他证券，并且交易过程中没有多余资金的流入和流出。因此，在自融资策略调整的前后时刻，资产组合价值保持不变。

当然，如果 $\mathbf{h}$ 是一个不随时间的推移而发生改变的常数向量，则 $\mathbf{h}$ 必然是自融资策略，因为此时投资者持有资产组合，且不做任何调整，这就是通常所说的买入并持有策略（buy-and-hold strategy）。

定义 6.3

若在一个自融资策略下，期初资产组合的价值 $V(0)$ 和期末资产组合的价值 $V(N)$ 满足：

$$V(0) = 0, \qquad V(N) \geqslant 0, \qquad \mathbb{P}[V(N) > 0] > 0$$

则称金融市场存在套利机会（arbitrage opportunity）。

根据上面的定义可知，套利机会意味着在期初无任何投资额的情况下，有机会从市场中获利。也可以将套利机会想象成获得了一张免费的彩票，有一定的概率会中奖（虽然概率极低），但即使未中奖也没有任何损失。

需要说明的是，如果将上面的条件替换成

$$V(0) = 0, \qquad V(N) \leqslant 0, \qquad \mathbb{P}[V(N) < 0] > 0$$

则相应地可以通过反向策略进行套利。

定理 6.1

在一个无套利的金融市场上，若有一个自融资策略使得期初的资产组合价值 $V(0)$ 在未来任意时刻 t 的资产组合价值为 $V(t)$，则下式成立：

$$V(t) = V(0)(1 + r)^t$$

其中，r 是无风险利率（risk-free rate）。

这个定理告诉我们，在无套利的假设下，如果找到了某个自融资策略，可以完全防范市场风险，则这个策略应当使得期初的投资额以无风险利率 r 的增长速度累积。

需要说明的是，如果 r 是连续复利下的无风险利率，则上式可以表示如下：

$$V(N) = V(0)\mathrm{e}^{rt}$$

定理 6.2

假设股票资产未来时刻 1 的价格可能会上涨到原来的 u 倍，或下跌到原来的 d 倍（$u > d$），则金融市场无套利机会的充要条件是：

$$d < (1 + r) < u$$

证明：假设期初资产总值为 0，即 $V(0) = 0$，假定股票资产当前的价值为 S，投资者购买一份该股票，于是相应地需要从银行以无风险利率贷款 S，对应银行存款的价值为 $-S$。在未来时刻 1，投资者卖出股票，同时偿还银行贷款。相应地，该资产组合未来时刻的价值分别为：

$$V_u(1) = uS - S(1 + r) = S[u - (1 + r)]$$
$$V_d(1) = dS - S(1 + r) = S[d - (1 + r)]$$

当 $d < (1 + r) < u$ 时易知，$V_u(1) > 0$，$V_d(1) < 0$，此时不满足套利的条件 $V(1) \geqslant 0$，故市场无套利机会。

反之，若 $(1 + r) < d < u$，则有 $V_u(1) > 0$，$V_d(1) > 0$，此时满足套利的条件，即在期初资产总值为零的情况下，未来时刻资产总值为正；同理可得，当 $d < u < (1 + r)$ 时，存在套利机会。

图 6.1 展示了资产组合中各资产未来的价值。需要说明的是：无套利条件与股票资产价格上涨/下跌的概率取值无关，只与在 $V(0) = 0$ 的情况下，未来时刻 $V(1) \geqslant 0$ 成立与否有关。

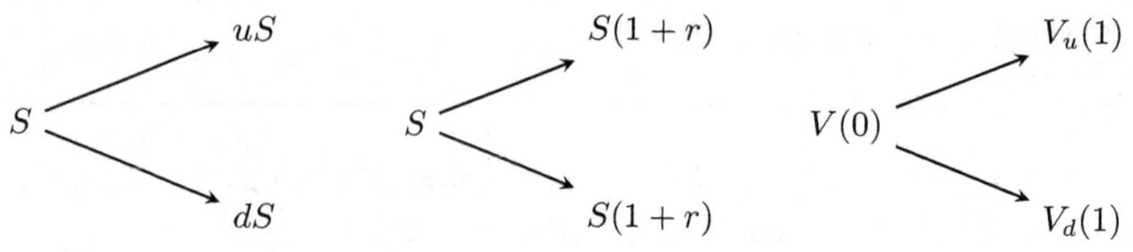

(a) 股票资产的价值　(b) 银行存款的价值　(c) 资产组合的价值

图 6.1　资产组合中各资产未来的价值

第三节　市场的完备性和状态价格

接着上一节的内容介绍市场完备性（market completeness）和状态价格（state price）的概念。假设金融市场上有 M 个不同的证券，其编号分别为 $1,2,\ldots,M$，其中编号为 1 的证券是银行账户，按年获得数额为 r 的无风险利率；其余的证券均是有风险资产。

一、市场的完备性

记列向量 $\mathbf{h}(0)$ 反映了期初资产组合中各证券的头寸数量；记列向量 $\mathbf{S}(0)$ 表示期初这些证券的价格，即：

$$\mathbf{h}(0)=\begin{bmatrix}h_1(0)\\h_2(0)\\\vdots\\h_M(0)\end{bmatrix}_{M\times 1}\qquad \mathbf{S}(0)=\begin{bmatrix}S_1(0)\\S_2(0)\\\vdots\\S_M(0)\end{bmatrix}_{M\times 1}$$

对 $\mathbf{h}$ 与 $\mathbf{S}$ 取内积，可得到期初资产组合的价值，即：

$$V(0)=\mathbf{h}(0)\cdot\mathbf{S}(0)=\sum_{i=1}^{M}h_i(0)S_i(0)$$

由于未来资产价格的不确定性，假设在未来一年后这 M 个证券均有相应的回报（payoff），并且所有的回报均有 K 个可能的状态（state）。于是可以将这些可能的回报以矩阵 $\mathbf{X}$ 来表示，即：

知识讲解

回报矩阵的相关性质、状态价格的概念

$$\mathbf{X}=\begin{bmatrix}x(1,1)&x(1,2)&\cdots&x(1,K)\\x(2,1)&x(2,2)&\cdots&x(2,K)\\\vdots&\vdots&\ddots&\vdots\\x(M,1)&x(M,2)&\cdots&x(M,K)\end{bmatrix}_{M\times K}$$

其中，$x(i,j)$ 表示证券 i 在未来一年后第 j 个状态下的回报数额。不难看出，矩阵 $\mathbf{X}$ 的每一行分别代表一个证券在各状态下的回报数额；矩阵 $\mathbf{X}$ 的各列则代表所有证券在某个状态下各自的回报数额。

对 $\mathbf{h}(0)$ 与 $\mathbf{X}$ 的每一列分别做内积运算，得到的就是未来各状态下资产组合的回报总额，即：

$$\begin{aligned}\mathbf{h}'(0)\mathbf{X}&=\begin{bmatrix}h_1(0)&h_2(0)&\cdots&h_M(0)\end{bmatrix}\begin{bmatrix}x(1,1)&x(1,2)&\cdots&x(1,K)\\x(2,1)&x(2,2)&\cdots&x(2,K)\\\vdots&\vdots&\ddots&\vdots\\x(M,1)&x(M,2)&\cdots&x(M,K)\end{bmatrix}\\&=\begin{bmatrix}q_1(1)&q_2(1)&\cdots&q_K(1)\end{bmatrix}=\mathbf{q}(1)\end{aligned}$$

其中，$\mathbf{h}'(0)$ 是列向量 $\mathbf{h}(0)$ 的转置；$\mathbf{q}(1)$ 是由资产组合在各状态下的未来回报数额所构成的行向量，并且

$$q_j(1)=\sum_{i=1}^{M}h_i(0)x(i,j),\qquad j=1,2,\ldots,K$$

例 6.1 两状态市场。假设金融市场有两个证券以及两个状态，相应的回报矩阵如下：

$$\mathbf{X}=\begin{bmatrix}1.1 & 1.1\\ 0 & 1\end{bmatrix}$$

假设两个证券当前时刻的价格分别为 1.09 和 1。

问：该市场是否存在套利机会？

解答：建立一个资产组合，其中包含的两个证券的份额分别为 h_1 和 h_2，因此：

$$\mathbf{h}(0)=\begin{bmatrix}h_1\\ h_2\end{bmatrix},\qquad \mathbf{S}(0)=\begin{bmatrix}1.09\\ 1\end{bmatrix}$$

从而：

$$\mathbf{X}'\mathbf{h}(0)=\begin{bmatrix}1.1h_1\\ 1.1h_1+h_2\end{bmatrix},\qquad V(0)=\mathbf{S}(0)\cdot\mathbf{h}(0)=\mathbf{h}'(0)\cdot\mathbf{S}(0)=1.09h_1+h_2$$

因此，当前时刻资产组合的价值为 $(1.09h_1+h_2)$；未来时刻资产组合的价值可能为 $1.1h_1$ 或 $(1.1h_1+h_2)$。

注意到，假设 $1.09h_1+h_2=0$ 并且当 $h_1>0$ 时，$h_2<0$，那么相应地，有：

$$\begin{cases}1.1h_1>0\\ 1.1h_1+h_2=(1.09h_1+h_2)+0.01h_1=0.01h_1>0\end{cases}$$

这意味着：$V(0)=0$，但 $V(1)>0$。此时资产组合存在套利机会。

进一步地，我们可以得出，当 $h_1>0$ 时存在套利的条件是：

$$\begin{cases}V(0)=1.09h_1+h_2\leqslant 0\\ 1.1h_1+h_2\geqslant 0\end{cases}$$

经过整理，可得：

$$-1.1h_1\leqslant h_2\leqslant -1.09h_1,\qquad h_1>0$$

根据线性代数的知识可知，回报矩阵 $\mathbf{X}$ 的秩（rank）取值如下：

$$\text{rank}(\mathbf{X})\leqslant\min(M,K)$$

（一）当 $M > K$ 时

当 $M > K$ 时，证券的数量大于可能的状态数量，此时必然有某些证券的行向量(回报向量) 可以被其他证券的回报向量线性表示。这样的回报向量可被线性表示的证券称为冗余证券（redundant security），对应的 $\text{rank}(\mathbf{X}) \leqslant K$。冗余证券可以通过市场上的其他证券复制出来。此时的市场是完备市场（complete market）。

特别地，如果 $\text{rank}(\mathbf{X}) = K$，则矩阵 $\mathbf{X}$ 是列满秩的，此时市场上有 $(M-K)$ 个证券是冗余证券。在此基础上有一个典型的向量空间基底，称为阿罗–德布鲁证券（Arrow-Debreu security），也称为状态或有权益（state contingent claim）。其回报矩阵如下：

$$\mathbf{I}_K = \begin{bmatrix} 1 & & \\ & \ddots & \\ & & 1 \end{bmatrix}_{K\times K}$$

从中不难看出，阿罗–德布鲁证券的回报矩阵是一个 K 阶单位阵。这意味着该证券仅在未来的某一个特定状态下回报为 1，其余状态下回报均为 0，并且阿罗–德布鲁证券之间是线性无关的。

可以想象由六个证券组成的一组证券，其中每个证券的状态对应骰子的一个点数。对于第 i（$i = 1, 2, \ldots, 6$）个证券而言，当扔出的骰子点数恰好也为 i 时，其回报数额为 1，否则为 0。这样所得到的证券回报矩阵就是一个 6 阶的单位阵，相应地这些证券就可以看作一组阿罗–德布鲁证券。

（二）当 $M \leqslant K$ 时

当 $M < K$ 时，证券的数量小于可能的状态数量。若 $\text{rank}(\mathbf{X}) = M$，则矩阵 $\mathbf{X}$ 是行满秩的，此时有 $(K-M)$ 个状态无法被现有的证券覆盖（spanned），市场是不完备的。因此，需要在原先的基础上，再补充 $(K-M)$ 个线性无关的金融衍生品，这样才能满足市场的完备性要求。另外，$\mathbf{X}$ 行满秩也说明了已有的 M 个证券之间是线性无关的，因此市场无套利机会。

特别地，当矩阵 $\mathbf{X}$ 是方阵（$M = K$）且满秩（full rank）时，市场是完备的且无套利机会。

二、状态价格

定义 6.4

若列向量 $\mathbf{s}$ 中的所有取值 $s_1, s_2, \ldots, s_K$ 均严格为正，并且满足

$$\mathbf{S}(0) = \mathbf{X}\mathbf{s} \tag{6.7}$$

则称 $\mathbf{s}$ 是状态价格向量（state price vector）。

将式 (6.7) 展开，可得：

$$\begin{bmatrix} S_1(0) \\ S_2(0) \\ \vdots \\ S_M(0) \end{bmatrix}_{M\times 1} = \begin{bmatrix} x(1,1) & x(1,2) & \cdots & x(1,K) \\ x(2,1) & x(2,2) & \cdots & x(2,K) \\ \vdots & \vdots & \ddots & \vdots \\ x(M,1) & x(M,2) & \cdots & x(M,K) \end{bmatrix}_{M\times K} \begin{bmatrix} s_1 \\ s_2 \\ \vdots \\ s_K \end{bmatrix}_{K\times 1} \tag{6.8}$$

从中不难看出，状态价格 s_i 相当于一个权重，使得当前资产的价格等于未来所有可能回报的加权之和。

（一）状态价格与阿罗–德布鲁证券

定理 6.3

对于阿罗–德布鲁证券而言，其价格就是状态价格。

证明：根据状态价格的定义，可知其满足：

$$\mathbf{S}(0) = \mathbf{X}\mathbf{s}$$

由于阿罗–德布鲁证券的回报矩阵是 K 维单位阵 $\mathbf{I}_K$，因此：

$$\mathbf{S}(0) = \mathbf{I}_K\mathbf{s} = \mathbf{s}$$

状态价格可以看作组成市场中任何证券的基本工具。根据证券各状态下的回报数额，可以构造出对应的阿罗–德布鲁证券的线性组合，由此可相应得到该证券的当前价格。

比如，对于一个五状态的市场，若其中的一个证券未来时刻的回报可能为 $\{0, -2, 3, -1.5, 4\}$，则可以利用对应阿罗–德布鲁证券的状态价格 $\{s_1, s_2, s_3, s_4, s_5\}$ 得到相应的组合如下：

$$S(0) = \begin{bmatrix} 0 & -2 & 3 & -1.5 & 4 \end{bmatrix} \begin{bmatrix} s_1 \\ \vdots \\ s_5 \end{bmatrix} = 0 \cdot s_1 - 2 \cdot s_2 + 3 \cdot s_3 - 1.5 \cdot s_4 + 4 \cdot s_5$$

即，一份该证券的多头合约可以拆分成：

(1) 0 份证券 1；

(2) 2 份证券 2 的空头；

(3) 3 份证券 3 的多头；

(4) 1.5 份证券 4 的空头；

(5) 4 份证券 5 的多头。

将这些阿罗–德布鲁证券的状态价格与数量相乘后再加总，得到的就是该证券的当前价格 $S(0)$。

知识讲解

风险中性概率及其测度 $\mathbb{Q}$

（二）状态价格与风险中性概率

由于证券 1 是银行账户，因此其未来时刻的回报数额是定值 $(1+r)$，从而：

$$x(1,i)=1+r, \qquad i=1,2,\ldots,K$$

将之代入式 (6.8)，可得：

$$1=(1+r)(s_1+s_2+\cdots+s_K)$$

于是下式成立：

$$s_1+s_2+\cdots+s_K=\sum_{i=1}^{K}s_i=\frac{1}{1+r} \tag{6.9}$$

记 π_i 满足下式：

$$\pi_i=\frac{s_i}{\sum_{i=1}^{K}s_i}=(1+r)s_i \quad \Rightarrow \quad s_i=\frac{\pi_i}{1+r}$$

注意，此处的 π_i 相当于对状态价格 s_i 进行了归一化处理。由于 $s_i>0$，并且 $\sum_i \pi_i \equiv 1$，因此，π_i 所扮演的角色类似于一个概率。于是记 π_i 组成的列向量为 $\boldsymbol{\pi}$，其满足：

$$\mathbf{S}(0)=\mathbf{X}\mathbf{s}=\frac{1}{1+r}\mathbf{X}\boldsymbol{\pi}=\mathbf{X}^*\boldsymbol{\pi} \tag{6.10}$$

其中 $\mathbf{X}^*$ 是贴现的回报矩阵（discounted payoff matrix）。于是：

$$\begin{bmatrix} S_1(0)\\ S_2(0)\\ \vdots\\ S_M(0)\end{bmatrix}=\begin{bmatrix} \dfrac{x(1,1)}{1+r} & \dfrac{x(1,2)}{1+r} & \cdots & \dfrac{x(1,K)}{1+r}\\ \dfrac{x(2,1)}{1+r} & \dfrac{x(2,2)}{1+r} & \cdots & \dfrac{x(2,K)}{1+r}\\ \vdots & \vdots & \ddots & \vdots\\ \dfrac{x(M,1)}{1+r} & \dfrac{x(M,2)}{1+r} & \cdots & \dfrac{x(M,K)}{1+r}\end{bmatrix}\begin{bmatrix}\pi_1\\ \pi_2\\ \vdots\\ \pi_K\end{bmatrix} \tag{6.11}$$

由此可见，当前时刻资产的价格等于未来时刻可能的回报数额的贴现值的期望，其中期望计算中使用的概率为 π_i，即：

$$S_i(0)=\sum_{j=1}^{K}\pi_j\left[\frac{x(i,j)}{1+r}\right]=\frac{1}{1+r}\sum_{j=1}^{K}\pi_j x(i,j)=\frac{1}{1+r}\mathbb{E}^*[x(i)] \tag{6.12}$$

其中，$\mathbb{E}^*[\,\cdot\,]$ 表示以 $\boldsymbol{\pi}$ 为概率分布的期望。需要说明的是，此处的 $\boldsymbol{\pi}$ 是构造出的“概率分布”，并非实际市场中各状态下对应的概率。此处的概率就是所谓的风险中性概率（risk neutral probability），相应的概率测度通常记作 $\mathbb{Q}$，以将其与实际市场上资产价格变动的概率测度 $\mathbb{P}$ 相区分。之所以称其为“风险中性”概率，是因为在这个概率测度之下，有风险资产的未来价格期望的贴现值均等于其当前时刻的价格，不受资产风险大小的影响。

（三）状态价格与无套利条件

根据前面的介绍，状态价格向量 $\mathbf{s}$ 、回报矩阵 $\mathbf{X}$ 与当前资产价格向量 $\mathbf{S}(0)$ 之间的关系式为：

$$\mathbf{S}(0) = \mathbf{X}\mathbf{s}$$

接下来，据此给出资产定价第一基本定理（first fundamental theorem of asset pricing）。

定理 6.4 资产定价第一基本定理

资产组合不存在套利机会的充分必要条件是：存在严格为正的状态价格向量 $\mathbf{s}$ ，其满足

$$\mathbf{S}(0) = \mathbf{X}\mathbf{s}$$

换句话说就是，存在 $\mathbf{s} = \begin{bmatrix} s_1 & s_2 & \cdots & s_K \end{bmatrix}'$，其中的任意状态价格 $s_i > 0,\ i = 1, 2, \ldots, K$，满足

$$S_j(0) = \sum_{i=1}^{K} x(j, i) s_i, \qquad j = 1, 2, \ldots, M$$

对该定理不做证明，接下来通过前面的例子来验证该定理成立。

例 6.2 两状态市场（续）。假设金融市场有两个证券以及两个状态，相应的回报矩阵如下：

$$\mathbf{X} = \begin{bmatrix} 1.1 & 1.1 \\ 0 & 1 \end{bmatrix}$$

假设两个证券当前时刻的价格分别为 1.09 和 1。

问：该市场是否存在套利机会？

解答：由题意可知：

$$\mathbf{S}(0) = \begin{bmatrix} 1.09 & 1 \end{bmatrix}'$$

根据 $\mathbf{S}(0) = \mathbf{X}\mathbf{s}$，可以得到：

$$\mathbf{s} = \mathbf{X}^{-1}\mathbf{S}(0) = \begin{bmatrix} 1.1 & 1.1 \\ 0 & 1 \end{bmatrix}^{-1} \begin{bmatrix} 1.09 \\ 1 \end{bmatrix} = \frac{1}{1.1} \begin{bmatrix} -0.01 \\ 1.1 \end{bmatrix} = \begin{bmatrix} -0.0091 \\ 1 \end{bmatrix}$$

从中不难看出，两个状态价格当中，$s_1 = -0.0091 < 0$，不满足资产定价第一基本定理中关于无套利的条件，因此该市场存在套利机会。

第四节 风险中性和测度变换

上一节的最后提到了风险中性概率测度 $\mathbb{Q}$ 和实际概率测度 $\mathbb{P}$，需要注意的是，这两个概率测度是等价的（equivalent），通常记作 $\mathbb{P} \sim \mathbb{Q}$，这意味着在 K 个状态 $\{\omega_1, \omega_2, \ldots, \omega_K\}$ 中，以下关系一定成立：

知识讲解

等价测度、测度变换

$$\begin{cases} \mathbb{P}(\omega_i) > 0 \quad \Longleftrightarrow \quad \mathbb{Q}(\omega_i) > 0 \\ \mathbb{P}(\omega_i) = 0 \quad \Longleftrightarrow \quad \mathbb{Q}(\omega_i) = 0 \end{cases}, \qquad i = 1, 2, \ldots, K \tag{6.13}$$

取对应状态下的两个概率之比，并记作 $L(\omega)$，因此：

$$L(\omega) = \frac{\mathbb{Q}(\omega)}{\mathbb{P}(\omega)} \tag{6.14}$$

另外，将测度 $\mathbb{Q}$ 和 $\mathbb{P}$ 下的期望分别记作 $\mathbb{E}^{\mathbb{Q}}$ 和 $\mathbb{E}^{\mathbb{P}}$，于是有：

$$\mathbb{E}^{\mathbb{P}}[L(\omega)] = \sum_{i=1}^{K} \mathbb{P}(\omega_i) L(\omega_i) = \sum_{i=1}^{K} \mathbb{P}(\omega_i) \frac{\mathbb{Q}(\omega_i)}{\mathbb{P}(\omega_i)} = \sum_{i=1}^{K} \mathbb{Q}(\omega_i) \equiv 1 \tag{6.15}$$

由此可见，随机变量 $L(\omega)$ 在测度 $\mathbb{P}$ 下的期望为 1。

一、拉东–尼柯迪姆导数

接下来，将研究的问题由离散状态空间过渡到连续状态空间中。在连续情形下，$\mathbb{P}(\omega)$ 和 $\mathbb{Q}(\omega)$ 已经没有意义，因为它们的取值通常为零。于是，采用微分方式重新表述如下：

$$L(t) = \frac{\mathrm{d}\mathbb{Q}}{\mathrm{d}\mathbb{P}} \tag{6.16}$$

这里的 $L(t)$ 称作拉东–尼柯迪姆导数（Radon-Nikodym derivative）。$L(t)$ 是一个新的随机过程，通过它可以进行概率测度之间的转换。

以布朗运动为例，说明这种测度的变换产生了什么样的效果。在本书的开头，我们介绍了矩母函数的概念。对于测度 $\mathbb{P}$ 下的随机变量 X，假设其服从期望为 μ、方差为 σ^2 的正态分布，则相应的矩母函数如下：

$$\mathbb{E}^{\mathbb{P}}\left(\mathrm{e}^{\theta X}\right) = \exp\left(\theta\mu + \frac{1}{2}\theta^2\sigma^2\right) \tag{6.17}$$

因此，对于测度 $\mathbb{P}$ 下的标准布朗运动 $W(t)$，其对应的矩母函数为：

$$\mathbb{E}^{\mathbb{P}}\left[\mathrm{e}^{\theta W(t)}\right] = \exp\left(\frac{1}{2}\theta^2 t\right) \tag{6.18}$$

假设对应的拉东–尼柯迪姆导数如下：

$$\frac{\mathrm{d}\mathbb{Q}}{\mathrm{d}\mathbb{P}} = \exp\left[-\gamma W(t) - \frac{1}{2}\gamma^2 t\right] > 0$$

以此为基础，计算在测度 $\mathbb{Q}$ 下的 $W(t)$ 对应的矩母函数，具体如下：

$$
\begin{aligned}
\mathbb{E}^{\mathbb{Q}}\left[\mathrm{e}^{\theta W(t)}\right] &= \mathbb{E}^{\mathbb{P}}\left[\frac{\mathrm{d}\mathbb{Q}}{\mathrm{d}\mathbb{P}}\mathrm{e}^{\theta W(t)}\right] \\
&= \mathbb{E}^{\mathbb{P}}\left\{\exp\left[-\gamma W(t)-\frac{1}{2}\gamma^2 t+\theta W(t)\right]\right\} \\
&= \exp\left(-\frac{1}{2}\gamma^2 t\right)\mathbb{E}^{\mathbb{P}}\left[\mathrm{e}^{(\theta-\gamma)W(t)}\right] \\
&= \exp\left(-\frac{1}{2}\gamma^2 t\right)\exp\left[\frac{1}{2}(\theta-\gamma)^2 t\right] \\
&= \exp\left(\frac{1}{2}\theta^2 t-\gamma t\theta\right)
\end{aligned} \tag{6.19}
$$

由此可得：

$$
\mathbb{E}^{\mathbb{Q}}[W(t)] = -\gamma t, \qquad \mathrm{Var}^{\mathbb{Q}}[W(t)] = t
$$

因此在测度 $\mathbb{Q}$ 下，$W(t) \sim \mathcal{N}(-\gamma t, t)$。令 $\widetilde{W}(t) = \gamma t + W(t)$，则在测度 $\mathbb{Q}$ 下：

$$
\widetilde{W}(t) \sim \mathcal{N}(0, t)
$$

可见，在测度 $\mathbb{P}$ 下，$W(t)$ 是标准布朗运动；而在测度 $\mathbb{Q}$ 下，则是 $\widetilde{W}(t) = \gamma t + W(t)$ 成了标准布朗运动。原先 $\mathbb{P}$ 测度下的标准布朗运动在变换到测度 $\mathbb{Q}$ 后，多了一个漂移项 $(-\gamma t)$，但是方差 t 未发生改变。由此引入测度变换的重要定理——哥萨诺夫定理（Girsanov theorem）。

二、哥萨诺夫定理

定理 6.5 哥萨诺夫定理

对于测度 $\mathbb{P}$ 下的布朗运动 $W(t)$，假如有一个过程 $\gamma(t)$ 满足以下诺维科夫（Novikov）条件：

$$
\mathbb{E}^{\mathbb{P}}\left\{\exp\left[\frac{1}{2}\int_0^T \gamma^2(t)\,\mathrm{d}t\right]\right\} < \infty
$$

则存在一个与 $\mathbb{P}$ 等价的测度 $\mathbb{Q}$，使得 $\widetilde{W}(t)$ 是测度 $\mathbb{Q}$ 下的布朗运动，并且

$$
\widetilde{W}(t) = W(t) + \int_0^t \gamma(s)\,\mathrm{d}s \tag{6.20}
$$

联系两个测度的拉东–尼柯迪姆导数的表达式如下：

$$
L(t) = \frac{\mathrm{d}\mathbb{Q}}{\mathrm{d}\mathbb{P}} = \exp\left[-\int_0^t \gamma(s)\,\mathrm{d}W(s) - \frac{1}{2}\int_0^t \gamma^2(s)\,\mathrm{d}s\right] \tag{6.21}
$$

图 6.2 展示了相关学者。

约翰·拉东　　奥顿·尼柯迪姆　　伊戈尔·哥萨诺夫

图 6.2 相关学者

由此可见，前面所举的例子可以看作该定理在 γ 取值为常数时的特例。本书对哥萨诺夫定理不做证明，但是可以从该定理中得出一些重要的结论。

知识讲解

哥萨诺夫定理及相关性质

（一）拉东–尼柯迪姆导数 $L(t)$ 的性质

记 $X(t)=-\int_0^t\gamma(s)\,\mathrm{d}W(s)-\frac{1}{2}\int_0^t\gamma^2(s)\,\mathrm{d}s$，于是：

$$\mathrm{d}X(t)=-\gamma(t)\,\mathrm{d}W(t)-\frac{1}{2}\gamma^2(t)\,\mathrm{d}t$$

根据伊藤引理可得：

$$\begin{aligned}\mathrm{d}L(t)&=L_X\,\mathrm{d}X+\frac{1}{2}L_{XX}(\,\mathrm{d}X)^2\\&=L(t)\left[-\gamma(t)\,\mathrm{d}W(t)-\frac{1}{2}\gamma^2(t)\,\mathrm{d}t\right]+\frac{1}{2}L(t)\gamma^2(t)\,\mathrm{d}t\\&=-L(t)\gamma(t)\,\mathrm{d}W(t)\end{aligned}\tag{6.22}$$

由此可见，拉东–尼柯迪姆导数 $L(t)$ 的微分表达式中没有漂移项，因此 $L(t)$ 是测度 $\mathbb{P}$ 下的鞅。

另外，由于 $t=0$ 时，$L(t)=1$，因此，根据鞅的性质可得：

$$\mathbb{E}^{\mathbb{P}}[L(t)]=1\tag{6.23}$$

这一结果与式 (6.15) 中的结论完全一致，不同之处在于式 (6.15) 对应的是离散状态空间，而式 (6.23) 对应的是连续状态空间。

（二）$L(t)\widetilde{W}(t)$ 的性质

根据式 (6.20) 可得：

$$\mathrm{d}\widetilde{W}(t)=\mathrm{d}W(t)+\gamma(t)\,\mathrm{d}t$$

利用伊藤乘法法则，可得：

$$\begin{aligned}
\mathrm{d}\left[L(t)\widetilde{W}(t)\right] &= L(t)\,\mathrm{d}\widetilde{W}(t)+\widetilde{W}(t)\,\mathrm{d}L(t)+\,\mathrm{d}L(t)\,\mathrm{d}\widetilde{W}(t)\\
&= L(t)\left[\mathrm{d}W(t)+\gamma(t)\,\mathrm{d}t\right]+\widetilde{W}(t)\left[-L(t)\gamma(t)\,\mathrm{d}W(t)\right]\\
&\quad +\left[-L(t)\gamma(t)\,\mathrm{d}W(t)\right]\left[\mathrm{d}W(t)+\gamma(t)\,\mathrm{d}t\right]\\
&= L(t)\,\mathrm{d}W(t)+L(t)\gamma(t)\,\mathrm{d}t\\
&\quad -L(t)\widetilde{W}(t)\gamma(t)\,\mathrm{d}W(t)-L(t)\gamma(t)\,\mathrm{d}t\\
&= \left[1-\widetilde{W}(t)\gamma(t)\right]L(t)\,\mathrm{d}W(t)
\end{aligned} \tag{6.24}$$

由此可见，$L(t)\widetilde{W}(t)$ 在测度 $\mathbb{P}$ 下是鞅。

三、哥萨诺夫定理在金融中的应用

知识讲解

哥萨诺夫定理在金融中的应用

通过哥萨诺夫定理，可以将测度 $\mathbb{P}$ 下不是鞅的随机过程通过转换测度的方式，最终实现在测度 $\mathbb{Q}$ 下是鞅的结果。这一点对于金融工程当中金融衍生品的定价至关重要。接下来以布莱克–斯科尔斯（Black-Scholes）模型为例，介绍该方法在期权定价方面的应用。

首先，在布莱克–斯科尔斯模型中假定股票价格的变动服从几何布朗运动，即：

$$\frac{\mathrm{d}S(t)}{S(t)}=\mu\,\mathrm{d}t+\sigma\,\mathrm{d}W(t) \tag{6.25}$$

根据伊藤引理可得：

$$\mathrm{d}\ln S(t)=\left(\mu-\frac{1}{2}\sigma^2\right)\,\mathrm{d}t+\sigma\,\mathrm{d}W(u)$$

因此：

$$S(t)=S(0)\exp\left[\left(\mu-\frac{1}{2}\sigma^2\right)t+\sigma W(t)\right]$$

考虑 $S(t)$ 的贴现过程 $Z(t)$，即：

$$Z(t)=\frac{S(t)}{B(t)}=\frac{S(t)}{\mathrm{e}^{rt}}=Z(0)\exp\left[\left(\mu-r-\frac{1}{2}\sigma^2\right)t+\sigma W(t)\right]$$

则根据伊藤引理可得：

$$\begin{aligned}
\mathrm{d}Z(t)&=(\mu-r)Z(t)\,\mathrm{d}t+\sigma Z(t)\,\mathrm{d}W(t)\\
\frac{\mathrm{d}Z(t)}{Z(t)}&=(\mu-r)\,\mathrm{d}t+\sigma\,\mathrm{d}W(t)
\end{aligned}$$

此处的 $W(t)$ 是测度 $\mathbb{P}$ 下的布朗运动。令 $\gamma(t)=(\mu-r)/\sigma$，于是就有 $\widetilde{W}(t)$ 在测度 $\mathbb{Q}$ 下是一个布朗运动，并且

$$\mathrm{d}\widetilde{W}(t)=\gamma(t)\,\mathrm{d}t+\mathrm{d}W(t)=\left(\frac{\mu-r}{\sigma}\right)\mathrm{d}t+\mathrm{d}W(t) \tag{6.26}$$

接下来，将式 (6.26) 代入式 (6.25) 中，从而可得：

$$\begin{aligned}\frac{\mathrm{d}S(t)}{S(t)}&=\mu\,\mathrm{d}t+\sigma\left[\mathrm{d}\widetilde{W}(t)-\frac{\mu-r}{\sigma}\,\mathrm{d}t\right]\\&=r\,\mathrm{d}t+\sigma\,\mathrm{d}\widetilde{W}(t)\end{aligned} \tag{6.27}$$

由此可见：在风险中性测度 $\mathbb{Q}$ 下，股票价格的变动服从漂移率为无风险利率的几何布朗运动。另外，此处的 $\gamma(t)$ 反映的是单位风险的超额收益率，也称作风险的市场价格（market price of risk）。

更进一步地，考虑资产价格的贴现过程 $Z(t)=\mathrm{e}^{-rt}S(t)$，同样可得：

$$\begin{aligned}\mathrm{d}Z(t)&=\mathrm{d}\left[\mathrm{e}^{-rt}S(t)\right]=\mathrm{e}^{-rt}\,\mathrm{d}S(t)-\mathrm{e}^{-rt}S(t)r\,\mathrm{d}t\\&=\mathrm{e}^{-rt}\left[rS(t)\,\mathrm{d}t+\sigma S(t)\,\mathrm{d}\widetilde{W}(t)-S(t)r\,\mathrm{d}t\right]\\&=\mathrm{e}^{-rt}\sigma S(t)\,\mathrm{d}\widetilde{W}(t)\end{aligned} \tag{6.28}$$

因此，在风险中性测度下，资产价格的贴现过程 $Z(t)$ 只受标准布朗运动 $\widetilde{W}(t)$ 的影响。而根据前面章节的分析可知：标准布朗运动是鞅。因此，在风险中性测度 $\mathbb{Q}$ 下，资产价格的贴现过程是鞅。正因为如此，风险中性测度 $\mathbb{Q}$ 也称作等价鞅测度（equivalent martingale measure, EMM）。

例 6.3 巴舍利耶模型。假设无风险债券的价格变动服从如下微分方程：

$$\mathrm{d}B(t)=(r-D)B(t)\,\mathrm{d}t$$

并且假设标的资产 $S(t)$ 服从如下算术布朗运动：

$$\mathrm{d}S(t)=(\mu-D)\,\mathrm{d}t+\sigma\,\mathrm{d}W(t)$$

其中，$W(t)$ 是 $\mathbb{P}$ 测度下的标准布朗运动。请利用哥萨诺夫定理，给出风险中性测度 $\mathbb{Q}$ 下的标准布朗运动 $\widetilde{W}(t)$ 的表达式，以及此时标的资产 $S(t)$ 的随机微分方程。

解答： 不妨设 $\widetilde{W}(t)=W(t)+\lambda t$，于是有：

$$\mathrm{d}\widetilde{W}(t)=\mathrm{d}W(t)+\lambda\,\mathrm{d}t$$

将上式代入 $S(t)$ 的随机微分方程，可得：

$$\mathrm{d}S(t)=(\mu-D-\sigma\lambda)\,\mathrm{d}t+\sigma\,\mathrm{d}\widetilde{W}(t)$$

根据微分方程，假设无风险资产在 0 时刻的价格为 1，则其在 t 时刻的价格为 $B(t) = e^{(r-D)t}$；相应地，标的资产价格的贴现就是 $S(t)/B(t)$。于是，资产价格的贴现过程 $Z(t)$ 的表达式如下：

$$Z(t) = \frac{S(t)}{B(t)} = S(t)e^{-(r-D)t}$$

根据伊藤引理可得：

$$\begin{aligned}
dZ(t) &= Z_t\, dt + Z_S\, dS + \frac{1}{2} Z_{SS}(dS)^2 \\
&= -(r-D)S(t)e^{-(r-D)t}\, dt \\
&\quad + e^{-(r-D)t}\left[(\mu - D - \sigma\lambda)\, dt + \sigma\, d\widetilde{W}(t)\right] \\
&= e^{-(r-D)t}\left[(\mu - D - \sigma\lambda) - (r-D)S(t)\right] dt \\
&\quad + e^{-(r-D)t}\sigma\, d\widetilde{W}(t)
\end{aligned}$$

由于在风险中性测度下，贴现过程 $Z(t)$ 是鞅，因此上式中的 dt 项必然为零，于是可得：

$$\lambda = \frac{(\mu - D) - (r-D)S(t)}{\sigma}$$

从而：

$$\widetilde{W}(t) = \left[\frac{(\mu - D) - (r-D)S(t)}{\sigma}\right] t + W(t)$$

将 λ 的表达式代回 $S(t)$ 的随机微分方程中，最终可得：

$$dS(t) = (r-D)S(t)\, dt + \sigma\, d\widetilde{W}(t)$$

四、风险中性定价方法的拓展

对于前面所介绍的风险中性定价方法，我们是基于测度 $\mathbb{Q}$ 下标的资产价格的贴现过程是鞅这一结论展开论述的。风险中性定价方法与无套利的等价关系，由哈里森和克雷普斯（Harrison and Kreps，1979）[①]以及哈里森和普利斯卡（Harrison and Pliska，1983）两篇论文[②]给出了严格证明。

实际上，风险中性定价方法可看作计价单位（numeraire）方法的一个应用。所谓的计价单位方法是由格曼、卡鲁伊和罗切特（Geman，El Karoui and Rochet，1995）[③]提出的理论方法。该方法通过选取合适的计价单位，可以大大简化某些复杂的金融衍生品定价问题。

[①] Harrison, J. M. and Kreps, D. M. "Martingales and Arbitrage in Multiperiod Securities Markets"[J]. *Journal of Economic Theory*, 1979, 20(3): 381-408.

[②] Harrison, J. M. and Pliska, S. R. "A Stochastic Calculus Model of Continuous Trading: Complete Markets"[J]. *Stochastic Processes and Their Applications*, 1983, 15(3): 313-316.

[③] Geman, H., El Karoui, N., and Rochet, J. C. "Changes of Numeraire, Changes of Probability Measures and Pricing of Options"[J]. *Journal of Applied Probability*, 1995(32): 443-458.

以风险中性定价方法中采用的资产价格贴现过程 $Z(t)=\mathrm{e}^{-rt}S(t)$ 为例，它可以看作资产价格 $S(t)$ 与一单位无风险债券价格 $B(t)=\mathrm{e}^{rt}$ 两者的相对价格[1]，即：

$$Z(t)=\mathrm{e}^{-rt}S(t)=\frac{S(t)}{B(t)}$$

在这里，称 $B(t)$ 是 $S(t)$ 的计价单位。也就是说，资产价格以无风险债券价格为计价单位时，其相对价格 $S(t)/B(t)$ 演化的随机过程是鞅，即：

$$\frac{S(t)}{B(t)}=\mathbb{E}^{\mathbb{Q}}\left[\left.\frac{S(T)}{B(T)}\right|\mathcal{F}(t)\right],\qquad t\leqslant T$$

于是下式成立：

$$S(t)=\frac{B(t)}{B(T)}\mathbb{E}^{\mathbb{Q}}\Big[S(T)\Big|\mathcal{F}(t)\Big]=\mathrm{e}^{-r(T-t)}\mathbb{E}^{\mathbb{Q}}\Big[S(T)\Big|\mathcal{F}(t)\Big]$$

但是在利率随机时，使用上式是很难对风险中性测度下的期望进行求解的，因为此时包含了 $S(t)$ 和 $r(t)$ 两个随机过程。因此，我们必须寻找更合适的计价单位，以简化定价问题的求解。计价单位的选取在利率衍生品和汇率衍生品的定价问题中具有非常广泛的应用。限于本书的篇幅，这里不再展开。

第五节　马氏过程和鞅

在第二章第五节，我们通过布朗运动讲述了马氏过程的特征及其性质；在第三章第二节，我们特别强调了马氏性与鞅在表现形式上没有必然的联系。

本节我们将对马氏过程进行定义，并介绍马氏过程和鞅之间的联系，为下一章的内容打下基础。

定义 6.5 马氏过程的第一种定义方式

假设 $X(t)$ 是定义在概率空间 $\{\Omega,\mathcal{F},\mathbb{P}\}$ 上的随机过程，$\mathcal{F}(s)$ 是在域流 $\{\mathcal{F}(t)\}$ 上的子 σ-代数，其中，$0<s<t$。如果下式成立：

$$\mathbb{P}[X(t)\leqslant x_t|\mathcal{F}(s)]=\mathbb{P}[X(t)\leqslant x_t|x_s]\tag{6.29}$$

则称 $X(t)$ 是一个马氏过程（Markov process）。

上面这种定义方式是基于马氏过程的无后效性。在金融衍生品定价领域，更有价值的定义方式如下：

[1] 需要注意的是，此处的无风险利率 r 是常数，不随时间的推移而发生改变。

定义 6.6 马氏过程的第二种定义方式

假设 $X(t)$ 是定义在概率空间 $\{\Omega, \mathcal{F}, \mathbb{P}\}$ 上的随机过程，在域流 $\{\mathcal{F}(t)\}$ 上的两个函数 f 和 g 均是可测的，如果 f 和 g 之间满足如下表达式：

$$\mathbb{E}\Big\{f[X(t)]\Big|\mathcal{F}(s)\Big\} = g[X(s)], \qquad 0 < s < t \tag{6.30}$$

则称 $X(t)$ 是马氏过程。

回顾第三章关于鞅的定义，我们可知：若 $X(t)$ 是鞅，则其满足如下表达式：

$$\mathbb{E}[X(t)|\mathcal{F}(s)] = X(s), \qquad 0 < s < t \tag{6.31}$$

从中不难看出，当定义 6.6 中的函数 $f(x) = x$, $g(x) = x$ 时，得到的结果恰好就是式 (6.31)。可见，**鞅是马氏过程的特殊形式**。

在金融衍生品定价当中，如果 $X(t)$ 为马氏过程，那么函数 g 的存在性意味着：若 t 时刻到期的金融衍生品的随机性只依赖于 $X(t)$，则在 s 时刻（$0 < s < t$），一定存在一个金融衍生品的定价函数，其仅仅是 $X(s)$ 的函数，我们不需要储存任何有关价格变动路径的信息。比如，对于欧式期权而言，其未来到期时的偿付数额只与到期时的标的资产价格有关，因此在进行定价的时候，我们只需关心未来到期时点期权的可能偿付数额（该数额大小取决于到期时点标的资产的可能价格），而不用关心到期前各时点标的资产的可能价格。这样就可以大大降低金融衍生品定价的难度。

需要说明的是，大部分金融衍生品定价模型都基于马氏过程，但是仍有例外。比如，利率模型中常用的 HJM 模型就不满足马氏性（non-Markovian），因为其中的漂移项取值就取决于 $\mathcal{F}(t)$ 上的所有信息。

本章附录

贝特朗悖论与概率测度

贝特朗悖论（Bertrand's paradox）是法国学者约瑟夫・贝特朗（Joseph Bertrand，1822—1900）于 1899 年针对几何概率提出的。该悖论针对的是以下问题：在一个圆内任意选一条弦，这条弦的长度大于这个圆的内接等边三角形边长的概率是多少？

关于这个问题，可以得到三个不同的结果（如图 6.3 所示）：

(a) 由于对称性，可预先指定弦的方向。作垂直于此方向的直径，只有交直径于 1/4 点与 3/4 点间的弦，其长度才大于内接正三角形的边长。所有交点是等可能的，所求概率为 1/2。此时假定弦的中心在直径上均匀分布。

(b) 由于对称性，可预先固定弦的一端。仅当弦与过此端点的切线的交角在 $(\pi/3, 2\pi/3)$ 之间时，其长度才合乎要求。所有的方向是等可能的，则所求概率为 1/3。此时假定端点在圆周上均匀分布。

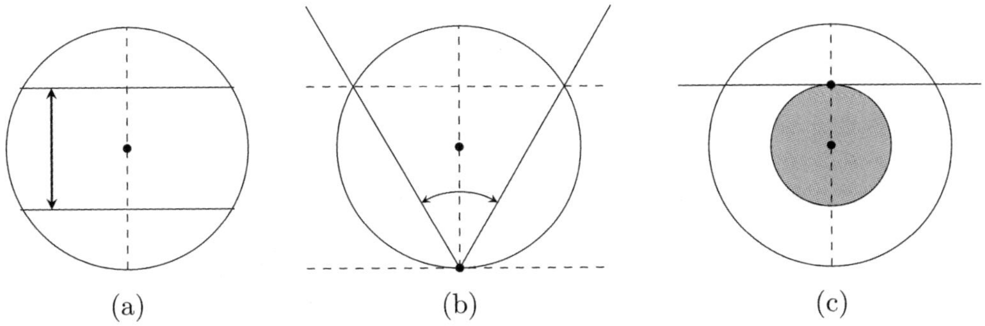

图 6.3 三个不同结果的图形化展示

(c) 弦被其中点位置唯一确定。只有当弦的中点落在半径缩小了一半的同心圆内时，其长才合乎要求。中点位置都是等可能的，所求概率为 1/4。此时假定弦长被其中心唯一确定。

按照几何概率的定义进行计算，可以求得三个不同的概率，这与概率的性质是背道而驰的。这就是著名的贝特朗悖论，该悖论的矛头直指几何概率的概念本身。贝特朗悖论说明，原来关于概率的定义具有很大的局限性，迫切需要一种公理化的体系改造概率论。直到 1933 年苏联数学家柯尔莫哥洛夫提出了概率的公理化体系，将测度论引入概率论中，该问题才得到了完美的解释。

本章习题

1. 考虑一个三资产、三状态的金融市场，其回报矩阵 $\mathbf{X}$ 如下：

$$\mathbf{X} = \begin{bmatrix} 23 & 33 & 9 \\ 15 & 19 & 21 \\ 7 & 5 & 33 \end{bmatrix}$$

请问：该市场是否完备？若不完备，请用其中的两个资产复制出第三个资产。

2. 考虑一个两资产、三状态的金融市场，其中的资产 A 和资产 B 是两个无法相互复制的可交易资产，当前 0 时刻的价格分别为 8 元和 9 元。假设它们在 1 时刻的三个状态下回报分别为 $(10, 8, 0)$ 和 $(8, 12, 0)$。

求在 1 时刻到期、行权价为 7、标的资产为 A 的看涨期权在当前时刻 0 的价格。

3. 考虑以下三资产、三状态的金融市场，其当前的价格向量为

$$\mathbf{S}(0) = \begin{bmatrix} 1 & 5 & 10 \end{bmatrix}'$$

相应的回报矩阵 $\mathbf{X}$ 如下：

$$\text{(a) } \mathbf{X} = \begin{bmatrix} 1 & 1 & 1 \\ 1 & 6 & 15 \\ 12 & 8 & 6 \end{bmatrix} \qquad \text{(b) } \mathbf{X} = \begin{bmatrix} 1 & 1 & 1 \\ 4 & 6 & 8 \\ 12 & 8 & 4 \end{bmatrix} \qquad \text{(c) } \mathbf{X} = \begin{bmatrix} 1 & 1 & 1 \\ 3 & 5 & 5 \\ 10 & 10 & 15 \end{bmatrix}$$

请问：上述三种情形下是否存在套利机会？如果有，请指出。

4. 假设无风险资产的价格变动服从如下微分方程：

$$\mathrm{d}B(t) = r(t)B(t)\,\mathrm{d}t$$

并且假设标的资产 $S(t)$ 满足如下几何布朗运动：

$$\mathrm{d}S(t) = \mu(t)S(t)\,\mathrm{d}t + \sigma(t)S(t)\,\mathrm{d}W(t)$$

其中，$W(t)$ 是 $\mathbb{P}$ 测度下的标准布朗运动，请利用哥萨诺夫定理，给出风险中性测度 $\mathbb{Q}$ 下的标准布朗运动 $\widetilde{W}(t)$ 的表达式。

提示：根据微分方程，假设无风险资产在 0 时刻的价格为 1，则其在 t 时刻的价格为 $B(t) = \exp\left[\int_0^t r(u)\,\mathrm{d}u\right]$，相应地，标的资产价格的贴现就是 $S(t)/B(t)$。

5. 假设无风险资产的价格变动服从如下微分方程：

$$\mathrm{d}B(t) = r(t)B(t)\,\mathrm{d}t$$

并且假设标的资产 $S(t)$ 满足如下算术布朗运动：

$$\mathrm{d}S(t) = \mu(t)\,\mathrm{d}t + \sigma(t)\,\mathrm{d}W(t)$$

其中 $W(t)$ 是 $\mathbb{P}$ 测度下的标准布朗运动，请利用哥萨诺夫定理，给出风险中性测度 $\mathbb{Q}$ 下的标准布朗运动 $\widetilde{W}(t)$ 的表达式。

第七章　连续时间下的期权定价

自从期权交易产生以来，人们就一直致力于对期权定价问题的探讨。1973 年美国芝加哥大学教授费希尔・布莱克（Fischer Black, 1938—1995）和迈伦・斯科尔斯（Myron Scholes, 1941— ）发表了《期权定价与公司负债》[①]一文，提出了有史以来的第一个期权定价模型，在学术界和实务界引起了强烈的反响。

在布莱克和斯科尔斯研究的基础上，罗伯特・默顿（Robert Merton, 1944— ）独立地使用随机微积分的相关方法对期权定价问题进行了研究，于同年在《贝尔经济与管理科学杂志》上发表了名为《期权的理性定价理论》的论文。[②]

这两篇论文奠定了期权定价的理论基础。他们所提出的期权定价模型称作布莱克–斯科尔斯（Black-Scholes）期权定价模型（后文简称为 B–S 模型）。由于这三位学者（见图 7.1）的突出贡献，最终默顿和斯科尔斯于 1997 年获得诺贝尔经济学奖。本章将介绍连续时间下的期权定价问题，并由此最终推导出欧式期权的 B–S 模型定价公式。

费希尔・布莱克　　迈伦・斯科尔斯　　罗伯特・默顿

图 7.1　相关学者

[①]Black, F. and Scholes, M. "The Pricing of Options and Corporate Liabilities" [J]. *The Journal of Political Economy*, May–June, 1973(81): 637-654.

[②]Merton, R. C. "Theory of Rational Option Pricing"[J]. *The Bell Journal of Economics and Management Science*, 1973(4): 141-183.

第一节　期权的价格分析

前面的章节简要地介绍了期权的相关概念。本章在对期权的定价进行研究之前，需要对其中的一些概念进行细致分析。

看涨期权的买方在未来具有按照行权价买入标的资产的权利。假设 S 表示标的资产在未来期权到期时的市价；K 表示期权的行权价。因此，对于看涨期权的买方而言，其未来到期时的回报数额如下：

$$V_C = (S-K)^+ = \max(S-K, 0) = \begin{cases} S-K, & S \geqslant K \\ 0, & S < K \end{cases} \tag{7.1}$$

需要说明的是，对于看涨期权而言，只有当 $S \geqslant K$ 时，期权买方才有必要行权，因此行权后的回报数额即为标的资产高价与行权价之差；否则期权买方将放弃行权，相应的回报数额为零。另外，当 $S = K$ 时，看涨期权是平值（in-the-money, ITM）期权；当 $S > K$ 时，看涨期权是实值（at-the-money, ATM）期权；当 $S < K$ 时，看涨期权是虚值（out-of-the-money, OTM）期权。对于看涨期权而言，实值期权的回报数额为正；虚值期权和平值期权的回报数额则为零。

知识讲解

期权的价格分析、无套利资产组合构建

类似地，看跌期权的买方在未来具有按照行权价卖出标的资产的权利，因此其未来到期时的回报数额如下：

$$V_P = (K-S)^+ = \max(K-S, 0) = \begin{cases} 0, & S > K \\ K-S, & S \leqslant K \end{cases} \tag{7.2}$$

类似地，当 $S = K$ 时，看跌期权是平值期权；当 $S < K$ 时，看跌期权是实值期权；当 $S > K$ 时，看跌期权是虚值期权。

由此可得到期权的回报数额与实值或虚值之间的关系如表 7.1 所示。

表 7.1　期权的回报数额与实值或虚值之间的关系

	看涨期权	回报数额	看跌期权	回报数额
实值	$S > K$	$S-K$	$S < K$	$K-S$
虚值	$S < K$	0	$S > K$	0
平值	$S = K$	0	$S = K$	0

第二节　期权与标的资产的对冲

在 B–S 模型当中，假设期权标的资产价格的演化服从几何布朗运动，即：

$$\mathrm{d}S(t) = \mu S(t)\,\mathrm{d}t + \sigma S(t)\,\mathrm{d}W(t) \tag{7.3}$$

其中，μ 和 σ 均是常数，分别是标的资产 S 的漂移率和波动率；$W(t)$ 是前面几章所提到的标准布朗运动。

由于期权是由标的资产衍生而来的，因而其价格变动受到标的资产价格的影响。因此，记期权的价格为 $f[S(t)]$。根据伊藤引理不难得到：

$$\begin{aligned} \mathrm{d}f &= \frac{\partial f}{\partial t}\,\mathrm{d}t + \frac{\partial f}{\partial S}\,\mathrm{d}S + \frac{1}{2}\frac{\partial^2 f}{\partial S^2}(\,\mathrm{d}S)^2 \\ &= \left(\frac{\partial f}{\partial t} + \mu S\frac{\partial f}{\partial S} + \frac{1}{2}\sigma^2 S^2\frac{\partial^2 f}{\partial S^2}\right)\mathrm{d}t + \sigma S\frac{\partial f}{\partial S}\,\mathrm{d}W(t) \end{aligned} \tag{7.4}$$

此处为书写方便，对 $S(t)$ 和 $f[S(t)]$ 进行了简写。

在 B–S 模型的原始文献中，采用的是将期权与标的资产构成的组合进行对冲的方式，并基于无套利原理，最终得到求解期权价格的方程。接下来将基于这一思想构造投资组合。假设构造的组合中包含了一份期权，以及 Δ 份标的资产，并将该组合的总价值记为 Π，因此：

$$\Pi = f + \Delta S \tag{7.5}$$

于是该资产组合的价值变动数额如下：

$$\mathrm{d}\Pi = \,\mathrm{d}f + \Delta\,\mathrm{d}S$$

将式 (7.3) 和式 (7.4) 代入上式，可得：

$$\begin{aligned} \mathrm{d}\Pi &= \left(\frac{\partial f}{\partial t} + \mu S\frac{\partial f}{\partial S} + \frac{1}{2}\sigma^2 S^2\frac{\partial^2 f}{\partial S^2}\right)\mathrm{d}t + \sigma S\frac{\partial f}{\partial S}\,\mathrm{d}W(t) + \Delta\Big[\mu S\,\mathrm{d}t + \sigma S\,\mathrm{d}W(t)\Big] \\ &= \left(\frac{\partial f}{\partial t} + \mu S\frac{\partial f}{\partial S} + \frac{1}{2}\sigma^2 S^2\frac{\partial^2 f}{\partial S^2} + \Delta\mu S\right)\mathrm{d}t + \left(\sigma S\frac{\partial f}{\partial S} + \Delta\sigma S\right)\mathrm{d}W(t) \end{aligned} \tag{7.6}$$

接下来，令上式中的 $\mathrm{d}W(t)$ 项取值为零，这意味着：

$$\Delta = -\frac{\partial f}{\partial S}$$

此时，组合 Π 的价格变动不受随机因素的影响，相应地，

$$\mathrm{d}\Pi = \left(\frac{\partial f}{\partial t} + \frac{1}{2}\sigma^2 S^2\frac{\partial^2 f}{\partial S^2}\right)\mathrm{d}t \tag{7.7}$$

最终，投资组合的价值变动仅与时间 t 的变动有关，该组合已经消除了随机因素带来的不确定性。根据无套利定价原理，该投资组合的收益率应该等于无风险利率 r。因此在连续复利计息下，下式成立：

$$\Pi(T) = \Pi(t)\mathrm{e}^{r(T-t)}$$

与之对应的微分方程如下：

$$\mathrm{d}\Pi = r\Pi\,\mathrm{d}t \tag{7.8}$$

将式 (7.5) 和式 (7.8) 联立，可得：

$$\left(\frac{\partial f}{\partial t}+\frac{1}{2}\sigma^2S^2\frac{\partial^2 f}{\partial S^2}\right)\mathrm{d}t=r\left(f-\frac{\partial f}{\partial S}S\right)\mathrm{d}t$$

最终：

$$\frac{\partial f}{\partial t}+rS\frac{\partial f}{\partial S}+\frac{1}{2}\sigma^2S^2\frac{\partial^2 f}{\partial S^2}=rf \tag{7.9}$$

知识讲解

B–S 偏微分方程推导

上式就是著名的 B–S 偏微分方程（partial differential equation, PDE）。求解该方程，最终得到的 $f[S(t)]$ 就是期权的价格。

需要说明的是，这个偏微分方程有很多解，为此需要添加必要的边界条件（boundary condition）才有可能得到唯一的解。比如，对于到期时间为 T 的欧式看涨期权来说，边界条件是 $f[S(T)]=\max\left[S(T)-K,\ 0\right]$；而对于欧式看跌期权来说，边界条件则为 $f[S(T)]=\max\left[K-S(T),\ 0\right]$。

另外，这个偏微分方程的边界条件与自然科学领域常见问题的边界条件有所区别。以物理学为例，其中涉及的大部分偏微分方程均给出了初始条件（initial condition），也就是零时刻某变量的取值，并以此为基础求解未来时刻变量的取值；但是 B–S 偏微分方程中给出的却是未来期权到期时刻 T 时的回报函数，这个可看作终值条件（final condition），我们的目标是以此为基础求解当前时刻 t（$t<T$）变量的取值。因此从严格意义上说，B–S 偏微分方程是一种倒向偏微分方程（backward PDE）。这两种偏微分方程的求解思路对比如图 7.2 所示。

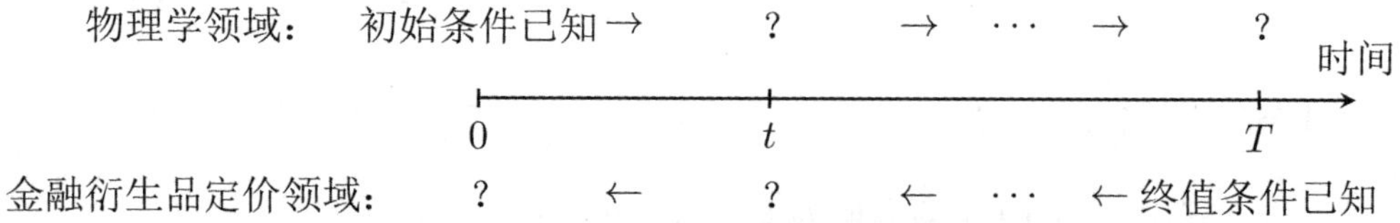

图 7.2　两种偏微分方程的求解思路对比

阅读材料：费希尔·布莱克简介

费希尔·布莱克（Fischer Black，1938—1995）是美国经济学家，布莱克–斯科尔斯模型的提出者之一。费希尔·布莱克毕生坚持奋战在华尔街，在金融领域他是“搞实务的”而不是“做学术的”，然而就是他创建了迄今为止最正确、最经典、应用最广、成就最高的模型：布莱克–斯科尔斯期权定价模型。在他因病去世两年后，诺贝尔将经济学奖颁给了参与创建模型的两位学者迈伦·斯科尔斯和罗伯特·默顿，费希尔终未获此殊荣。

费希尔·布莱克于 1959 年毕业于哈佛学院，并于 1964 年获得了哈佛大学应用数学的博士学位。最初，他因毕业论文无法开题而放弃就读博士，后来他从物理学专业转至数学专业，后又转至计算机和人工智能专业。毕业后布莱克加入了

Arthur D. Little 公司，在那里他第一次接触到经济和金融咨询，同时遇见了未来的合作者杰克·特雷诺（Jack Treynor）。自 1971 年起，他先后在芝加哥大学和麻省理工学院斯隆管理学院（MIT Sloan Management）工作，并于 1984 年加入华尔街知名投资银行高盛（Goldman Sachs）。

费希尔·布莱克是一位充满传奇色彩的人物。他从没受过正式的金融和经济学训练，却在几年之内创立了现代金融学的基础。他在生活中处处规避风险，却在学术研究和商业实践中勇敢地探索前沿领域。他能轻易地获得芝加哥大学和麻省理工学院的终身教授头衔，也能自如地放弃，再次投身到金融衍生品革命的大潮，并成为顶级投资银行高盛的合伙人。他频繁地在象牙塔和华尔街之间穿梭、游弋，并常常在学界和实务界同时获得成功。

费希尔·布莱克曾于 1985 年当选美国金融学会（American Finance Association, AFA）主席，1994 年成为年度金融工程师，并四次获得《金融分析师杂志》的 Graham & Dodd 奖项。

布莱克逝世后，《经济学人》杂志对他做出如此评价："费希尔·布莱克，金融经济学家和当代金融衍生品市场的学界教父，因病逝世……他是本世纪最多产的经济学者之一，如果他还活着，肯定会获得诺贝尔奖……他提供了精确的工具来度量金融风险，而无须猜测市场的可能运行方向……"

为纪念布莱克，美国金融学会于 2002 年设立了费希尔·布莱克奖，该奖每两年颁发一次，颁发对象是其原创性研究成果对金融实务领域有重大影响的年轻学者。符合条件的学者必须年龄在 40 岁以下，或者年龄在 45 岁以下，但在 35 岁以前尚未获得博士学位（或同等学力）。

第三节　期权定价的偏微分方程法

本节以欧式看涨期权为例，介绍如何使用偏微分方程的知识推导 B–S 模型。由上所述，欧式看涨期权 B–S 偏微分方程及其边界条件分别为：

$$\begin{cases}\dfrac{\partial f}{\partial t}+rS\dfrac{\partial f}{\partial S}+\dfrac{1}{2}\sigma^2S^2\dfrac{\partial^2 f}{\partial S^2}=rf\\ f\left[S(T)\right]=\max\left[S(T)-K,0\right]=\left[S(T)-K\right]^+=h\left[S(T)\right]\end{cases}\tag{7.10}$$

上面的方程与物理学中的热传导方程（heat equation）非常相似，对于初始条件为 $\phi(x)$ 的热传导方程

$$\begin{cases}\dfrac{\partial g}{\partial t}(x,t)=k\dfrac{\partial^2 g}{\partial x^2}(x,t), \qquad t>0\\ f(x,0)=\phi(x)\end{cases}\tag{7.11}$$

它的解是：

$$g(x,t)=\int_{-\infty}^{\infty}\phi(z)\exp\left[-\frac{(x-z)^2}{4kt}\right]\frac{1}{\sqrt{4\pi kt}}\mathrm{d}z, \qquad t>0\tag{7.12}$$

要将 B–S 偏微分方程转化成热传导方程，只需进行如下代换：

$$\begin{cases} g(S,t) = \mathrm{e}^{rt} f\left\{\exp\left[\sigma S + \left(\dfrac{1}{2}\sigma^2 - r\right)t\right], T-t\right\} \\ g(S,0) = h\big[\exp(\sigma S)\big] \end{cases} \tag{7.13}$$

最终 B–S 偏微分方程变成如下形式：

$$\begin{cases} \dfrac{\partial g}{\partial t}(S,t) = \dfrac{1}{2}\dfrac{\partial^2 g}{\partial S^2}(S,t) \\ g(S,0) = h\big[\exp(\sigma S)\big] \end{cases} \tag{7.14}$$

由此可见，B–S 偏微分方程可以通过变量代换的方法转变成形如式 (7.11) 的热传导方程。求解式 (7.13) 可得：

$$\begin{aligned} g(S,t) &= \int_{-\infty}^{\infty} h\left[\exp(\sigma z)\right] \exp\left[-\frac{(S-z)^2}{2t}\right] \frac{1}{\sqrt{2\pi t}}\,\mathrm{d}z \\ &= \int_{-\infty}^{\infty} \left[\exp(\sigma z) - K\right]^+ \exp\left[-\frac{(S-z)^2}{2t}\right] \frac{1}{\sqrt{2\pi t}}\,\mathrm{d}z \\ &= \frac{1}{\sqrt{2\pi t}} \int_{\frac{\ln K}{\sigma}}^{\infty} \left[\exp(\sigma z) - K\right] \exp\left[-\frac{(S-z)^2}{2t}\right] \mathrm{d}z \\ &= \frac{1}{\sqrt{2\pi t}} \left\{ \int_{\frac{\ln K}{\sigma}}^{\infty} \exp\left[-\frac{(S-z)^2}{2t} + \sigma z\right] \mathrm{d}z \right. \\ &\quad \left. -K \int_{\frac{\ln K}{\sigma}}^{\infty} \exp\left[-\frac{(S-z)^2}{2t}\right] \mathrm{d}z \right\} \\ &= \exp\left(\sigma S + \frac{1}{2}\sigma^2 t\right) N\left(-\frac{\ln K - \sigma S - \sigma^2 t}{\sigma\sqrt{t}}\right) \\ &\quad - KN\left(-\frac{\ln K - \sigma S}{\sigma\sqrt{t}}\right) \end{aligned} \tag{7.15}$$

令 $M = \exp\left[\sigma S + \left(0.5\sigma^2 - r\right)t\right]$，$\tau = T - t$，则：

$$f(M,\tau) = \mathrm{e}^{-r(T-\tau)} g\left[\frac{\ln M - \left(0.5\sigma^2 - r\right)(T-\tau)}{\sigma}, T-\tau\right]$$

将 M, τ 分别替换成 S, t，可得：

$$f(S,t) = \mathrm{e}^{-r(T-t)} g\left[\frac{\ln S - \left(0.5\sigma^2 - r\right)(T-t)}{\sigma}, T-t\right] \tag{7.16}$$

令 $S'=\dfrac{\ln S-\left(0.5\sigma^2-r\right)(T-t)}{\sigma}$，$t'=T-t$，将式 (7.14) 代入式 (7.16)，可得：

$$
\begin{aligned}
g\left(S',t'\right)=&\exp\left[\ln S-\left(0.5\sigma^2-r\right)(T-t)+0.5\sigma^2(T-t)\right]\\
&\times N\left[-\frac{\ln K-\ln S+\left(0.5\sigma^2-r\right)(T-t)-\sigma^2(T-t)}{\sigma\sqrt{T-t}}\right]\\
&-KN\left[-\frac{\ln K-\ln S+\left(0.5\sigma^2-r\right)(T-t)}{\sigma\sqrt{T-t}}\right]\\
=&S\mathrm{e}^{r(T-t)}N\left[\frac{\ln(S/K)+\left(r+0.5\sigma^2\right)(T-t)}{\sigma\sqrt{T-t}}\right]\\
&-KN\left[\frac{\ln(S/K)+\left(r-0.5\sigma^2\right)(T-t)}{\sigma\sqrt{T-t}}\right]\\
=&S\mathrm{e}^{r(T-t)}N\left(d_1\right)-KN\left(d_2\right)
\end{aligned}
\tag{7.17}
$$

其中：

$$
d_1=\frac{\ln(S/K)+\left(r+0.5\sigma^2\right)(T-t)}{\sigma\sqrt{T-t}},\qquad d_2=\frac{\ln(S/K)+\left(r-0.5\sigma^2\right)(T-t)}{\sigma\sqrt{T-t}}
$$

因此：

$$
\begin{aligned}
f(S,t)&=\mathrm{e}^{-r(T-t)}g\left(S',t'\right)\\
&=\mathrm{e}^{-r(T-t)}\left[S\mathrm{e}^{r(T-t)}N\left(d_1\right)-KN\left(d_2\right)\right]\\
&=SN\left(d_1\right)-K\mathrm{e}^{-r(T-t)}N\left(d_2\right)
\end{aligned}
\tag{7.18}
$$

这里求得的 $f(S,t)$ 便是 T 时刻到期的看涨期权在 t 时刻的价格。其中 $N(\cdot)$ 就是标准正态分布的累积分布函数（cumulative distribution function, CDF）。

从推导过程不难发现，该方法是基于物理学中热传导方程的一些性质，对偏微分方程加以求解。由于推导中用到了多处变量代换，所以求解过程非常复杂。接下来介绍一种基于概率相关知识的解法，该方法的求解过程相对简单。

阅读材料：姜礼尚教授简介

姜礼尚，1936 年出生，现为同济大学数学研究所所长。

自 1954 年从北京大学数学专修课毕业后，姜礼尚先后在北京航空学院、北京大学、苏州大学、同济大学任教；1961 年，他从北京大学数学力学系研究生毕业并留校任教；1983 年被聘为北京大学数学系教授；1985 年被国务院学位委员会评为博士生导师；1989—1996 年任苏州大学校长；2001—2005 年任上海市数学会理事长。

姜礼尚先生毕生致力于偏微分方程理论和应用研究，并做出了杰出贡献。几十年来，他大力倡导而且积极实践数学应用，其成果涉及石油开采、水利和金融等诸多领域。

姜礼尚先生曾于 1982 年和 1991 年两次获得国家自然科学奖三等奖，1985 年获得国家教育委员会优秀科技成果奖（第一获奖人），1986 年被国家教育委员会授予科学技术进步奖二等奖（第一获奖人），2005 年获得中国数学会颁发的终身成就奖——华罗庚数学奖，2012 年获得中国工业与应用数学学会颁发的苏步青应用数学奖。

1996 年后，姜礼尚先生尽管已经 60 多岁了，但仍然活跃在数学前沿研究中，并带领研究团队进入了一个全新的领域——金融数学。凭借在偏微分方程和自由边界方面的丰富知识，他和合作者开创了一条该领域研究的新途径，并取得了许多杰出成果。2003 年，他出版了专著《期权定价的数学模型和方法》。该书的英译本在 World Scientific Publishing 出版，是国际上首次用偏微分方程的观点论述金融衍生品定价的著作。*Mathematical Reviews* 称赞该书“完美展示了 PDE 方法在金融数学中的应用”。

姜礼尚先生勤于钻研，著作颇丰，有两本专著曾获国家教育委员会优秀教材一等奖。姜礼尚先生曾指导博士、硕士研究生 50 余人，为培养青年科学家付出了许多努力。现在，他的学生遍布世界各地。偏微分方程领域许多年轻的优秀数学家都从他的教学中受益匪浅。他深邃的学术思想和严谨的工作作风深深影响着他的学生们。

第四节　期权的风险中性定价法

知识讲解

期权的风险中性定价法

在前面几章的内容中，我们已经证明了，在风险中性概率测度 $\mathbb{Q}$ 下，资产价格的贴现值是鞅。基于这一结论，可以使用风险中性方法对欧式看涨期权进行定价，该方法也常常称作等价鞅测度法。

由于服从几何布朗运动的标的资产在测度 $\mathbb{Q}$ 下其价格演化的随机微分方程当中的漂移项即为无风险利率 r，因此：

$$\mathrm{d}S(t) = rS(t)\,\mathrm{d}t + \sigma S(t)\,\mathrm{d}\widetilde{W}(t) \tag{7.19}$$

其中，$\widetilde{W}(t)$ 是测度 $\mathbb{Q}$ 下的标准布朗运动。根据伊藤引理可得：

$$\begin{aligned} S(t) &= S(0)\exp\left[\left(r-\frac{1}{2}\sigma^2\right)t+\sigma\widetilde{W}(t)\right] \\ &= S(0)\exp\left[\left(r-\frac{1}{2}\sigma^2\right)t+\sigma\sqrt{t}Z\right] \end{aligned} \tag{7.20}$$

其中，$Z\sim\mathcal{N}(0,1)$。

一、欧式期权的定价

对于欧式看涨期权而言，其未来到期时的回报数额为 $\max[S(T)-K,0]$，也常常简写为 $[S(T)-K]^{+}$，根据风险中性测度的性质可得：

$$V(0)=\mathrm{e}^{-rT}\mathbb{E}^{\mathbb{Q}}[V(T)|S(0)=S]=\mathrm{e}^{-rT}\mathbb{E}^{\mathbb{Q}}\left\{[S(T)-K]^{+}\Big|S(0)=S\right\} \tag{7.21}$$

于是：

$$\begin{aligned}V(0)&=\mathrm{e}^{-rT}\int_{-\infty}^{\infty}\left\{S\exp\left[\left(r-\frac{1}{2}\sigma^2\right)T+\sigma z\sqrt{T}\right]-K\right\}^{+}f_Z(z)\,\mathrm{d}z\\&=\mathrm{e}^{-rT}\int_{z_0}^{\infty}\left\{S\exp\left[\left(r-\frac{1}{2}\sigma^2\right)T+\sigma z\sqrt{T}\right]-K\right\}f_Z(z)\,\mathrm{d}z\end{aligned}$$

需要说明的是，上式中的 $f_Z(z)$ 是标准正态分布的概率密度函数，即：

$$f_Z(z)=\frac{1}{\sqrt{2\pi}}\exp\left(-\frac{z^2}{2}\right)$$

式子当中 z_0 的计算过程如下：

$$S\exp\left[\left(r-\frac{1}{2}\sigma^2\right)T+\sigma z_0\sqrt{T}\right]=K$$

$$\left(r-\frac{1}{2}\sigma^2\right)T+\sigma z_0\sqrt{T}=\ln(K/S)$$

$$z_0=\frac{\ln(K/S)-\left(r-0.5\sigma^2\right)T}{\sigma\sqrt{T}}$$

于是：

$$\begin{aligned}V(0)=&\,S\mathrm{e}^{-rT}\int_{z_0}^{\infty}\exp\left[\left(r-\frac{1}{2}\sigma^2\right)T+\sigma z\sqrt{T}\right]f_Z(z)\,\mathrm{d}z\\&-K\mathrm{e}^{-rT}\int_{z_0}^{\infty}f_Z(z)\,\mathrm{d}z\\=&\,S\mathrm{e}^{-rT}I_1-K\mathrm{e}^{-rT}N(-z_0)\end{aligned}$$

其中：

$$\begin{aligned}I_1&=\int_{z_0}^{\infty}\exp\left[\left(r-\frac{1}{2}\sigma^2\right)T+\sigma\sqrt{T}z\right]f_Z(z)\,\mathrm{d}z\\&=\int_{z_0}^{\infty}\exp\left[\left(r-\frac{1}{2}\sigma^2\right)T+\sigma\sqrt{T}z\right]\frac{1}{\sqrt{2\pi}}\exp\left(-\frac{1}{2}z^2\right)\,\mathrm{d}z\\&=\frac{1}{\sqrt{2\pi}}\int_{z_0}^{\infty}\exp\left[-\frac{(z-\sigma\sqrt{T})^2}{2}\right]\exp(rT)\,\mathrm{d}z\\&=\mathrm{e}^{rT}N(-z_0+\sigma\sqrt{T})\end{aligned}$$

最终：

$$
\begin{aligned}
V(0) &= SN\left[\frac{\ln(S/K)+(r+0.5\sigma^2)T}{\sigma\sqrt{T}}\right] \\
&\quad - K\mathrm{e}^{-rT}N\left[\frac{\ln(S/K)+(r-0.5\sigma^2)T}{\sigma\sqrt{T}}\right] \\
&= SN(d_1) - K\mathrm{e}^{-rT}N(d_2)
\end{aligned} \tag{7.22}
$$

其中：

$$
d_1 = \frac{\ln(S/K)+\left(r+0.5\sigma^2\right)T}{\sigma\sqrt{T}}, \qquad d_2 = \frac{\ln(S/K)+\left(r-0.5\sigma^2\right)T}{\sigma\sqrt{T}}
$$

二、两类二元期权的定价

基于该方法，还可以为其他形式的期权（比如二元期权）定价。对于看涨型二元期权而言，当未来标的资产价格超过行权价 K 时，投资者将得到 1 元的回报，否则将得不到任何回报。对于这样的期权，其未来时刻的回报函数可以使用示性函数来表示，即：

知识讲解

二元期权的定价

$$
\mathbf{1}_{\{S(T)>K\}} = \begin{cases} 1, & S(T)>K \\ 0, & S(T)\leqslant K \end{cases}
$$

由此可以得到当前时刻期权的价格计算公式如下：

$$
V(0) = \mathrm{e}^{-rT}\mathbb{E}^{\mathbb{Q}}\left[\mathbf{1}_{\{S(T)>K\}}|S(0)=S\right]
$$

根据示性函数的性质，可得：

$$
\begin{aligned}
V(0) &= \mathrm{e}^{-rT}\mathbb{Q}[S(T)>K|S(0)=S] \\
&= \mathrm{e}^{-rT}\mathbb{Q}\left\{S\exp\left[\left(r-\frac{1}{2}\sigma^2\right)T+\sigma\widetilde{W}(T)\right]>K\right\} \\
&= \mathrm{e}^{-rT}\mathbb{Q}\left\{\widetilde{W}(T)>\frac{1}{\sigma}\left[\ln\left(\frac{K}{S}\right)-\left(r-\frac{1}{2}\sigma^2\right)T\right]\right\} \\
&= \mathrm{e}^{-rT}\mathbb{Q}\left\{Z>\frac{1}{\sigma\sqrt{T}}\left[\ln\left(\frac{K}{S}\right)-\left(r-\frac{1}{2}\sigma^2\right)T\right]\right\} \\
&= \mathrm{e}^{-rT}N\left[\frac{\ln(S/K)+\left(r-0.5\sigma^2\right)T}{\sigma\sqrt{T}}\right]
\end{aligned}
$$

因此：

$$
V(0) = \mathrm{e}^{-rT}N(d_2) \tag{7.23}
$$

刚才所提到的二元期权从严格意义上说属于或有现金形式（cash-or-nothing）的二元期权品种，也就是期权到期时支付固定数额或者不支付任何金额。实际上还有一类或有资产形式（asset-or-nothing）的二元期权，即期权到期时支付标的资产或者不支付任何实物。

假设有一个属于或有资产形式的二元期权的看涨期权，当未来到期时，若标的资产价格 $S(T)$ 大于行权价 K，则期权的买方将得到该标的资产，否则买方将一无所获。因此这类期权的回报函数如下：

$$S(T)\mathbf{1}_{\{S(T)>K\}} = \begin{cases} S(T), & S(T) > K \\ 0, & S(T) \leqslant K \end{cases}$$

根据风险中性定价法，可以给出当前时刻期权的价格计算公式如下：

$$V(0) = \mathrm{e}^{-rT}\mathbb{E}^{\mathbb{Q}}\left[S(T)\mathbf{1}_{\{S(T)>K\}}|S(0) = S\right]$$

根据示性函数的性质，可得：

$$\begin{aligned} V(0) &= \mathrm{e}^{-rT}\int_{-\infty}^{\infty} S\exp\left[\left(r - \frac{1}{2}\sigma^2\right)T + \sigma\sqrt{T}z\right]\mathbf{1}_{\{S(T)>K\}}f_Z(z)\,\mathrm{d}z \\ &= \mathrm{e}^{-rT}\int_{z_0}^{\infty} S\exp\left[\left(r - \frac{1}{2}\sigma^2\right)T + \sigma\sqrt{T}z\right]f_Z(z)\,\mathrm{d}z \end{aligned}$$

其中，z 是标准正态分布的随机变量，相应地，$f_Z(z)$ 是对应的分布函数，即：

$$f_Z(z) = \frac{1}{\sqrt{2\pi}}\exp\left(-\frac{1}{2}z^2\right)$$

并且

$$z_0 = \frac{\ln(K/S) - \left(r - 0.5\sigma^2\right)T}{\sigma\sqrt{T}}$$

从而可得：

$$V(0) = S\mathrm{e}^{-rT}\int_{z_0}^{\infty}\exp\left[\left(r - \frac{1}{2}\sigma^2\right)T + \sigma\sqrt{T}z\right]f_Z(z)\,\mathrm{d}z = S\mathrm{e}^{-rT}I_1$$

由此可得：

$$\begin{aligned} I_1 &= \int_{z_0}^{\infty}\exp\left[\left(r - \frac{1}{2}\sigma^2\right)T + \sigma\sqrt{T}z\right]f_Z(z)\,\mathrm{d}z \\ &= \int_{z_0}^{\infty}\exp\left[\left(r - \frac{1}{2}\sigma^2\right)T + \sigma\sqrt{T}z\right]\frac{1}{\sqrt{2\pi}}\exp\left(-\frac{1}{2}z^2\right)\,\mathrm{d}z \\ &= \frac{1}{\sqrt{2\pi}}\int_{z_0}^{\infty}\exp\left[-\frac{(z - \sigma\sqrt{T})^2}{2}\right]\exp(rT)\,\mathrm{d}z \\ &= \mathrm{e}^{rT}N(-z_0 + \sigma\sqrt{T}) \end{aligned}$$

最终可得：

$$V(0) = SN(-z_0 + \sigma\sqrt{T}) = SN\left[\frac{\ln(S/K) + (r + 0.5\sigma^2)T}{\sigma\sqrt{T}}\right] = SN(d_1) \tag{7.24}$$

三、欧式看涨期权与二元期权的关系

不难看出，对于普通的欧式看涨期权买方而言，其相当于买入了一份或有资产形式的看涨二元期权，同时卖出了 K 份或有现金形式的看涨二元期权的组合。表 7.2 列出了欧式看涨期权与二元期权的定价公式。

表 7.2　欧式看涨期权与二元期权的定价公式

期权种类	定价公式
欧式看涨期权	$SN(d_1) - K\mathrm{e}^{-rT}N(d_2)$
或有现金形式的看涨二元期权	$\mathrm{e}^{-rT}N(d_2)$
或有资产形式的看涨二元期权	$SN(d_1)$

需要说明的是，这里的推导过程都是假设当前时刻为 0，未来期权的到期时刻为 T，因此期权距离到期的剩余时间为 T。如果当前时刻是 t，则期权的剩余时间为 $(T-t)$，此时需将上面所列公式中的 T 替换为 $(T-t)$，同时 $V(0)$ 也要相应替换成 $V(t)$。

四、障碍期权的定价

（一）障碍期权的概念和分类

障碍期权是指在期权的期限内，当标的资产价格达到某一水平时，既可以被启动也可以被取消的期权。在障碍期权中，除了行权价外，还增设了一个障碍价格。障碍期权总是比普通期权便宜。障碍期权的收益依赖于标的资产的价格在一段特定时间内是否达到一个特定水平。其与标准期权不同的是，在期权有效期内，当标的资产的价格达到某一水平时，期权就生效或失效。

障碍期权一般分为两类，即敲出期权和敲入期权。敲出期权是指当标的资产价格达到一个特定障碍水平时，该期权作废。敲入期权是指只有当标的资产价格达到一个特定障碍水平时，该期权才有效。敲出期权既可向上敲出（up-and-out），也可向下敲出（down-and-out）。同样，敲入期权也既可向上敲入（up-and-in），又可向下敲入（down-and-in)。于是，障碍期权可分为四种。

如图 7.3 所示，障碍期权的障碍价格为 24.5 元。对于向上敲入期权而言，其生效日是在股票价格上升且达到 24.5 元之时（图 7.3 中的 t_1 时刻），意味着期权的实际期限为生效日到期权的到期日；对于向上敲出期权而言，这一天也是其失效日，意味着期权的实际期限为开始日到期权的失效日，之后时段的期权已经作废。由此不难看出，向上敲入/敲出期权实际期限的加总，刚好就是普通期权的整个期限。同样，向下敲入/敲出期权也具有类似的特征。

（二）障碍期权的回报函数

对于障碍期权而言，由于存在一个障碍价格，因此其回报函数要比之前所提及的普通欧式期权和二元期权复杂。对于其中的向上敲入/敲出期权而言，其行权价 K 必须小

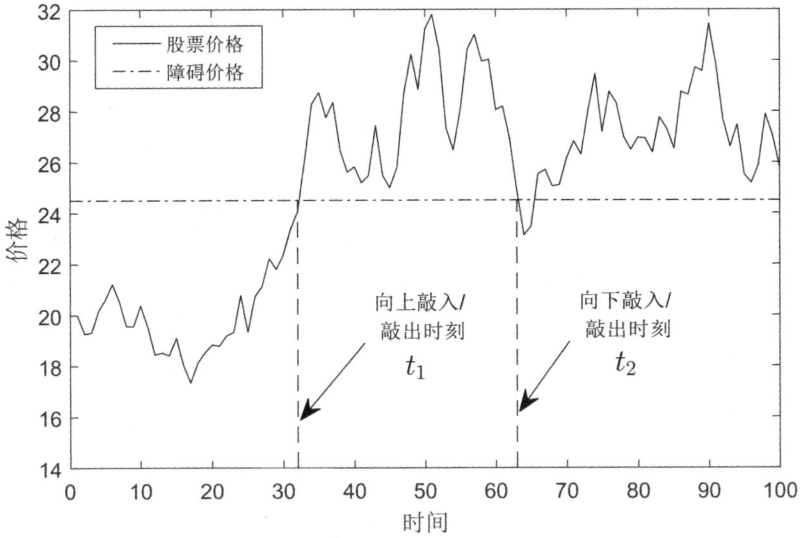

图 7.3 障碍期权的敲入/敲出示意图

于障碍价格 B，否则该期权将一直生效（敲入）或失效（敲出）。对于这类期权而言，其回报函数在形式上需要加入一个示性函数进行判断。比如，对于欧式看涨期权而言，其回报函数如下：

$$\max(S_T - K, 0) = (S_T - K)^+$$

其中，S_T 是未来期权到期时刻的标的资产价格，K 是期权的行权价。但是对于向上敲入欧式看涨期权，其回报函数如下：

$$(S_T - K)^+ \mathbf{1}_{\{S_t > B\}} = \begin{cases} (S_T - K)^+, & S_t > B \\ 0, & S_t \leqslant B \end{cases}, \qquad t \in [0, T]$$

类似地，还可以得到其他各种情形下的障碍期权的回报函数，如表 7.3 所示。

表 7.3 障碍期权的回报函数表

类型	欧式看涨期权	欧式看跌期权	约束条件
向上敲入	$(S_T - K)^+\mathbf{1}_{\{S_t>B\}}$	$(K - S_T)^+\mathbf{1}_{\{S_t>B\}}$	$K < B$
向上敲出	$(S_T - K)^+\mathbf{1}_{\{S_t<B\}}$	$(K - S_T)^+\mathbf{1}_{\{S_t<B\}}$	$K < B$
向下敲入	$(S_T - K)^+\mathbf{1}_{\{S_t<B\}}$	$(K - S_T)^+\mathbf{1}_{\{S_t<B\}}$	$K > B$
向下敲出	$(S_T - K)^+\mathbf{1}_{\{S_t>B\}}$	$(K - S_T)^+\mathbf{1}_{\{S_t>B\}}$	$K > B$

（三）障碍期权定价的基本原理

利用风险中性定价法，也可以对障碍期权进行定价。以向上敲出看涨期权为例，其当前时刻的价格 $V(0)$ 可以用条件期望表示如下：

$$V(0)=\mathrm{e}^{-rT}\mathbb{E}^{\mathbb{Q}}\left[(S_T-K)^{+}\mathbf{1}_{\{S_t<B\}}|S(0)=S\right]$$

要对上式进行进一步的求解，还需对障碍期权回报函数中的示性函数项进行进一步的化简。根据向上敲出期权的特点可知，一旦在期权有效期 $[0,T]$ 之内，标的资产的最高价格 M_T 超过了障碍价格 B，该期权就会失效。

于是原先的问题就转化成利用 S_T 与 M_T 的联合概率分布来求解期权的定价问题。限于本书的篇幅，这里不再介绍障碍期权的定价过程。感兴趣的读者可以参看施里夫的《金融随机分析》（第二卷）的第七章。

第五节　费曼–卡茨公式

上节所介绍的方法从表面上看，与第三节的偏微分方程方法没有任何联系。实际上，风险中性定价法可以看作偏微分方程求解的另一种思路。该思路最早由物理学家理查德 • 费曼（Richard Feynman, 1918—1988）与数学家马克 • 卡茨（Mark Kac, 1914—1984）在研究路径积分问题时共同提出，相应得到的偏微分方程的解称为费曼–卡茨公式（Feynman-Kac formula）。图 7.4 展示了费曼和卡茨两位学者。

理查德 • 费曼　　　　马克 • 卡茨

图 7.4　相关学者

在 20 世纪 40 年代，费曼发现薛定谔方程（量子力学中控制量子态随时间的推移而发生的演化的微分方程）可以通过对所有可能的路径进行平均的方式来求解，这一发现使得他基于“路径积分”（path integral）对量子理论进行了意义深远的重新表述。在得知费曼的想法后，卡茨（康奈尔大学的数学家，费曼当时则是该大学的物理学助理教授）意识到，具有外部冷却项的热传导方程，以及其他相关扩散方程的解，也可以给出类似的表示。这种表示现在被称为费曼–卡茨公式。

费曼–卡茨公式将抛物型偏微分方程（parabolic PDE）[①]与随机过程连接，提供了求解偏微分方程的数值方法。对于如下形式的偏微分方程：

$$\frac{\partial f}{\partial t}(x,t)+\mu(x,t)\frac{\partial f}{\partial x}(x,t)+\frac{1}{2}\sigma^2(x,t)\frac{\partial^2 f}{\partial x^2}(x,t)-V(x,t)f(x,t)+u(x,t)=0 \tag{7.25}$$

$f(t,x)$ 未知，其中 $x\in\mathbb{R}$，$t\in[0,T]$，并且该方程的终值条件为 $f(x,T)=\psi(x)$；$\mu(\cdot)$, $\sigma(\cdot)$, $\psi(\cdot)$, $V(\cdot)$ 均是确定性函数，则有：

$$\begin{aligned}f(x,t)=\mathbb{E}^{\mathbb{Q}}\Bigg\{&\int_t^T \exp\left[-\int_t^r V(X_\tau,\tau)\,\mathrm{d}\tau\right]u(X_r,r)\,\mathrm{d}r\\&+\exp\left[-\int_t^T V(X_\tau,\tau)\,\mathrm{d}\tau\right]\psi(X_T)\Bigg|X_t=x\Bigg\}\end{aligned} \tag{7.26}$$

其中 X_t 是概率测度 $\mathbb{Q}$ 下的伊藤过程，其满足如下随机微分方程：

$$\mathrm{d}X_t=\mu(X,t)\,\mathrm{d}t+\sigma(X,t)\,\mathrm{d}W^{\mathbb{Q}}(t) \tag{7.27}$$

式 (7.26) 就是费曼–卡茨公式。此处的随机微分方程 (7.27) 的初值条件为 $X_t=x$，并且 $W^{\mathbb{Q}}(t)$ 是测度 $\mathbb{Q}$ 下的标准布朗运动。

通过比照不难看出：当 $x=S$, $\mu(x,t)=rS$, $\sigma^2(x,t)=\sigma^2S^2$, $V(x,t)=r$, $u(x,t)=0$ 时，式 (7.25) 就变为式 (7.9)，对应的终值条件为：$\psi(x)=\psi(S_T)$；相应的费曼–卡茨公式及其对应的随机微分方程分别为：

$$f(S_t,t)=\mathbb{E}^{\mathbb{Q}}\left[\mathrm{e}^{-r(T-t)}\psi(S_T)\Big|S_t=S\right] \tag{7.28}$$

$$\mathrm{d}S_t=rS\,\mathrm{d}t+\sigma S\,\mathrm{d}W^{\mathbb{Q}}(t) \tag{7.29}$$

特别地，当 $t=0$，$\psi(S_T)=(S_T-K)^+$ 时，式 (7.28) 中的费曼–卡茨公式可进一步化简为：

$$f(S_0,t)=\mathrm{e}^{-rT}\mathbb{E}^{\mathbb{Q}}\left[(S_T-K)^+\Big|S_0=S\right]$$

该结果与式 (7.21) 中欧式看涨期权的定价公式完全相同。

[①]根据偏微分方程 $a_1u_{xx}+a_2u_{xy}+a_3u_{yy}+b_1u_x+b_2u_y+cu=f$ 中系数 $a_i,b_j,c\ (i=1,2,3,\ j=1,2)$ 的不同取值，可以将偏微分方程分为三种类型：双曲型偏微分方程、抛物型偏微分方程和椭圆型偏微分方程。其中：

(1) 当 $a_2^2-4a_1a_3>0$ 时，称为双曲型（hyperbolic）偏微分方程；

(2) 当 $a_2^2-4a_1a_3=0$ 时，称为抛物型（parabolic）偏微分方程；

(3) 当 $a_2^2-4a_1a_3<0$ 时，称为椭圆型（elliptic）偏微分方程。

式 (7.9) 显然就是抛物型偏微分方程（$a_1=0$, $a_2=0$）。

阅读材料：费曼简介

理查德·费曼（1918 年 5 月 11 日—1988 年 2 月 15 日），出生于纽约市，美国物理学家，曾获得 1965 年诺贝尔物理学奖。他 1939 年毕业于麻省理工学院，1942 年 6 月获得普林斯顿大学理论物理学博士学位，同年加入“曼哈顿计划”，并于 1945 年赴康奈尔大学任教。

费曼提出了费曼图、费曼规则和重整化的计算方法，它们是研究量子电动力学和粒子物理学不可缺少的工具。费曼被认为是爱因斯坦之后最睿智的理论物理学家，也是第一位提出纳米概念的学者。

费曼一生致力于方法论研究，他于 20 世纪 40 年代发展了用路径积分表达量子振幅的方法，并于 1948 年提出了量子电动力学新的理论形式、计算方法和重整化方法，从而避免了量子电动力学中的发散问题。量子场论中的费曼振幅、费曼传播子、费曼规则等均是以他的姓氏命名的。

费曼有一种特殊能力，就是能用简单的语言把复杂的观点表述出来，这使得他成为一位硕果累累的教育家。他所倡导的费曼学习法长期以来被人们称道，成为整体性学习策略的杰出代表。他于 1962 年出版的《费曼物理学讲义》被《科学美国人》这样赞誉：“尽管这套教材深奥难懂，但是它的内容丰富而且富有启发性。在它出版 25 年后，它已经成为讲师、教授和低年级优秀学生的学习指南。”费曼自己则在前言中写道：“我讲授的主要目的，不是帮助你们应付考试，也不是帮你们为工业或国防服务。我最希望做到的是，让你们欣赏这奇妙的世界以及物理学观察它的方法”。

第六节　B–S 模型的不足及拓展

一、B–S 模型的假设条件

前面两节介绍了 B–S 模型及其推导过程，在使用该模型的时候，不能忘了其假设条件是非常严格的，具体说来，包含如下七个：

(1) 标的资产价格的变动符合几何布朗运动。相应地，标的资产的价格服从对数正态分布，这保证了标的资产的价格不可能取负值。

(2) 投资者可以无限制卖空标的资产。

(3) 市场无摩擦，即不存在影响收益的任何外部因素，如税收、交易成本。所有证券都可无限细分。

(4) 在欧式期权到期前，标的资产无任何收益（如利息、红利等）的支付。于是，标的资产价格的变动是连续的，且是均匀的，既无跳空上涨，也无跳空下跌。

(5) 不存在无风险的套利机会。

(6) 标的资产的交易是连续的，并且标的资产价格波动率是不随时间变化的常数。

(7) 存在一个固定的无风险利率，投资者可以此利率无限制地借贷。

二、B–S 模型的不足之处

基于 B–S 模型的假设条件，不难看出其存在的不足之处。

（一）标的资产价格的变动不符合实际

B–S 模型当中假设的几何布朗运动虽然保证了资产价格的非负性，但是仍有缺陷。比如，在几何布朗运动中，对应的标的资产收益率服从正态分布，这一点与现实金融市场上资产价格尖峰厚尾的特征不符，盲目使用会极大地低估极端风险；标的资产价格的期望随着时间的推移呈现出指数式上升趋势，这一特点与现实市场中利率、汇率和大宗商品价格的走势相悖。

另外，B–S 模型假设资产价格的变动是连续无跳跃的，这与实际的市场不符，特别是大宗商品市场价格常常由于突发性国际政治经济事件而跳空上涨或跳空下跌。

对此，一些学者尝试使用更符合现实的资产价格变动过程，例如，施瓦茨（Schwartz，1997）使用均值回复过程来刻画大宗商品价格的变动过程①；默顿（Merton，1976）基于复合泊松过程刻画资产价格的跳跃②；等等。

（二）标的资产无任何收益的支付

对于股票、债券这样的金融资产而言，会存在定期或不定期的收益支付，股票的收益会以股利、送股等方式体现，债券的收益则会以票息的形式体现。因此，B–S 模型自然存在缺陷。以默顿（1973）③为代表的学者尝试将股息率（dividend rate）纳入 B–S 模型当中，从而得到了考虑股息率的 B–S–M 模型。

（三）无风险利率是固定的

在金融市场中，利率是影响资产价格变动的重要指标，而 B–S 模型则假定无风险利率固定不变，这显然与金融市场的现状不符；特别是随着利率衍生品的发展，利率不变的前提条件进一步受到严峻挑战。一些学者开始基于利率期限结构相关理论，为利率衍生品进行定价，其中具有代表性的模型包括：

(1) 瓦西切克（Vasicek，1977）④基于 O-U 过程，构建了具有均值回复特征的利率模型。

(2) 考克斯、英格索尔和罗斯（Cox，Ingersoll and Ross，1985）⑤构建了平方根模型，该模型对瓦西切克（1977）的模型进行了修正，避免了利率取值可能为负的问题。

---

①Schwartz, E. S. "The Stochastic Behavior of Commodity Prices: Implications for Valuation and Hedging"[J]. *Journal of Finance*, 1997, 52(3): 923-973.

②Merton, R. C. "Option Pricing When the Underlying Process for Stock Returns is Discontinuous"[J]. *Journal of Financial Economics*, 1976, 3(1-2): 125-144.

③Merton, R. C. "Rational Theory of Option Pricing"[J]. *The Bell Journal of Economics and Management Science*, 1973, 4(1): 141-183.

④Vasicek, O. "An Equilibrium Characterization of the Term Structure"[J]. *Journal of Financial Economics*, 1977, 5(4):627-627.

⑤Cox, J. C., Ingersoll, J. E., and Ross, A. S. "A Theory of the Term Structure of Interest Rates"[J]. *Econometrica*, 1985, 53(2):385-407.

(3) 何和李（Ho and Lee，1986）[①]提出了第一个无套利框架下的利率期限结构模型，其中假定短期利率服从正态过程。

(4) 赫尔和怀特（Hull and White，1990）[②]将瓦西切克（1977）的模型扩展为参数时变的过程，并将考克斯、英格索尔和罗斯（1985）的平方根模型也纳入该框架。

(5) 布莱克、德尔曼和托伊（Black，Derman and Toy，1990）[③]使用对数正态分布来刻画短期利率过程，并借助二叉树模型进行利率期权的定价。

(6) 布莱克和卡拉辛斯基（Black and Karasinski，1991）[④]对布莱克、德尔曼和托伊（1990）的模型进行了推广，引入了与时间有关的均值回复速度。

(7) 赫斯、加罗和莫顿（Heath，Jarrow and Morton，1990[⑤], 1992[⑥]）基于无套利分析法，将多个随机因子加入远期利率过程，从而得到了 HJM 模型。该模型框架可以将之前的众多利率模型纳入进来，因此成为业界进行利率衍生品定价的标准模型。

(8) 布雷斯、加塔里克和穆塞拉（Brace，Gatarek and Musiela，1997）[⑦]提出的 BGM 模型也称 LIBOR[⑧]市场模型，它通过 HJM 模型框架对波动率函数做出了一些假设，从而实现了对远期 LIBOR 的建模。

（四）标的资产波动率是固定的

金融市场中的资产波动率会随经济周期的变动而发生改变，而 B–S 模型中假定标的资产波动率固定不变，这一假设随着“波动率微笑”（volatility smile）现象的发现而受到严重质疑。一些学者开始尝试考虑随机波动率（stochastic volatility, SV）模型，其中具有代表性的模型包括：

(1) 赫尔和怀特（Hull and White，1987）[⑨]提出了随机波动率模型，假设波动率服从独立的对数正态扩散过程。

(2) 埃里亚斯 • 斯坦因和杰里米 • 斯坦因（Elias Stein and Jeremy Stein，1991）[⑩]使

[①] Ho, T. S. Y. and Lee, S. B. “Term Structure Movements and Pricing Interest Rate Contingent Claims”[J]. *Journal of Finance*, 1986, 41(5):1011-1029.

[②] Hull, J. and White, A. “Pricing Interest-Rate-Derivative Securities”[J]. *Review of Financial Studies*, 1990, 3(4): 573-592.

[③] Black, F., Derman, E., and Toy, W. “A One-Factor Model of Interest Rates and Its Application to Treasury Bond Options”[J]. *Financial Analysts Journal*, 1990, 46(1): 33-39.

[④] Black, F. and Karasinski, P. “Bond and Option Pricing When Short Rates are Lognormal”[J]. *Financial Analysts Journal*, 1991, 47(4): 52-59.

[⑤] Heath, D., Jarrow, R., and Morton, A. “Bond Pricing and the Term Structure of Interest Rates: A Discrete Time Approximation”[J]. *Journal of Financial and Quantitative Analysis*, 1990, 25(4): 419-440.

[⑥] Heath, D., Jarrow, R., and Morton, A. “Bond Pricing and the Term Structure of Interest Rates: A New Methodology for Continent Claim Valuations”[J]. *Econometrica*, 1992, 60(1): 77-105.

[⑦] Brace, A., Gatarek, D., and Musiela, M. “The Market Model of Interest Rate Dynamics”[J]. *Mathematical Finance*, 1997, (7): 127-147.

[⑧] LIBOR 是伦敦银行间同业拆借利率（London Interbank Offered Rate）的缩写。

[⑨] Hull, J. and White, A. “The Pricing of Options on Assets with Stochastic Volatilities”[J]. *Journal of Finance*, 1987, (42): 281-300.

[⑩] Stein, E. M. and Stein, J. C. “Stock Price Distributions with Stochastic Volatility: An Analytic Approach”[J]. *Review of Financial Studies*, 1991, (4): 727-752.

用随机分析方法，假设随机波动服从均值回复过程。

(3) 赫斯顿（Heston，1993）[①]结合特征函数方法，得到了随机波动模型下期权价格的封闭解，并通过市场数据证实了随机波动模型可以反映多种类型的期权价格偏差。

阅读材料：年度金融工程师奖

年度金融工程师奖于 1993 年由国际金融工程师协会（IAEF）设立，旨在表彰那些在金融工程的发展和创造性应用方面做出重大贡献的人。目前该奖项的颁发已有 30 余年历史，它的获得者来自业界和学界，其中不乏诺贝尔经济学奖获得者（姓名后面标注 $\star$）以及前美国金融学会主席（姓名后面标注 $\dagger$）。获奖者名单如下：

年度	姓名	年度	姓名
1993	Robert Merton*†	2009	Richard Roll†
1994	Fischer Black†	2010	Peter Carr
1995	Mark Rubinstein†	2011	Robert Engle*
1996	Stephen Ross†	2012	Robert Litzenberger†
1997	Robert Jarrow	2013	Douglas T. Breeden
1998	John C. Cox	2014	Martin L. Leibowitz
1999	John C. Hull	2015	Eduardo Schwartz†
2000	Emanuel Derman	2016	Hayne Leland†
2001	Andrew W. Lo（罗闻全）	2017	Michael Brennan†
2002	Jonathan Ingersoll	2018	Francis Longstaff
2003	Darrell Duffie†	2019	Cliff Asness
2004	Oldrich Vasicek	2020	Paul Glasserman
2005	Phelim Boyle	2021	Dilip B. Madan
2006	James H. Simons	2022	Helyette Geman
2007	Jack Treynor	2023	Leif Andersen
2008	Robert Litterman		

三、随机微积分的拓展

作为随机微积分（stochastic calculus）的研究起点，本书第二章介绍的布朗运动的诸多性质，比如路径处处连续且处处不可微、二次变差不为零等，对于后面各章的内容均有着决定性意义，也导致随机微积分当中的很多结论与普通微积分中的类似结论有非常大的差异。本书也由此引出了伊藤积分、伊藤引理等相关内容，并进入随机微分方程求解及期权定价等相关主题。

[①] Heston, S. L. “A Closed-Form Solution for Options with Stochastic Volatility with Applications to Bond and Currency Options”[J]. *Review of Financial Studies*, 1993, 6(2): 327-343.

法国数学家保罗·马利亚文（Paul Malliavin, 1925—2010，见图 7.5）则提出了一种全新的随机分析工具——马利亚文微积分（Malliavin calculus），其允许在概率空间上定义类似于传统微积分中的导数和积分的概念。

(1) 马利亚文导数是一种作用于随机变量的线性算子，可以用来定义随机变量的“微分”。

(2) 马利亚文积分与马利亚文导数相关，用于研究随机过程。

图 7.5　马利亚文

马利亚文微积分在处理高维和带有跳跃的随机模型时非常有效，因此在金融数学，尤其是在金融衍生品定价和风险管理领域有着重要的应用。马利亚文微积分已成为金融数学领域的研究前沿。

本章附录

一、期权定价的数值方法之蒙特卡罗模拟法

蒙特卡罗模拟（Monte Carlo simulation）法也称为统计模拟方法，是使用电子计算机产生的随机数来解决很多计算问题的方法。蒙特卡罗模拟法的本质是通过大量的实验次数，根据频率来对概率及其分布进行数值近似。该方法将所求问题与一定的概率模型联系起来，通过计算机产生一组符合某种统计特征的随机数来解决计算问题。在概率统计理论中，大数定律保证了蒙特卡罗模拟法的收敛性；而中心极限定理则为该方法提供了误差分析的途径。正因为如此，该方法在金融工程学、宏观经济学、计算物理学、生物学等领域应用广泛。该方法也可以应用于期权定价中，通过模拟标的资产未来可能的价格路径，得到期权价格的数值解。

前面介绍了风险中性定价法，其中提到了风险中性测度 $\mathbb{Q}$ 下期权价格的计算公式：

$$V(0) = \mathrm{e}^{-rT}\mathbb{E}^{\mathbb{Q}}[V(T)|S(0) = S] \tag{7.30}$$

并且当标的资产的价格服从几何布朗运动时，风险中性测度 $\mathbb{Q}$ 下资产价格变动的方程如下：

$$S(T) = S(0)\exp\left[\left(r - \frac{1}{2}\sigma^2\right)T + \sigma W(T)\right] \tag{7.31}$$

蒙特卡罗模拟法对期权定价的步骤如下：

(1) 对式 (7.31) 进行离散化（discretization），从而模拟出标的资产价格变动的若干条可能路径；

(2) 利用这些路径，求出期权价格计算公式当中每个可能的回报函数 $V(T)$ 的取值；

(3) 对这些可能的 $V(T)$ 取值求平均值，从而得到式 (7.30) 中条件期望的估计值；

(4) 对结果进行贴现，最终得到要求的 $V(0)$ 数值解。

需要说明的是，这里的 $V(T)$ 对于欧式看涨期权而言，就是其未来到期日的回报数额，即 $\max[S(T) - K, 0]$；类似地，欧式看跌期权则为 $\max[K - S(T), 0]$ 。

基于这样的思想，可以得到相应的 Matlab 函数，代码如下：

```
function result = mc_call(S, K, r, T, sigma, M, N)
    %  S 是标的资产当前价格; K 是期权的行权价
    %  r 是无风险利率; T 是期权的剩余期限
    %  sigma 是标的资产波动率; M 是每条路径的分段数
    %  N 是模拟的路径数量
  dt=T/M;
  s=zeros(M+1,N);    % s用于存储每条路径中的各个价格
  s(1,:)=S;     % 价格路径的初始值就是标的资产当前价格S

% 以下代码模拟资产价格变动的可能路径，每条路径分成M段，共模拟N条路径
  for j=1:N
    for i=2:M+1
      s(i,j)=s(i-1,j)*(1+r*dt+sigma*sqrt(dt)*randn);
    end
  end
% 得到每条路径下的可能回报数额
  payoff = max(s(end,:)-K, 0);
% 对所有可能的回报数额求平均值并进行贴现，得到看涨期权当前价格的数值解
  result = exp(-r*T)*mean(payoff);
end
```

上述代码在使用时需要以文件名 mc_call.m 存放到工作目录中才能调用。比如，对于标的资产当前价格为 50、行权价为 55、无风险利率为 5%、剩余期限为 1 年、波动率为 0.5 的欧式看涨期权，求路径数为 10 000、分段数为 4 000 的看涨期权价格，相应的函数调用代码如下：

```
mc_call(50, 55, 0.05, 1, 0.5, 4000, 10000)
```

需要说明的是，蒙特卡罗模拟法计算量较大，并且精度每提升至原来的 10 倍，相应的模拟次数要增加至原来的 100 倍。

二、巴舍利耶模型下的期权定价公式

巴舍利耶是法国数学家，他在 1900 年的博士论文《投机理论》中，首次提出了期权这一概念，并且运用算术布朗运动（arithmetic Brownian motion）对标的资产价格进行了刻画。不幸的是，巴舍利耶划时代的研究成果直到半个多世纪以后才为人所知。巴舍利耶模型与 B–S 模型最核心的区别在于：巴舍利耶模型中，允许标的资产的价格为负；而 B–S 模型中，标的资产价格服从几何布朗运动的假设保证了资产价格非负的特征。正因为如此，巴舍利耶模型才并未在金融界得到广泛应用。

2020 年 4 月 20 日，美国 5 月交货的西得克萨斯轻质原油（west Texas intermediate, WTI）期货价格暴跌约 300%，收于每桶 −37.63 美元，此事震惊国际金融界。第二天，美国芝加哥商品交易所（Chicago Mercantile Exchange, CME）宣布从即日起，将以原油期货为标的的期权定价和估值模型从 B–S 模型正式换成巴舍利耶模型（Bachelier model）。此举意味着 CME 已经正式开始考虑标的价格可以为负这一情景。正因为如此，在本章附录部分有必要介绍一下巴舍利耶模型。

巴舍利耶模型首先假设标的资产价格 $S(t)$ 在测度 $\mathbb{P}$ 下服从算术布朗运动，即：

$$\mathrm{d}S(t)=(\mu-D)\,\mathrm{d}t+\sigma\,\mathrm{d}W(t)$$

其中，$S(t)$ 是标的资产在 t 时刻的价格，取值可以为负；$W(t)$ 是测度 $\mathbb{P}$ 下的标准布朗运动；μ 和 D 分别是漂移率和净便利收益率（net convenience yield）；σ 是标的资产波动率。

根据哥萨诺夫定理[①]，在风险中性测度下，$S(t)$ 服从如下随机微分方程：

$$\mathrm{d}S(t)=(r-D)S(t)\,\mathrm{d}t+\sigma\,\mathrm{d}\widetilde{W}(t)$$

其中，r 是无风险利率；$\widetilde{W}(t)$ 是风险中性测度 $\mathbb{Q}$ 下的标准布朗运动，并且

$$\mathrm{d}\widetilde{W}(t)=\left[\frac{(\mu-D)-(r-D)S(t)}{\sigma}\right]\mathrm{d}t+\mathrm{d}W(t)$$

由此可见，$S(t)$ 在测度 $\mathbb{Q}$ 下是一个 O-U 过程。假设当前时刻为 t，标的资产的价格为 $S(t)=S$；未来期权到期时刻为 T，对应 T 时刻标的资产的价格记作 S_T。根据第六章例 6.3 的结论可得：

$$S_T\sim\mathcal{N}\left(\mathrm{e}^{(r-D)(T-t)}S,\quad\frac{\sigma^2}{2(r-D)}\left[\mathrm{e}^{2(r-D)(T-t)}-1\right]\right)$$

为了便于书写，记 $\tau=T-t$ 表示期权的剩余到期期限，并且令：

$$\begin{aligned}m&=\mathrm{e}^{(r-D)(T-t)}S=S\mathrm{e}^{(r-D)\tau}\\ \nu^2&=\frac{\sigma^2}{2(r-D)}\left[\mathrm{e}^{2(r-D)(T-t)}-1\right]=\frac{\sigma^2}{2(r-D)}\left[\mathrm{e}^{2(r-D)\tau}-1\right]\end{aligned}$$

于是 $S_T\sim\mathcal{N}(m,\nu^2)$，相应的概率密度函数如下：

$$f(S_T)=\frac{1}{\sqrt{2\pi}\nu}\exp\left[-\frac{1}{2}\left(\frac{S_T-m}{\nu}\right)^2\right]$$

[①] 具体推导过程请参见第六章的例 6.3。

对于欧式看涨期权而言，假设其行权价为 K，则其在时刻 t 的价格如下：

$$\begin{aligned}
C(S,t;K,T) &= \mathrm{e}^{-r\tau}\cdot\mathbb{E}^{\mathbb{Q}}\left[(S_T-K)^+|S(t)=S\right]\\
&= \mathrm{e}^{-r\tau}\int_{-\infty}^{\infty}(S_T-K)^+f(S_T)\,\mathrm{d}S_T\\
&= \mathrm{e}^{-r\tau}\int_{K}^{\infty}(S_T-K)f(S_T)\,\mathrm{d}S_T\\
&= \mathrm{e}^{-r\tau}\left[\int_{K}^{\infty}S_Tf(S_T)\,\mathrm{d}S_T-K\int_{K}^{\infty}f(S_T)\,\mathrm{d}S_T\right]\\
&= \mathrm{e}^{-r\tau}\left[\int_{K}^{\infty}(S_T-m+m)f(S_T)\,\mathrm{d}S_T-K\int_{K}^{\infty}f(S_T)\,\mathrm{d}S_T\right]\\
&= \mathrm{e}^{-r\tau}\left[\int_{K}^{\infty}(S_T-m)f(S_T)\,\mathrm{d}S_T-(K-m)\int_{K}^{\infty}f(S_T)\,\mathrm{d}S_T\right]
\end{aligned}$$

令：

$$I_1=\int_{K}^{\infty}(S_T-m)f(S_T)\,\mathrm{d}S_T,\qquad I_2=\int_{K}^{\infty}f(S_T)\,\mathrm{d}S_T$$

则有：

$$C(S,t;K,T)=\mathrm{e}^{-r\tau}\left[I_1-(K-m)I_2\right]$$

接下来，分别对 I_1 和 I_2 求解：

$$\begin{aligned}
I_1 &= \int_{K}^{\infty}(S_T-m)\frac{1}{\sqrt{2\pi}\nu}\cdot\exp\left[-\frac{1}{2}\left(\frac{S_T-m}{\nu}\right)^2\right]\mathrm{d}S_T\\
u=S_T-m\to &= \frac{1}{\sqrt{2\pi}}\int_{K-m}^{\infty}\frac{u}{\nu}\exp\left(-\frac{1}{2}\frac{u^2}{\nu^2}\right)\mathrm{d}u\\
&= \frac{\nu}{2\sqrt{2\pi}}\int_{K-m}^{\infty}\exp\left(-\frac{1}{2}\frac{u^2}{\nu^2}\right)\mathrm{d}\left(\frac{u^2}{\nu^2}\right)\\
w=u^2/(2\nu^2)\to &= \frac{\nu}{\sqrt{2\pi}}\int_{(K-m)^2/(2\nu^2)}^{\infty}\exp(-w)\,\mathrm{d}w\\
&= \frac{\nu}{\sqrt{2\pi}}\exp\left[-\frac{1}{2}\left(\frac{K-m}{\nu}\right)^2\right]
\end{aligned}$$

$$\begin{aligned}
I_2 &= \int_{K}^{\infty}\frac{1}{\sqrt{2\pi}\nu}\exp\left[-\frac{1}{2}\left(\frac{S_T-m}{\nu}\right)^2\right]\mathrm{d}S_T\\
w=(S_T-m)/\nu\to &= \frac{1}{\sqrt{2\pi}}\int_{(K-m)/\nu}^{\infty}\exp\left(-\frac{1}{2}w^2\right)\mathrm{d}w\\
&= N\left(-\frac{K-m}{\nu}\right)
\end{aligned}$$

于是可得：

$$\begin{aligned} C(S,t;K,T) &= \mathrm{e}^{-r\tau}\left[I_1-(K-m)I_2\right] \\ &= \mathrm{e}^{-r\tau}\left\{\frac{\nu}{\sqrt{2\pi}}\exp\left[-\frac{1}{2}\left(\frac{K-m}{\nu}\right)^2\right]-(K-m)N\left(-\frac{K-m}{\nu}\right)\right\} \end{aligned}$$

将前面 m 和 ν 的表达式代回，经过一系列复杂的演算，最终可得：

$$C(S,t;K,T)=\left[S_t\mathrm{e}^{-D(T-t)}-K\mathrm{e}^{-r(T-t)}\right]N(d)+\hat{\sigma}N'(d)$$

其中：

$$d=\frac{S_t\mathrm{e}^{-D(T-t)}-K\mathrm{e}^{-r(T-t)}}{\hat{\sigma}},\qquad \hat{\sigma}=\sigma\sqrt{\frac{\mathrm{e}^{-2D(T-t)}-\mathrm{e}^{-2r(T-t)}}{2(r-D)}}$$

$$N(x)=\frac{1}{\sqrt{2\pi}}\int_{-\infty}^{x}\exp\left(-\frac{1}{2}u^2\right)\mathrm{d}u,\qquad N'(x)=\frac{1}{\sqrt{2\pi}}\exp\left(-\frac{1}{2}x^2\right)$$

类似地，利用欧式期权的平价关系（put-call parity）公式，可推出巴舍利耶模型下欧式看跌期权的定价公式，结果如下：

$$P(S,t;K,T)=\hat{\sigma}N'(-d)-\left[S_t\mathrm{e}^{-D(T-t)}-K\mathrm{e}^{-r(T-t)}\right]N(-d)$$

本章习题

以下各题中，均假设当前为 0 时刻，对应的标的资产价格为 $S(0)=S$，且 S 的取值已知；假设期权未来的到期时刻为 T，对应的标的资产价格为 $S(T)$，且取值未知；假设无风险利率为常数 r，期权行权价为常数 K。

1. 基于资产价格服从几何布朗运动的前提假设，根据风险中性定价法，计算欧式看跌期权的价格。
2. 基于资产价格服从几何布朗运动的前提假设，根据风险中性定价法，计算两种欧式看跌二元期权的价格。其中，或有现金形式的看跌二元期权回报函数为 $\mathbf{1}_{\{S(T)<K\}}$；或有资产形式的看跌二元期权回报函数为 $S(T)\mathbf{1}_{\{S(T)<K\}}$。
3. 幂期权（power option）是一种最简单的非线性支付的期权，其在到期日的回报函数可以表示成关于标的资产价格 $S(T)$ 的幂函数。比如行权价为 K 的欧式看涨幂期权的回报函数为 $\max[S^{\alpha}(T)-K,0]$；对应的欧式看跌幂期权的回报函数为 $\max[K-S^{\alpha}(T),0]$，并且 $\alpha>0$。基于资产价格服从几何布朗运动的前提假设，根据风险中性定价法，计算这两种欧式幂期权的价格。

第八章　期权定价的离散模型

本章将介绍期权定价的离散模型。其中最为著名的就是考克斯、罗斯和鲁宾斯坦（Cox, Ross, and Rubinstein, 1979）[①]提出的二项式模型（binomial model）。图 8.1 展示了这三位学者。我们将分别介绍单期和多期二项式模型。为了便于说明问题，此处所提到的期权均是股票期权，即标的资产是股票的期权合约。

约翰・考克斯

（1943— ）

斯蒂芬・罗斯

（1944—2017）

马克・鲁宾斯坦

（1944—2019）

图 8.1　相关学者

第一节　单期二项式模型

所谓的单期二项式模型（single period binomial model），是指初始时刻为 $t=0$，结束时刻为 $t=1$，并且在未来时刻 1，股票（即标的资产）的价格只有两个可能状态的模型。为了叙述方便，假设股票的价格为 S，对应的期权价格为 V；两者初始时刻的价格分别为 $S(0)$ 和 $V(0)$，未来到期时刻的价格分别为 $S(1)$ 和 $V(1)$ 。考虑到股票未来价格的涨跌，将股价上涨（up）和下跌（down）分别记作 $S_u(1)$ 和 $S_d(1)$，将两种情形下期权的价格分别记作 $V_u(1)$ 和 $V_d(1)$。两者对应的二叉树如图 8.2 所示。

[①]Cox, J. C., Ross, S., and Rubinstein, M. "Option Pricing: A Simplified Approach"[J]. *Journal of Financial Economics*, 1979, 7 (3) : 229-263.

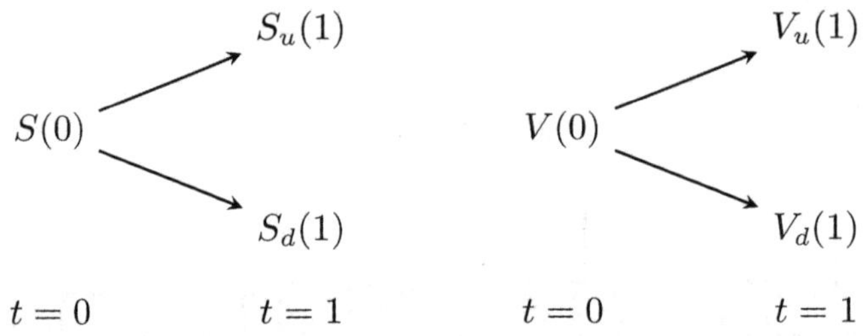

(a) 股票的二叉树　　(b) 期权的二叉树

图 8.2　股票和期权的二叉树

接下来构造一个组合，其在初始时刻的总价值为 $X(0)$，假设采用自融资策略，购买 $\Delta(0)$ 股股票，并将剩余资金全部用于购买一份期权，则该组合在当前时刻的价值为：

$$X(0)=\Delta(0)S(0)+V(0) \tag{8.1}$$

在未来时刻 1，该组合的可能价值分别为：

$$X_u(1)=\Delta(0)S_u(1)+V_u(1) \tag{8.2}$$

$$X_d(1)=\Delta(0)S_d(1)+V_d(1) \tag{8.3}$$

这里我们希望得到满足条件的 $\Delta(0)$ 和 $V(0)$，使得在未来时刻 1，组合的价值保持不变，即满足 $X_u(1)=X_d(1)$。

知识讲解

期权定价的单期二项式模型、风险中性概率的计算公式推导

根据前面的定理可知：对于这种组合价值不变的资产，在无套利条件下，其当前的价值 $X(0)$ 与未来时刻的价值 $X(1)$ 之间的关系式如下：

$$X(1)=X(0)(1+r)$$

综合上面各式，可以得到：

$$X(0)(1+r)=\Delta(0)S_u(1)+V_u(1) \tag{8.4}$$

$$X(0)(1+r)=\Delta(0)S_d(1)+V_d(1) \tag{8.5}$$

接下来，取 $0<q<1$，并对式 (8.4) 两端同乘以 q，对式 (8.5) 两端同乘以 $(1-q)$，将两式相加可得：

$$\begin{aligned}X(0)(1+r)=\;&\Delta(0)\Big[qS_u(1)+(1-q)S_d(1)\Big]\\&+\Big[qV_u(1)+(1-q)V_d(1)\Big]\end{aligned} \tag{8.6}$$

将式 (8.1) 代入式 (8.6)，可得：

$$\begin{aligned}&\Delta(0)\Big[qS_u(1)+(1-q)S_d(1)-S(0)(1+r)\Big]\\=&V(0)(1+r)-\Big[qV_u(1)+(1-q)V_d(1)\Big]\end{aligned} \tag{8.7}$$

若令式 (8.7) 的左右两侧均等于零，则有：

$$\begin{cases}qS_u(1)+(1-q)S_d(1)-S(0)(1+r)=0\\V(0)(1+r)-\big[qV_u(1)+(1-q)V_d(1)\big]=0\end{cases}$$

最终可得：

$$\begin{cases}S(0)=\dfrac{qS_u(1)+(1-q)S_d(1)}{1+r}\\[2ex]V(0)=\dfrac{qV_u(1)+(1-q)V_d(1)}{1+r}\end{cases} \tag{8.8}$$

从式 (8.8) 不难看出，如果将 q 看成一个概率的话，则当前股票的价格 $S(0)$ 可以看作未来股票价格期望的贴现；类似地，当前期权的价格 $V(0)$ 也可以看作未来期权价格期望的贴现。图 8.3 展示了概率 q 下股票和期权的二叉树。

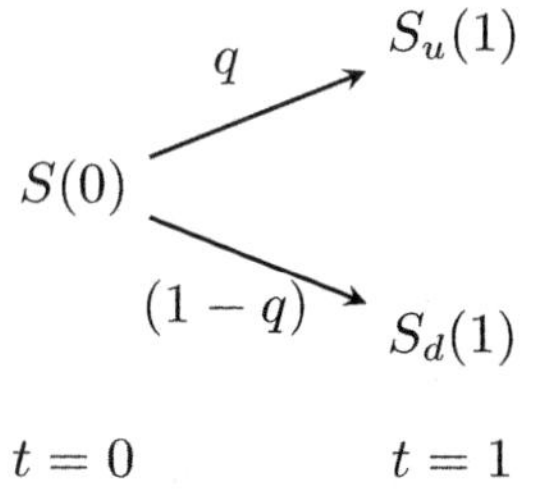

(a) 股票的二叉树

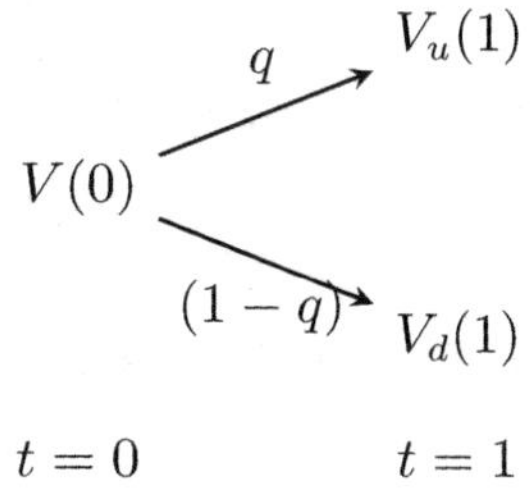

(b) 期权的二叉树

图 8.3　概率 q 下股票和期权的二叉树

需要说明的是，这里的概率 q 并不是真实市场上的概率，而是我们在推导过程中人为构造的概率，称为风险中性概率（risk-neutral probability）。这种由风险中性概率所组成的概率测度称作风险中性测度（risk-neutral measure），记作 $\mathbb{Q}$。为了区分，将真实市场上资产价格变动的概率记作 p，相应的概率测度记作 $\mathbb{P}$。这两个概率测度是等价的（equivalent），记作 $\mathbb{P}\sim\mathbb{Q}$。

定义 8.1

在同一个样本空间 S 内的两个概率测度 $\mathbb{P}$ 和 $\mathbb{Q}$，若对 S 中的任意子样本空间 A，均有以下充要条件成立：

$$\mathbb{P}(A) = 0 \Longleftrightarrow \mathbb{Q}(A) = 0$$

或者

$$\mathbb{P}(A) \neq 0 \Longleftrightarrow \mathbb{Q}(A) \neq 0$$

则称 $\mathbb{P}$ 和 $\mathbb{Q}$ 是等价测度（equivalent measure），记作 $\mathbb{P} \sim \mathbb{Q}$。

简言之，两个概率测度等价，则意味着事件 A 在测度 $\mathbb{P}$ 下有可能发生，相应地在测度 $\mathbb{Q}$ 下也有可能发生；反之亦然。

如果进一步假设未来时刻股票价格上涨的倍数为 u，下跌的倍数为 d，并且 $0 < d < 1 < u$，则有：

$$S_u(1) = u \cdot S(0), \qquad S_d(1) = d \cdot S(0) \tag{8.9}$$

将上式代入式 (8.8)，最终可得：

$$q = \frac{(1+r) - d}{u - d} \tag{8.10}$$

由此可见，风险中性概率 q 只与无风险利率 r、期限 $t = 1$、上涨倍数 u 和下跌倍数 d 有关，而与股票的价格 $S(0)$ 无关。

例 8.1 一只股票的当前价格为 20，3 个月后股价有可能涨至 22，也有可能跌至 18。该股票 3 个月后到期的看涨期权的行权价为 21。假设无风险利率为 4%。

请问：该看涨期权的当前价格应为多少？

解答：首先，根据题目中的条件可得：

$$u = \frac{22}{20} = 1.1, \quad d = \frac{18}{20} = 0.9$$

相应的股票和期权的二叉树如图 8.4 所示。

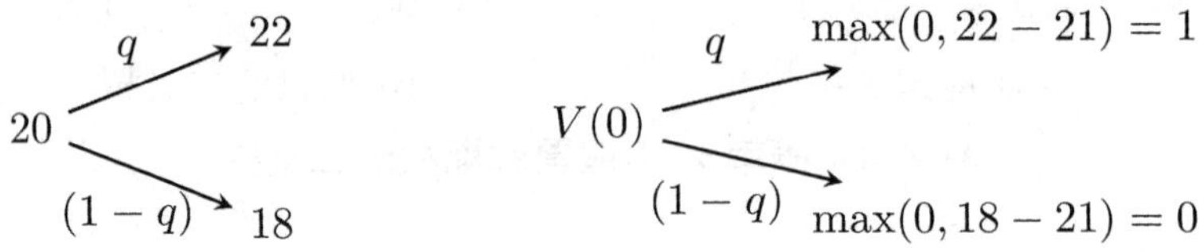

(a) 股票的二叉树　　(b) 期权的二叉树

图 8.4　股票和期权的二叉树

需要说明的是，当未来股价为 22 时，由于其高于 21 的行权价，所以此时看涨期权有行权的价值，行权后的收益就是 $\max(0, 22-21) = 1$；而当未来的股价为 18 时，由于其明显低于 21 的行权价，此时看涨期权买方应当放弃行权，收益为 $\max(0,18-21)=0$。根据前面所介绍的风险中性概率的性质可得：

$$q=\frac{(1+r)-d}{u-d}=\frac{(1+4\%/4)-0.9}{1.1-0.9}=0.55$$

此处由于期权剩余到期时间仅有三个月，因此在单利计息方式下，将年利率的 1/4 作为利息的计算依据。于是可得：

$$V(0)=\frac{1}{1+4\%/4}[q\cdot 1+(1-q)\cdot 0]=\frac{0.55}{1+4\%/4}=0.545$$

例 8.2 一只股票的当前价格为 20，三个月后股价有可能涨至 22，也有可能跌至 18。该股票三个月后到期的看跌期权的行权价为 21。假设无风险利率为 4%。

请问：该看跌期权的当前价格应为多少？

解答： 本例与上例唯一的不同在于，此处要求的是看跌期权的价格，其他条件完全相同，因此 $u=22/20=1.1$, $d=18/20=0.9$，相应的股票和期权的二叉树如图8.5所示。

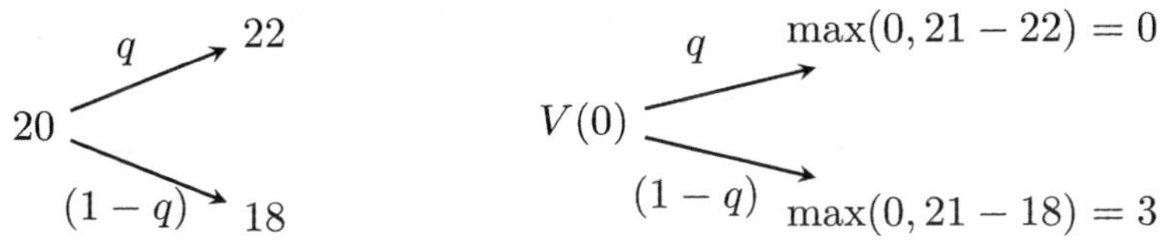

(a) 股票的二叉树　　(b) 期权的二叉树

图 8.5　股票和期权的二叉树

需要说明的是，当未来股价为 22 时，由于其高于 21 的行权价，所以此时看跌期权应当放弃行权，收益为 $\max(0,21-22)=0$；而当未来的股价为 18 时，由于其低于 21 的行权价，期权有行权的价值，收益为 $\max(0,21-18)=3$。根据前面所介绍的风险中性概率的性质可得：

$$q=\frac{(1+r)-d}{u-d}=\frac{(1+4\%/4)-0.9}{1.1-0.9}=0.55$$

此处由于期权剩余到期时间仅有三个月，因此在单利计息方式下，将年利率的 1/4 作为利息的计算依据。于是可得：

$$V(0)=\frac{1}{1+4\%/4}[q\cdot 0+(1-q)\cdot 3]=\frac{0.45\times 3}{1+1\%}=1.337$$

第二节　多期二项式模型

知识讲解

期权定价的多期二项式模型

要使二项式模型所得的结果尽可能地符合或接近实际，只需要将标的资产价格变动的期间（period）增加到两个或两个以上，从而使单期二项式模型变为多期二项式模型（multi-period binomial model）就可以了。

现在考虑在到期前有两个期间的看涨期权，假设标的股票的当前价格为 S，无风险利率为 r，每期的时间跨度为 1；未来每期结束时，价格有两种可能的变化：要么上涨至原来的 u 倍（$u>1$），要么下跌至原来的 d 倍（$0<d<1$）。根据这一假设可以画出该股票对应的二叉树（见图 8.6）。

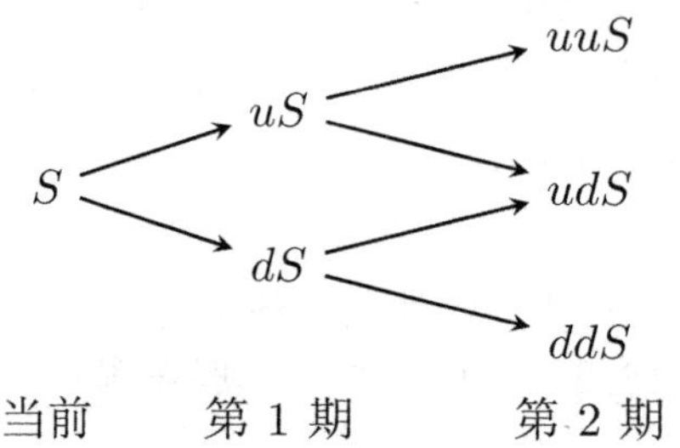

图 8.6　股票价格的两期二叉树

假设股价上涨的风险中性概率是 q，相应地，下跌的概率就是 $(1-q)$，根据式 (8.10) 可知：风险中性概率 q 只与无风险利率 r 、时间跨度 $t=1$ 、上涨倍数 u 和下跌倍数 d 有关，而与股票的价格 S 无关，即：

$$q=\frac{(1+r)-d}{u-d}$$

正因为如此，这里的风险中性概率可以应用于整个二叉树的各个分支。

需要说明的是，金融中通常使用连续复利计息法，于是上面的风险中性概率计算公式相应地改写为：

$$q=\frac{\mathrm{e}^{rt}-d}{u-d} \tag{8.11}$$

其中，r 是无风险利率，t 是各期之间的时间跨度。在后面所述的多期二项式定价模型中，将使用式 (8.11) 计算风险中性概率。

一、欧式期权的定价

所谓欧式期权，是指期权购买者只能在期权到期日履约的期权。作为回报函数最简单的期权品种，我们从欧式期权开始，介绍多期二项式模型的定价问题。

例 8.3　假设标的股票的当前价格为 100，每期的时间跨度为 1 年。未来每年结束时，价格有两种可能的变化：要么上涨至原来的 1.1 倍，要么下跌至原来的 0.9 倍。当前距离期权到期还有两期，已知每期的无风险利率均为 5%。求：

(1) 行权价为 105 的欧式看涨期权的当前价格。

(2) 行权价为 105 的欧式看跌期权的当前价格。

解答： 首先构造股票价格的二叉树，如图 8.7 所示。

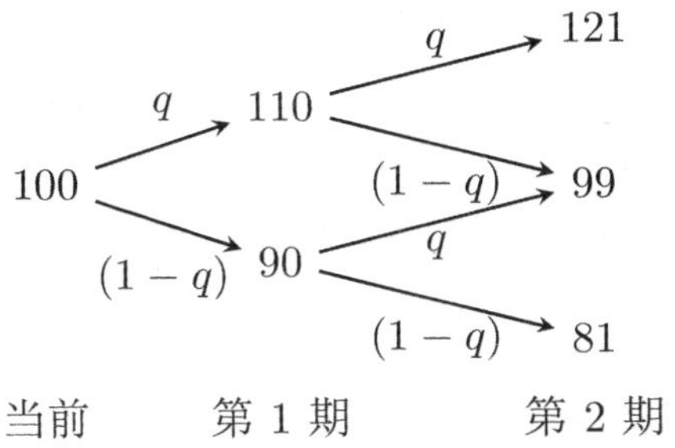

图 8.7 股票价格的两期二叉树

已知 $u = 1.1$, $d = 0.9$, $K = 105$, $r = 5\%$, $t = 1$，可以计算得到风险中性概率 q：

$$q = \frac{e^{rt} - d}{u - d} = \frac{e^{5\%} - 0.9}{1.1 - 0.9} = 0.756$$

(1) 根据看涨期权的行权价，可得出对应的期权二叉树（见图 8.8）。

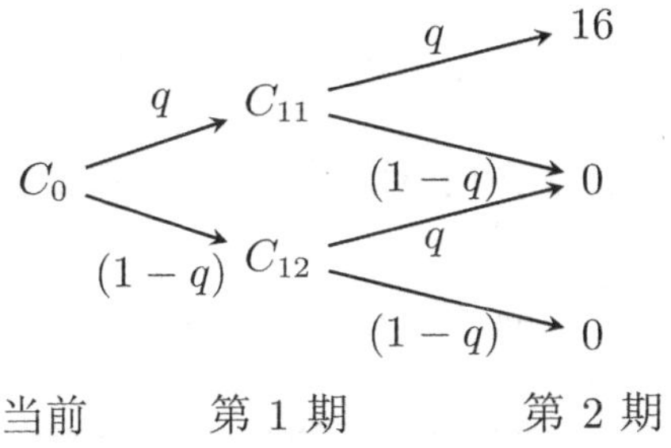

图 8.8 看涨期权的两期二叉树

由此可得：

$$C_{11} = e^{-rt}[q \cdot 16 + (1-q) \cdot 0] = e^{-5\%}(0.756 \times 16) = 11.51$$

$$C_{12} = e^{-rt}[q \cdot 0 + (1-q) \cdot 0] = 0$$

最终可得：

$$C_0 = e^{-rt}[q \cdot C_{11} + (1-q) \cdot C_{12}] = e^{-5\%}(0.756 \times 11.43) = 8.27$$

(2) 根据看跌期权的行权价，可得出对应的期权二叉树（见图 8.9）。

由此可得：

$$P_{11} = e^{-rt}[q \cdot 0 + (1-q) \cdot 6] = e^{-5\%}(0.244 \times 11) = 1.39$$

$$P_{12} = e^{-rt}[q \cdot 6 + (1-q) \cdot 24] = e^{-5\%}(0.756 \times 11 + 0.25 \times 29) = 9.89$$

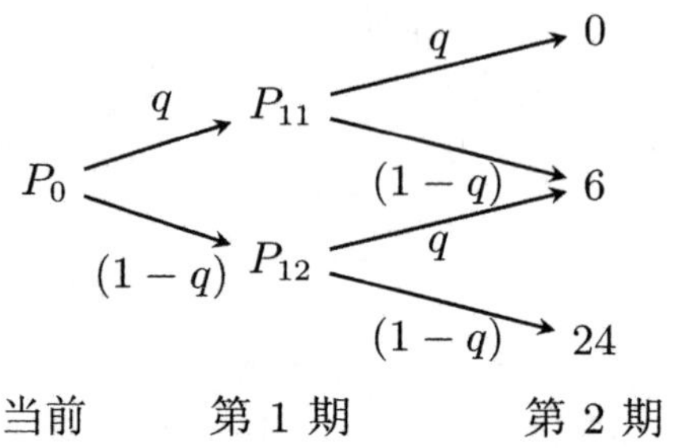

图 8.9 看跌期权的两期二叉树

最终可得：

$$\begin{aligned} P_0 &= \mathrm{e}^{-rt}[q \cdot P_{11} + (1-q) \cdot P_{12}] \\ &= \mathrm{e}^{-5\%}(0.756 \times 1.39 + 0.244 \times 9.89) = 3.3 \end{aligned}$$

对刚才所描述的问题进行一般化处理，假设期权的剩余期限为 T，将期权的期间数分为 n 个相等的时间段 Δt，因此 $\Delta t = T/n$。在 n 次二项步骤后，i 次上涨和 $(n-i)$ 次下跌的风险中性概率为：

$$\mathbb{P}(\#u = i,\ \#d = n-i) = \binom{n}{i} q^i (1-q)^{n-i} = \frac{n!}{i!(n-i)!} q^i (1-q)^{n-i}$$

其中，$\#u$ 和 $\#d$ 分别表示期权的剩余期限内资产价格上涨和下跌的总次数。对应的看涨期权回报数额为：

$$\max\left(S_0 u^i d^{n-i} - K, 0\right)$$

因此，n 期的二项式模型当中，欧式看涨期权的定价公式为：

$$\begin{aligned} C_0 &= \mathrm{e}^{-rn\Delta t}\mathbb{P}(\#u = i,\ \#d = n-i) \cdot \max\left(S_0 u^i d^{n-i} - K, 0\right) \\ &= \mathrm{e}^{-rT} \sum_{i=0}^{n} \binom{n}{i} q^i (1-q)^{n-i} \cdot \max\left(S_0 u^i d^{n-i} - K, 0\right) \end{aligned} \tag{8.12}$$

其中：

$$q = \frac{\mathrm{e}^{r\Delta t} - d}{u - d}$$

类似地，欧式看跌期权的定价公式为：

$$\begin{aligned} P_0 &= \mathrm{e}^{-rn\Delta t}\mathbb{P}(\#u = i,\ \#d = n-i) \cdot \max\left(K - S_0 u^i d^{n-i}, 0\right) \\ &= \mathrm{e}^{-rT} \sum_{i=0}^{n} \binom{n}{i} q^i (1-q)^{n-i} \cdot \max\left(K - S_0 u^i d^{n-i}, 0\right) \end{aligned} \tag{8.13}$$

二、美式期权的定价

二项式模型不仅可以给欧式期权定价，还可以给美式期权、奇异期权等定价。与欧式期权不同，美式期权在到期前的任何一天均可以提前行权。这一特征使得美式期权的定价问题比欧式期权要复杂。

在二项式模型当中，对美式期权进行定价时，需要考虑期权提前行权的收益与期权价值之间的差异，然后取两者中的较大者作为下一期计算的节点数值。接下来通过一个例子来说明如何用该模型给美式期权定价。

例 8.4 假设标的股票的当前价格为 100，未来每期结束时，价格有两种可能的变化：要么上涨至原来的 1.5 倍，要么下跌至原来的 0.75 倍。当前距离期权到期还有两期，已知每期的无风险利率均为 5%。

求行权价为 110 的美式看涨期权的当前价格。

解答：已知：$u = 1.5$，$d = 0.75$，$K = 110$，$r = 5\%$。可以计算得到风险中性概率 q：

$$q = \frac{\mathrm{e}^{rt} - d}{u - d} = \frac{\mathrm{e}^{5\%} - 0.75}{1.5 - 0.75} = 0.402$$

首先构造股票价格的二叉树（见图 8.10），同时计算出各期看涨期权的可能价值，计算结果标注在括号内。

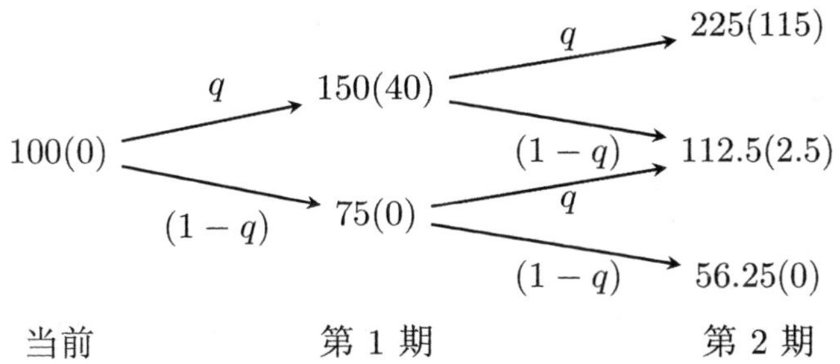

图 8.10 美式看涨期权标的股票价格的两期二叉树

接下来，使用风险中性概率，结合第 2 期看涨期权的可能价值（图 8.10 中第 2 期括号内标注的数值），计算出第 1 期期权的价值分别为：

$$c_1 = \mathrm{e}^{-5\%}[0.402 \times 115 + (1 - 0.402) \times 2.5] = 45.4$$
$$c_2 = \mathrm{e}^{-5\%}[0.402 \times 2.5 + (1 - 0.402) \times 0] = 0.96$$

由于美式期权可在到期日之前的任意时刻行权，因此需要对求得的结果与第 1 期美式期权的价值（图 8.10 中第 1 期括号内标注的数值）进行比较，并取较大者，所以：

$$c_{11} = \max(45.4, 40) = 45.4$$
$$c_{12} = \max(0.96, 0) = 0.96$$

最后，使用求得的第 1 期期权的价值 c_{11} 和 c_{12}，计算出当前期权的价格：

$$c_0 = \max\left\{0, \mathrm{e}^{-5\%}[0.402 \times 45.4 + (1-0.402) \times 0.96]\right\} = 17.91$$

三、障碍期权的定价

由于障碍期权可以提前中止，所以使用二项式模型进行定价时，需要关注标的资产二叉树的各节点与障碍价格之间的关系。为了说明障碍期权的定价，我们举一个例子。

例 8.5 假设标的股票的当前价格为 100，未来每期结束时，价格有两种可能的变化：要么上涨至原来的 1.1 倍，要么下跌至原来的 0.9 倍。当前距离期权到期还有三期，已知每期的无风险利率均为 5%。

求行权价为 105、障碍敲出价格为 95 的看涨期权的当前价格。

解答： 首先绘制出该期权的对应标的股票价格的二叉树，如图 8.11（a）所示。图中的虚线位置对应的是期权的障碍价格 95，当标的资产的价格低于此值时，期权自动作废，对应的期权二叉树的相应节点取值为零。由此得到的期权价格的二叉树如图 8.11（b）所示。

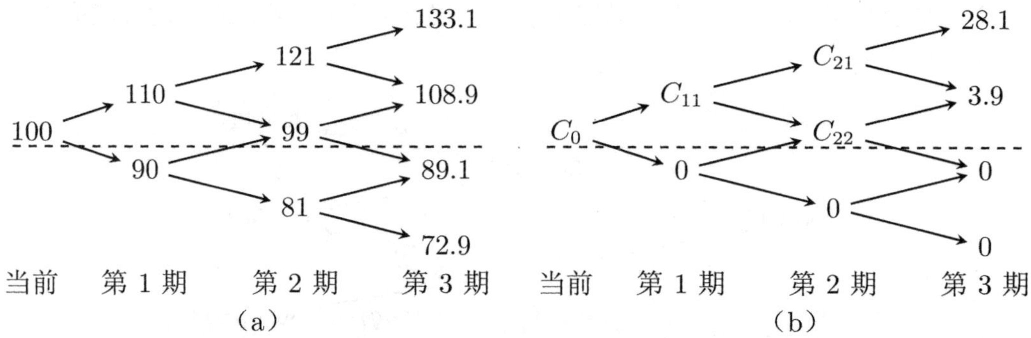

图 8.11 股票价格（a）和期权价格（b）的二叉树

相应的风险中性概率计算如下：

$$q = \frac{\mathrm{e}^{rt} - d}{u - d} = \frac{\mathrm{e}^{5\%} - 0.9}{1.1 - 0.9} = 0.756$$

接下来使用后向推导法，依次计算出各期的期权价值，结果如下：

$$C_{21} = \mathrm{e}^{-5\%}[0.756 \times 28.1 + (1-0.756) \times 3.9] = 21.12$$
$$C_{22} = \mathrm{e}^{-5\%}[0.756 \times 3.9 + (1-0.756) \times 0] = 2.806$$
$$C_{11} = \mathrm{e}^{-5\%}[0.756 \times 21.12 + (1-0.756) \times 2.806] = 15.85$$
$$C_0 = \mathrm{e}^{-5\%}[0.756 \times 15.85 + (1-0.756) \times 0] = 11.4$$

因此，最终得到该敲出期权的价格为 11.4。

需要说明的是，这个例题中并未涉及向上/向下敲出这样的复杂情形。在计算的二叉树期数和路径较少的情况下，该方法是简单易行的，但是如果期数 N 过大，则需要仔细分辨 2^N 条可能路径下期权生效和失效的情形，这将是非常费力的。

四、其他期权品种的定价简介

对于前面所介绍的期权，通常假定其标的资产是不分红的股票。如果是其他标的资产的期权，或者考虑资产分红的情形，则相应的二项式定价模型也需要进行相应的修正。

（一）连续分红的股票期权定价

考虑一只股票，其连续分红的股息收益率为 q^*。在风险中性测度下，该股票未来时刻价格期望的贴现应当等于其前一期股票价格关于股息收益率的贴现值，即：

$$S_0\mathrm{e}^{-q^*t} = [quS_0 + (1-q)dS_0]\mathrm{e}^{-rt}$$

对上式进行整理可得：

$$q = \frac{\exp[(r-q^*)t] - d}{u-d} \tag{8.14}$$

与式 (8.11) 相比，风险中性概率 q 分子项的指数部分多了 q^* 项。

（二）股票指数期权的定价

对于由一组股票所构成的股票指数而言，由于股票指数中包含的各成份股具有不同的股息支付日，因此可以将之近似地看作一个有连续分红的股票组合。对这样一个股票组合所对应的期权进行二项式定价，可以沿用式 (8.14) 来计算风险中性概率。

（三）外汇期权的定价

外汇期权的标的物是外国货币（即外汇），根据金融工程的知识可知，外汇可以看作获得外币利率 r_f 的资产。与前面提到的连续分红的股票期权和股票指数期权相似，仍然可以参照式 (8.14) 来计算风险中性概率。修正后的计算公式如下：

$$q = \frac{\exp[(r-r_f)t] - d}{u-d} \tag{8.15}$$

其中，r 表示本币的无风险利率；r_f 表示外币的无风险利率，并且此处的外汇汇率采用直接报价法（即一单位外币等于若干单位本币）。

（四）期货期权的定价

对于期货期权而言，其标的资产已不再是现货，而是现货所对应的期货合约。在金融工程中，现货价格 S 与期货价格 F 之间的关系式为：

$$F = S\mathrm{e}^{rt}$$

因此，对于期货期权而言，其二项式定价模型当中下式成立：

$$quF_0 + (1-q)dF_0 = F_0$$

对上式进行整理可得：

$$q=\frac{1-d}{u-d} \tag{8.16}$$

在本节的最后需要强调，在实证中根据所采用模型的不同，我们将选择不同的模型公式来计算标的资产价格上涨和下跌的倍数 u 和 d ，比如 CRR 模型、JR（Jarrow-Rudd）模型等。下一节将简要介绍 CRR 模型的基本形式，其余的模型不再赘述。本书附带的软件可以用于计算 CRR 模型和 JR 模型下的欧式和美式期权价格，感兴趣的读者可以自行尝试。

第三节　CRR 模型

最早基于二项式模型框架进行期权定价的方法是由考克斯、罗斯和鲁宾斯坦于 1979 年提出的，因此被命名为 CRR 模型。本节将介绍 CRR 模型的设定，以及使用其进行二项式定价的基本方法和步骤。

一、CRR 模型的设定

在 CRR 模型中，假定标的资产的波动率为 σ，每个时间段为 Δt，则标的资产上涨的倍数 u 与下跌的倍数 d 之间具有如下关系：

知识讲解

期权定价的 CRR 模型

$$u=\frac{1}{d},\qquad \begin{cases} u=\exp\left(\sigma\sqrt{\Delta t}\right) \\ d=\exp\left(-\sigma\sqrt{\Delta t}\right) \end{cases} \tag{8.17}$$

相应地，风险中性概率为：

$$q=\frac{\mathrm{e}^{r\Delta t}-d}{u-d}=\frac{\mathrm{e}^{r\Delta t}-\mathrm{e}^{-\sigma\sqrt{\Delta t}}}{\mathrm{e}^{\sigma\sqrt{\Delta t}}-\mathrm{e}^{-\sigma\sqrt{\Delta t}}} \tag{8.18}$$

基于 CRR 模型，假设有一个 n 期的二叉树，其相应的期权剩余期限为 $T=n\Delta t$，于是可以得到对应的欧式期权定价公式如下：

$$\begin{aligned} C_0&=\mathrm{e}^{-rT}\sum_{i=0}^{n}\binom{n}{i}q^i(1-q)^{n-i}\cdot\max\left(S_0u^id^{n-i}-K,0\right) \\ &=\mathrm{e}^{-rT}\sum_{i=0}^{n}\binom{n}{i}q^i(1-q)^{n-i}\cdot\max\left\{S_0\exp\left[(2i-n)\sigma\sqrt{\Delta t}\right]-K,0\right\} \end{aligned}$$

$$\begin{aligned} P_0&=\mathrm{e}^{-rT}\sum_{i=0}^{n}\binom{n}{i}q^i(1-q)^{n-i}\cdot\max\left(K-S_0u^id^{n-i},0\right) \\ &=\mathrm{e}^{-rT}\sum_{i=0}^{n}\binom{n}{i}q^i(1-q)^{n-i}\cdot\max\left\{K-S_0\exp\left[(2i-n)\sigma\sqrt{\Delta t}\right],0\right\} \end{aligned}$$

二、CRR 模型与 B–S 模型的联系

本章附录中给出了 CRR 模型与 B–S 模型关系的证明。为了形象地体现两者的联系，我们令 CRR 模型的期间数从 1 开始，逐渐增大到 150，并将得到的 150 个结果绘制成图形；为了与 B–S 模型比较，将 B–S 模型下的计算结果以水平线体现。

此处绘制图形用到的参数如下：当前标的资产价格 $S_0 = 40$，欧式期权的行权价 $K = 38$，无风险年利率 $r = 5\%$，波动率 $\sigma = 0.5$，期权的剩余期限 $T = 1$。生成的结果如图 8.12 所示，其中横轴表示期间数，纵轴分别代表求得的欧式看涨期权［图 8.12（a)］和欧式看跌期权价格［图 8.12（b)］。从中不难看出，随着期间数的增加，CRR 模型的结果将与 B–S 模型的结果趋于一致。

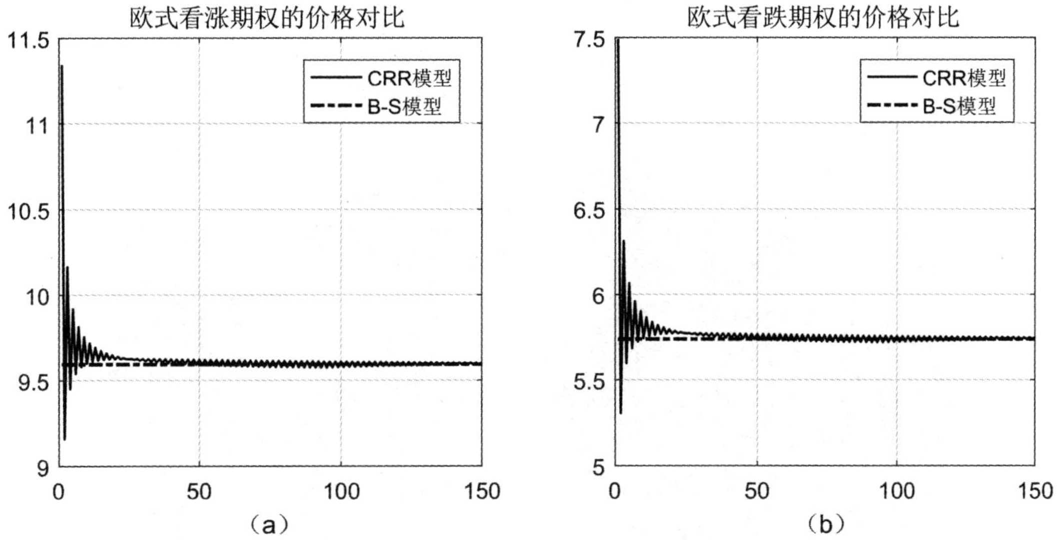

图 8.12　CRR 模型与 B–S 模型的对比

阅读材料：鲁宾斯坦简介

马克・鲁宾斯坦（1944—2019），1966 年在哈佛大学获得学士学位，1968 年在斯坦福大学获得 MBA 学位，1971 年在加州大学洛杉矶分校（UCLA）获得博士学位，之后加入加州大学伯克利分校哈斯商学院（UC Berkeley Hass）。

他的研究领域集中在期权市场。1979 年，他与麻省理工学院的约翰・考克斯（John Cox）和斯蒂芬・罗斯（Stephen Ross）合作，开发了考克斯–罗斯–鲁宾斯坦（CRR）模型。该模型是一个二项式模型，可用于各种复杂期权的定价。它促进了全球金融衍生品的增长，并且是华尔街最重要的估值工具之一。

1981 年，鲁宾斯坦与利兰（Leland）和约翰・奥布莱恩（John O'Brien）一起成立了利兰・奥布莱恩・鲁宾斯坦公司（LOR)。LOR 开发了一种被称为“投

资组合保险”的风险对冲算法，用来防范市场风险。1987 年，三位创始人被《财富》杂志评为“年度商人”。LOR 随后开创了超级信托基金，这是一个基于标准普尔 500 指数的基金，并于 1992 年成为美国第一个交易所交易基金（ETF）。此后几年，该基金在全球的资产已增长至超过 5 万亿美元。

鲁宾斯坦曾于 1992 年当选美国金融协会主席，并于 1995 年被评为年度金融工程师。2001 年，他帮助创立了伯克利哈斯金融工程硕士（MFE）课程，这是美国商学院第一个此类课程，并一直名列前茅。

针对鲁宾斯坦的学术贡献，华尔街著名宽客（quant）伊曼纽尔·德尔曼（Emanuel Derman）曾在纪念文章中提及：“（物理学家）费曼（Feynman）只用 19 世纪的数学就做出了令人惊叹的工作。马克也这样做了，二叉树（binomial trees）变成了一种费曼图（Feynman diagram），将直觉和计算带给了金融市场的参与者。”图 8.13 展示了鲁宾斯坦与一些著名金融学家的合影。

图 8.13　鲁宾斯坦（左一）与斯科尔斯（左二）、布莱克（左三）和默顿（右三）等人的合影

本章附录

一、CRR 模型与 B–S 模型关系的推导

对于看涨期权而言，$S_0 \exp\left[(2i-n)\sigma\sqrt{\Delta t}\right] - K \geqslant 0$ 意味着：

$$i \geqslant \frac{1}{2}\left[\frac{\ln(K/S_0)}{\sigma\sqrt{\Delta t}} + n\right] = \alpha$$

相应地：

$$\begin{aligned}C_0 &= \mathrm{e}^{-rT}\sum_{i=\alpha}^{n}\binom{n}{i}q^i(1-q)^{n-i}\cdot\left(S_0u^id^{n-i}-K\right)\\&= S_0\mathrm{e}^{-rT}\sum_{i=\alpha}^{n}\binom{n}{i}q^i(1-q)^{n-i}\cdot u^id^{n-i}\\&\quad - K\mathrm{e}^{-rT}\sum_{i=\alpha}^{n}\binom{n}{i}q^i(1-q)^{n-i}\end{aligned}$$

记 $C_0=S_0\mathrm{e}^{-rT}U_1-K\mathrm{e}^{-rT}U_2$，其中：

$$U_1=\sum_{i=\alpha}^{n}\binom{n}{i}q^i(1-q)^{n-i}\cdot u^id^{n-i}$$

$$U_2=\sum_{i=\alpha}^{n}\binom{n}{i}q^i(1-q)^{n-i}$$

根据概率统计的知识可知：对于试验次数为 n、试验成功概率为 q 的二项分布 $B(n,q)$ 而言，其期望为 nq，方差为 $nq(1-q)$，因此上式中的 U_2 表示试验成功的次数大于 α 的概率。当试验的次数 $n\to\infty$ 时，二项分布将趋于正态分布，即：

$$B(n,q)\to\mathcal{N}\Big[nq,nq(1-q)\Big]$$

因此，当 $n\to\infty$ 时，有：

$$\begin{aligned}U_2 &= N\left[-\frac{\alpha-nq}{\sqrt{nq(1-q)}}\right]\\&= N\left[\frac{\ln(S_0/K)}{2\sigma\sqrt{\Delta t}\sqrt{nq(1-q)}}+\frac{n(q-0.5)}{\sqrt{nq(1-q)}}\right]\\&= N\left[\frac{\ln(S_0/K)}{2\sigma\sqrt{T}\sqrt{q(1-q)}}+\frac{\sqrt{n}(q-0.5)}{\sqrt{q(1-q)}}\right]\end{aligned}$$

将式 (8.18) 代入，并且注意到，当 $n\to\infty$ 时，有：

$$q(1-q)\to\frac{1}{4},\qquad \sqrt{n}\,(q-0.5)\to\frac{(r-0.5\sigma^2)\sqrt{T}}{2\sigma}$$

因此：

$$U_2=N\left[\frac{\ln(S_0/K)+(r-0.5\sigma^2)T}{\sigma\sqrt{T}}\right] \tag{8.19}$$

接下来考虑 U_1，对表达式进行整理，可得：

$$U_1=\sum_{i=\alpha}^{n}\binom{n}{i}(qu)^i[(1-q)d]^{n-i}$$

构造 q^*，使得：

$$q^* = \frac{qu}{qu + (1-q)d}, \qquad 1 - q^* = \frac{(1-q)d}{qu + (1-q)d}$$

于是可得：

$$U_1 = [qu + (1-q)d]^n \sum_{i=\alpha}^{n} \binom{n}{i} (q^*)^i (1-q^*)^{n-i}$$

注意，在风险中性世界中，$qu + (1-q)d = \mathrm{e}^{r\Delta t}$，因此：

$$[qu + (1-q)d]^n = \mathrm{e}^{rn\Delta t} = \mathrm{e}^{rT}$$

从而可得：

$$U_1 = \mathrm{e}^{rT} \sum_{i=\alpha}^{n} \binom{n}{i} (q^*)^i (1-q^*)^{n-i}$$

与前面 U_2 的求解类似，当 $n \to \infty$ 时，可得：

$$U_1 = \mathrm{e}^{rT} \cdot N\left[\frac{\ln(S_0/K)}{2\sigma\sqrt{T}\sqrt{q^*(1-q^*)}} + \frac{\sqrt{n}(q^* - 0.5)}{\sqrt{q^*(1-q^*)}}\right]$$

当 $n \to \infty$ 时，可得：

$$q^*(1-q^*) \to \frac{1}{4}, \qquad \sqrt{n}\,(q^* - 0.5) \to \frac{(r + 0.5\sigma^2)\sqrt{T}}{2\sigma}$$

因此：

$$U_1 = \mathrm{e}^{rT} \cdot N\left[\frac{\ln(S_0/K) + (r + 0.5\sigma^2)T}{\sigma\sqrt{T}}\right] \tag{8.20}$$

根据式 (8.19) 和式 (8.20)，可得：

$$\begin{aligned} C_0 &= S_0\mathrm{e}^{-rT}U_1 - K\mathrm{e}^{-rT}U_2 \\ &= SN\left[\frac{\ln(S_0/K) + (r + 0.5\sigma^2)T}{\sigma\sqrt{T}}\right] \\ &\quad - K\mathrm{e}^{-rT}N\left[\frac{\ln(S_0/K) + (r - 0.5\sigma^2)T}{\sigma\sqrt{T}}\right] \end{aligned} \tag{8.21}$$

该结果与 B–S 模型的结论完全相同。由此可见，对于 CRR 模型而言，当时间区间 $\Delta t \to 0$，相应的期间数 $n \to \infty$ 时，得到的结果将趋近于 B–S 模型。

二、CRR 模型的软件实现

（一）Matlab 代码

前面的分析中提到了二项式模型的定价问题，从中不难看出，如果基于 N 个期间，使用后向推导法求解期权的当前价格，那么需要计算的次数为：

$$1 + 2 + 3 + \cdots + N = \frac{1}{2}N(N+1)$$

当 N 的取值非常大时，采用人工计算是不现实的，因此可以考虑借助计算机编程来解决问题。这里我们采用 Matlab 软件来实现 CRR 模型的定价。

关于欧式期权 CRR 模型定价的实现，通常有两种方法：其一是运用诸如式 (8.12) 和式 (8.13)，利用二项分布的相关函数进行求解；其二是运用后向推导法，从后往前逐级计算得到结果。两种方法得到的结果是完全一致的。以下所给出的两个函数CRR1和CRR2，分别是依据这两种方法得到的欧式期权的定价函数。

```
function P = CRR1(S0, K, r, T, sig, N, tag)   % 方法一的函数
% 模型的参数设定
dt = T/N;
u = exp(sig*sqrt(dt));
d = 1/u;
q = (exp(r*dt)-d)/(u-d);
S = zeros(N+1,1);
% 使用二项分布的方法求解
if tag == 1    % tag取值为1时，计算欧式看涨期权的价格
    for i = 0:N
        S(i+1) = max(S0 .*d.^(N-i).* u.^i - K,0) .* binopdf(i,N,q);
    end
else
if tag == 0    % tag取值为0时，计算欧式看跌期权的价格
    for i = 0:N
        S(i+1) = max(K - S0 .*d.^(N-i).* u.^i,0) .* binopdf(i,N,q);
    end
end
end
P = exp(-r.*T).*sum(S);
end

function P = CRR2(S0, K, r, T, sig, N, tag) % 方法二的函数
% 模型的参数设定
dt = T/N;
u = exp(sig*sqrt(dt));
d = 1/u;
q = (exp(r*dt)-d)/(u-d);
S = zeros(N+1,1);
% 使用后向推导法求解
if tag == 1   % tag取值为1时，计算欧式看涨期权的价格
    for i = 0:N
```

```
        S(i+1) = max(S0.*u.^(N-i).*d.^i - K,0);
    end
else
if tag == 0   % tag取值为0时，计算欧式看跌期权的价格
    for i = 0:N
        S(i+1) = max(K - S0.*u.^(N-i).*d.^i,0);
    end
end
end
for i = 1:N
    for j = 1:N+1-i
        S(j) = (q.*S(j)+(1-q).*S(j+1)) .* exp(-r.*dt);
    end
end
P = S(1);
end
```

两个函数在编辑完成后，需要保存在工作目录中，使用的时候直接引用即可。比如输入的参数如下：

$$S_0 = 40, \quad K = 38, \quad r = 0.05, \quad T = 1, \quad \sigma = 0.5, \quad N = 10\,000$$

这表示要求的欧式看涨期权行权价为 38；标的资产当前价格为 40；1 年后到期；无风险利率为 5%；标的资产波动率为 0.5；CRR 模型的期间数为 10 000。可以通过输入以下代码，计算出相应的欧式看涨期权的价格：

```
>> S0 = 40;     K = 38;        r = 0.05;
>> T = 1;       sig = 0.5;     N = 10000;
>> C1 = CRR1 (S0, K, r, T, sig, N, 1)
>> C2 = CRR2 (S0, K, r, T, sig, N, 1)
```

经过若干秒得到的结果如下：

```
>> C1 = 9.5932
>> C2 = 9.5932
```

其中，C1 的结果是使用二项分布的方法计算得到的；C2 的结果则是使用后向推导法求出的。两种方法的结果是完全一致的。

需要说明的是，两种方法的计算效率有一定的差别，在实践中面对多种可行的求解方法时，应当选择效率最高、精度最佳的方法。

（二）Python 代码

方法一：

```
import numpy as np
from math import *
from scipy import stats

# 使用二项分布的方法求解欧式看涨期权和看跌期权的价格
def CRR1(S0=100, K=90, r=0.05, T=1, sig=1.5, N=100, tag=1):
    dt = T/N
    u = exp(sig*sqrt(dt))
    d = 1/u
    q = (exp(r*dt)-d)/(u-d)
    S = np.zeros(N+1)
    if tag==1:
        for i in range(N):
            S[i+1]=max(S0 *d**(N-i)* u**i-K, 0)*stats.binom.pmf(i,N,q)
        P = exp(-r*T) * np.sum(S)
        print('求出的看涨期权价格为: \t', P.round(4))
    elif tag==0:
        for i in range(N):
            S[i+1]=max(K-S0 *d**(N-i)* u**i, 0)*stats.binom.pmf(i,N,q)
        P = exp(-r*T) * np.sum(S)
        print('求出的看跌期权价格为: \t', P.round(4))
    return P.round(4)

#%% Example 1
CRR1(S0=100, K=95, r=0.05, T=1, sig=1.5, N=100, tag=1)

#%% Example 2
CRR2(S0=100, K=95, r=0.05, T=1, sig=1.5, N=100, tag=0)
```

方法二：

```
import numpy as np
from math import *

# 使用后向推导法求解欧式看涨期权和看跌期权的价格
def CRR2(S0=100, K=90, r=0.05, T=1, sig=1.5, N=100, tag=1):
```

```
    dt = T/N
    u = exp(sig*sqrt(dt))
    d = 1/u
    q = (exp(r*dt)-d)/(u-d)
    S = np.zeros(N+1)

    if tag==1:
        for i in range(N):
            S[i] = max(S0*u**(N-i)* d**i-K, 0);
        for i in range (N):
            for j in range (1,N+1-i):
                S[j-1] = (q*S[j-1]+(1-q)*S[j])*exp(-r*dt)
        print('求出的看涨期权价格为: \t', S[0].round(4))
    elif tag==0:
        for i in range(N):
            S[i] = max(K-S0*u**(N-i)* d**i, 0);
        for i in range (N):
            for j in range (1, N+1-i):
                S[j-1] = (q*S[j-1]+(1-q)*S[j])*exp(-r*dt)
        print('求出的看跌期权价格为: \t', S[0].round(4))
    return P.round(4)

#%% Example 1
CRR2(S0=100, K=95, r=0.05, T=1, sig=1.5, N=100, tag=1)

#%% Example 2
CRR2(S0=100, K=95, r=0.05, T=1, sig=1.5, N=100, tag=0)
```

三、风险中性测度和鞅

前面基于无套利条件，在离散时间下研究了期权的定价问题，并在此过程中构造了风险中性测度 $\mathbb{Q}$。本节将基于 $\mathbb{Q}$ 测度，阐述其与鞅的关系。

定义 8.2

假设 $S(t)$ 为一个风险资产在 t 时刻的价格，$B(t)=(1+r)^t$ 是 0 时刻一单位的无风险资产在 t 时刻的价值，则称 $S(t)/B(t)$ 为 t 时刻风险资产的贴现价格（discounted price）。

在前面的内容中，由式 (8.8) 可得：

$$S(0) = \frac{1}{1+r} \cdot \mathbb{E}^{\mathbb{Q}}\Big[S(1)\Big], \qquad V(0) = \frac{1}{1+r} \cdot \mathbb{E}^{\mathbb{Q}}\Big[V(1)\Big] \tag{8.22}$$

根据前面的定义可知，$B(0) = 1$，因此式 (8.22) 可以改写为：

$$\begin{aligned} \frac{S(0)}{B(0)} &= \mathbb{E}^{\mathbb{Q}}\left[\frac{S(1)}{B(1)}\right] = \mathbb{E}^{\mathbb{Q}}\left[\frac{S(1)}{B(1)}\middle|\mathcal{F}(0)\right] \\ \frac{V(0)}{B(0)} &= \mathbb{E}^{\mathbb{Q}}\left[\frac{V(1)}{B(1)}\right] = \mathbb{E}^{\mathbb{Q}}\left[\frac{V(1)}{B(1)}\middle|\mathcal{F}(0)\right] \end{aligned} \tag{8.23}$$

其中，$\mathbb{E}^{\mathbb{Q}}[\,\cdot\,]$ 表示风险中性测度下的期望，与客观概率测度 $\mathbb{P}$ 下的期望 $\mathbb{E}^{\mathbb{P}}[\,\cdot\,]$ 相对应。由此不难看出，在风险中性测度 $\mathbb{Q}$ 下，股票和期权的贴现价格均是鞅。从中可以得到如下定理：

定理 8.1

在风险中性测度 $\mathbb{Q}$ 下，对任意时刻 n，风险资产的贴现价格是鞅。

证明：假设风险资产股票在 n 时刻的价格为 $S(n)$，其贴现价格记作 $Y(n)$，即：

$$Y(n) = \frac{S(n)}{(1+r)^n}$$

要证明 $Y(n)$ 是 $\mathbb{Q}$-鞅，就是要证明 $\mathbb{E}^{\mathbb{Q}}[Y(n+1)|\mathcal{F}(n)] = Y(n)$ 成立，因此：

$$\begin{aligned} \mathbb{E}^{\mathbb{Q}}[Y(n+1)|\mathcal{F}(n)] &= \mathbb{E}^{\mathbb{Q}}\left[\frac{S(n+1)}{(1+r)^{n+1}}\middle|\mathcal{F}(n)\right] \\ &= \frac{1}{(1+r)^n} \cdot \frac{1}{1+r}\mathbb{E}^{\mathbb{Q}}\Big[S(n+1)\Big|\mathcal{F}(n)\Big] \\ &= \frac{1}{(1+r)^n} \cdot \frac{1}{1+r}\Big[q \cdot uS(n) + (1-q) \cdot dS(n)\Big] \end{aligned}$$

由于在风险中性测度下有：

$$q = \frac{(1+r)-d}{u-d}$$

因此：

$$q \cdot u + (1-q) \cdot d = q(u-d) + d = 1+r$$

最终：

$$\begin{aligned} \mathbb{E}^{\mathbb{Q}}[Y(n+1)|\mathcal{F}(n)] &= \frac{1}{(1+r)^n} \cdot \frac{1}{1+r}(1+r)S(n) \\ &= \frac{1}{(1+r)^n}S(n) = Y(n) \end{aligned}$$

类似地，可以证明风险资产期权的贴现价格 $V(n)/(1+r)^n$ 也是 $\mathbb{Q}$-鞅。

推论 8.1

对任意时刻 n，无风险资产的贴现价格也是鞅。

证明：假设无风险资产在 n 时刻的价格为 $B(n)=(1+r)^n$，其贴现价格记作 $Z(n)$，则有：

$$Z(n)=\frac{B(n)}{(1+r)^n}=1$$

由此可见，$Z(n)$ 是常数，因此根据鞅的性质可知：$Z(n)$ 是鞅。

假设在 n 时刻财富的总价值为 $X(n)$，采用自融资策略购买 $\Delta(n)$ 份风险资产，该资产的当前价格为 $S(n)$，并将剩下的财富存入银行账户，从而获得无风险收益。同时假设无风险收益率为 r，则在下一时刻 $(n+1)$，该组合的价值为：

$$\begin{aligned}X(n+1)=&\Delta(n)\cdot S(n+1)\\&+(1+r)\Big[X(n)-\Delta(n)\cdot S(n)\Big],\quad n=0,1,2,\ldots\end{aligned}\tag{8.24}$$

其中，$\Delta(n)S(n+1)$ 表示时刻 $(n+1)$ 风险资产的价值；$(1+r)[X(n)-\Delta(n)\cdot S(n)]$ 表示时刻 $(n+1)$ 无风险资产的价值。我们称 $X(n)$ 是财富过程（wealth process），见表 8.1。相应地，$X(n)/B(n)$ 是贴现的财富过程（discounted wealth process）。

表 8.1　财富过程

	时刻 n	时刻 $(n+1)$
风险资产	$\Delta(n)\cdot S(n)$	$\Delta(n)\cdot S(n+1)$
无风险资产	$X(n)-\Delta(n)\cdot S(n)$	$(1+r)\big[X(n)-\Delta(n)\cdot S(n)\big]$
总额	$X(n)$	$X(n+1)$

定理 8.2

对于贴现的财富过程 $X(n)/B(n)$，$n=0,1,2,\ldots$，其在风险中性测度 $\mathbb{Q}$ 下是一个鞅，即：

$$\frac{X(n)}{(1+r)^n}=\mathbb{E}^{\mathbb{Q}}\left[\frac{X(n+1)}{(1+r)^{n+1}}\middle|\mathcal{F}(n)\right]\tag{8.25}$$

证明：由于 $\Delta(n)$ 在 n 时刻是可测的，因此，根据式 (8.24) 可得：

$$\mathbb{E}^{\mathbb{Q}}\left[\frac{X(n+1)}{(1+r)^{n+1}}\middle|\mathcal{F}(n)\right]=\mathbb{E}^{\mathbb{Q}}\left\{\frac{\Delta(n)\cdot S(n+1)+(1+r)\Big[X(n)-\Delta(n)\cdot S(n)\Big]}{(1+r)^{n+1}}\middle|\mathcal{F}(n)\right\}$$
$$=\Delta(n)\mathbb{E}^{\mathbb{Q}}\left[\frac{S(n+1)}{(1+r)^{n+1}}\middle|\mathcal{F}(n)\right]+\mathbb{E}^{\mathbb{Q}}\left[\frac{X(n)}{(1+r)^{n}}\middle|\mathcal{F}(n)\right]$$
$$-\Delta(n)\mathbb{E}^{\mathbb{Q}}\left[\frac{S(n)}{(1+r)^{n}}\middle|\mathcal{F}(n)\right]$$

由于风险资产 $S(n)$ 是 $\mathbb{Q}$-鞅，因此：

$$\mathbb{E}^{\mathbb{Q}}\left[\frac{S(n+1)}{(1+r)^{n+1}}\middle|\mathcal{F}(n)\right]=\frac{S(n)}{(1+r)^{n}}$$

又因为 $S(n)$ 和 $X(n)$ 均是 $\mathcal{F}(n)$ 可测的，因此：

$$\mathbb{E}^{\mathbb{Q}}\left[\frac{X(n+1)}{(1+r)^{n+1}}\middle|\mathcal{F}(n)\right]=\Delta(n)\frac{S(n)}{(1+r)^{n}}+\frac{X(n)}{(1+r)^{n}}-\Delta(n)\frac{S(n)}{(1+r)^{n}}$$
$$=\frac{X(n)}{(1+r)^{n}}$$

综合上面的分析可得：在自融资策略下，任何资产的贴现过程在风险中性测度 $\mathbb{Q}$ 下均是鞅。正因为如此，$\mathbb{Q}$ 也称作等价鞅测度（equivalent martingale measure, EMM）。

本章习题

1. 某股票现价 100 元，有 2 个连续时间步，每个时间步的步长为 6 个月，每个单步二叉树预期上涨 10% 或下跌 10%。无风险年利率为 8%（按连续复利计）。行权价为 100 元。请问：1 年期欧式看涨期权和看跌期权的价格分别是多少？
2. 假设某股票现价 22 元，1 个月后股价可能变成 24 元或 20 元。无风险利率为 8%（按连续复利计）。请问：行权价为 21 元、期限为 1 个月的欧式看涨期权的价格是多少？
3. 某股票现价 50 元，已知在 6 个月后这只股票的价格将变为 45 元或 55 元，无风险利率为 10%（按连续复利计）。请问：行权价为 50 元、期限为 6 个月的欧式看跌期权的价格为多少？
4. 某股票现价 40 元，在今后两个 3 个月的时间段内，股票价格或上涨 10%，或下跌 10%，无风险利率为每年 12%（按连续复利计）。请问：行权价为 42 元、期限为 6 个月的美式看涨期权和看跌期权的价格分别为多少？

符号说明

$\mathbb{R}$	实数（real number）集
$\mathbb{Z}$	整数（integer）集
$\forall$	对于所有的（for all）
$\exists$	存在（exist）
a.s.	几乎必然（almost surely）成立或存在
$\mathbf{1}_A(x)$	示性函数（indicator function），当 $x \in A$ 时取值为 1；否则取值为 0
$\exp(x)$	自然常数 $\mathrm{e} \approx 2.71828\cdots$ 的指数 e^x
$X \wedge Y$	两数中取最小值，即 $\min(X, Y)$
$X \vee Y$	两数中取最大值，即 $\max(X, Y)$
$\mathbb{P}$	概率/测度符号
$\mathbb{Q}$	风险中性测度（risk-neutral measure）
$\mathbb{E}(X)$	随机变量 X 的期望（expectation）
$\mathrm{Var}(X)$	随机变量 X 的方差（variance）
$f_X(t)$	随机变量 X 的概率密度函数（probability density function, PDF）
$F_X(t)$	随机变量 X 的累积分布函数（cumulative distribution function, CDF）
$M_X(t)$	随机变量 X 的矩母函数（moment generating function, MGF），参数为 t
$\phi_X(t)$	随机变量 X 的特征函数（characteristic function, CF），参数为 t
$\mathcal{N}(\mu, \sigma^2)$	期望为 μ、方差为 σ^2 的正态分布（normal distribution）
$N(\cdot)$	标准正态分布的分布函数，即：$N(x) = \mathbb{P}(X \leqslant x)$，其中 $X \sim \mathcal{N}(0, 1)$
$W(t)$	标准布朗运动
$\mathcal{F}$	σ-代数
τ	停时（stopping time）

$\binom{n}{m}$	组合数（combinatorial number），意为从 n 个不同元素中取出 m 个元素 $(m \leqslant n)$ 的所有组合的个数
G_X，$\dfrac{\partial G}{\partial X}$	一阶偏导数（partial derivative）
G_{XY}，$\dfrac{\partial^2 G}{\partial X \partial Y}$	二阶偏导数
$\mathbb{E}^{\mathbb{P}}(\cdot)$	测度 $\mathbb{P}$ 下的期望

参考文献

[1] Ali Hirsa and Salih N. Neftci. *An Introduction to the Mathematics of Financial Derivatives*[M]. New York: Academic Press, 3rd edition, 2014.

[2] Alison Etheridge. *A Course in Financial Calculus*[M]. New York: Cambridge University Press, 2002.

[3] Bernt Øksendal. *Stochastic Differential Equations: An Introduction with Applications*[M]. New York: Springer, 2003.

[4] Capiński Marek and Zastawniak Tomasz. *Mathematics for Finance: An Introduction to Financial Engineering*[M]. New York: Springer, 2nd edition, 2011.

[5] Carlos A. Braumann. *Introduction to Stochastic Differential Equations with Applications to Modelling in Biology and Finance*[M]. Oxford: Wiley, 2019.

[6] Desmond Higham. *An Introduction to Financial Option Valuation: Mathematics, Stochastics*[M]. New York: Cambridge University Press, 2004.

[7] Eric Chin, Dian Nel, and Sverrir Ólafsson. *Problems and Solutions in Mathematical Finance: Equity Derivatives*[M]. New York: Wiley, 2017.

[8] Eric Chin, Dian Nel, and Sverrir Ólafsson. *Problems and Solutions in Mathematical Finance: Stochastic Calculus*[M]. New York: Wiley, 2014.

[9] Ernst Eberlein and Jan Kallsen. *Mathematical Finance*[M]. New York: Springer, 2019.

[10] Fima C. Klebaner. *Introduction to Stochastic Calculus with Applications*[M]. London: Imperial College Press, 3rd edition, 2012.

[11] Giuseppe Campolieti and Roman N. Makarov. *Financial Mathematics: A Comprehensive Treatment*[M]. London: Chapman and Hall/CRC, 2014.

[12] Greg Anderson and Alec N. Kercheval. *Lectures on Financial Mathematics: Discrete Asset Pricing*[M]. San Rafael: Morgan & Claypool, 2010.

[13] Gregory F. Lawler. *Introduction to Stochastic Processes*[M]. London: Chapman and Hall/CRC, 2nd edition, 2006.

[14] Hugo Junghenn. *An Introduction to Financial Mathematics: Option Valuation*[M]. London: Chapman and Hall/CRC, 2nd edition, 2019.

[15] Jamil Baz and George Chacko. *Financial Derivatives: Pricing, Applications, and*

Mathematics[M]. New York: Cambridge University Press, 2004.

[16] Jean-Francois Le Gall. *Brownian Motion, Martingales, and Stochastic Calculus*[M]. Switzerland: Springer, 2016.

[17] Kerry E. Back. *Asset Pricing and Portfolio Choice Theory*[M]. Oxford: Oxford University Press, 2nd edition, 2017.

[18] Mark A. Pinsky and Samuel Karlin. *An Introduction to Stochastic Modeling*[M]. New York: Academic Press, 4th edition, 2011.

[19] Mark Joshi. *The Concepts and Practice of Mathematical Finance*[M]. New York: Cambridge University Press, 2nd edition, 2008.

[20] Mark Joshi. *More Mathematical Finance*[M]. New York: Pilot Whale Press, 2011.

[21] Martin Baxter and Andrew Rennie. *Financial Calculus: An Introduction to Derivative Pricing*[M]. New York: Cambridge University Press, 1996.

[22] Nicolas Privault. *Stochastic Finance: An Introduction with Market Examples*[M]. New York: Chapman and Hall/CRC, 2013.

[23] Paolo Baldi. *Stochastic Calculus: An Introduction Through Theory and Exercises*[M]. New York: Springer, 2017.

[24] René L. Schilling and Lothar Partzsch. *Brownian Motion: An Introduction to Stochastic Processes*[M]. Göttingen: Springer, 2012.

[25] S. David Promislow. *Fundamentals of Actuarial Mathematics*[M]. New York: Wiley, 3rd edition, 2015.

[26] Sheldon M. Ross. *An Elementary Introduction to Mathematical Finance*[M]. New York: Cambridge University Press, 3rd edition, 2011.

[27] Sheldon M. Ross. *Introduction to Probability Models*[M]. New York: Academic Press, 12th edition, 2019.

[28] Stanley R. Pliska. *Introduction to Mathematical Finance: Discrete Time Models*[M]. New York: Wiley, 1997.

[29] Stephen Blyth. *An Introduction to Quantitative Finance*[M]. Oxford: Oxford University Press, 2013.

[30] Steven Roman. *Introduction to the Mathematics of Finance: Arbitrage and Option Pricing*[M]. New York: Springer, 2nd edition, 2012.

[31] Steven Shreve. *Stochastic Calculus for Finance I: The Binomial Asset Pricing Model*[M]. New York: Springer, 2004.

[32] Steven Shreve. *Stochastic Calculus for Finance II: Continuous-Time Models*[M]. New York: Springer, 2004.

[33] Tomas Björk. *Arbitrage Theory in Continuous Time*[M]. Oxford: Oxford University Press, 4th edition, 2020.

[34] Tomas Björk. *Point Processes and Jump Diffusions: An Introduction with Finance Applications*[M]. New York: Cambridge University Press, 2021.

[35] X. Sheldon Lin. *Introductory Stochastic Analysis for Finance and Insurance*[M]. New York: Wiley, 2006.

[36] Xuerong Mao. *Stochastic Differential Equations and Applications*[M]. Cambridge: Woodhead Publishing, 2nd edition, 2011.

[37] Yue-Kuen Kwok. *Mathematical Models of Financial Derivatives*[M]. New York: Springer, 2008.

[38] 陈松男. 金融数学与随机微积分 [M]. 台北: 华泰文化, 2007.

[39] 刘小清. 期权的数学 [J]. 数学文化，2011(4): 59–65.

[40] 孟生旺. 金融数学. 7 版 [M]. 北京: 中国人民大学出版社, 2021.

[41] 木遥. 华尔街最有名的数学家 [J]. 数学文化，2010(3): 3–5.

[42] 斯塔夫里, 古德曼, 金融数学 [M]. 蔡明超, 译. 北京: 机械工业出版社, 2004.

[43] 孙健. 金融衍生品定价模型——数理金融引论 [M]. 北京: 中国经济出版社, 2007.

[44] 王军，邵吉光，王娟. 随机过程及其在金融领域中的应用. 2 版 [M]. 北京：清华大学出版社, 2018.

[45] 吴岚, 黄海, 何洋波. 金融数学引论. 2 版 [M]. 北京: 北京大学出版社, 2013.

[46] 叶中行. 数理金融基础. 2 版 [M]. 北京: 高等教育出版社, 2015.

[47] 伊藤清. 世界是概率的：伊藤清的数学思想与方法 [M]. 刘婷婷, 译. 北京: 人民邮电出版社, 2023.

[48] 伊藤清. 伊藤清概率论 [M]. 闫理坦, 译. 北京: 人民邮电出版社, 2021.

[49] 余颖丰. 企业异质性理论研究：从新新贸易理论到动态宏观经济理论 [M]. 北京: 首都经济贸易大学出版社, 2020.

[50] 余颖丰. 基本无害的量化金融学 [M]. 北京: 首都经济贸易大学出版社, 2019.

[51] 张波, 商豪, 邓军. 应用随机过程. 5 版 [M]. 北京: 中国人民大学出版社, 2020.

[52] 张波, 张景肖, 肖宇谷. 应用随机过程. 2 版 [M]. 北京: 清华大学出版社, 2019.

[53] 张寄洲, 傅毅, 王杨. 金融数学 [M]. 北京: 科学出版社, 2015.

[54] 钟开莱, 威廉姆斯. 钟开莱随机积分导论. 2 版 [M]. 龚光鲁, 译. 北京: 世界图书出版公司, 2021.

图书在版编目（CIP）数据

金融数学 / 方杰，冯玲编著. --北京：中国人民大学出版社，2024.10.--(普通高等学校应用型教材).
ISBN 978-7-300-33178-2

Ⅰ. F830

中国国家版本馆 CIP 数据核字第 202463F5M7 号

普通高等学校应用型教材·金融

金融数学

方　杰　冯　玲　编著

Jinrong Shuxue

出版发行	中国人民大学出版社		
社　　址	北京中关村大街 31 号	**邮政编码**	100080
电　　话	010－62511242（总编室）		010－62511770（质管部）
	010－82501766（邮购部）		010－62514148（门市部）
	010－62515195（发行公司）		010－62515275（盗版举报）
网　　址	http://www.crup.com.cn		
经　　销	新华书店		
印　　刷	北京昌联印刷有限公司		
开　　本	787 mm×1092 mm　1/16	**版　　次**	2024 年 10 月第 1 版
印　　张	13.75	**印　　次**	2024 年 10 月第 1 次印刷
字　　数	321 000	**定　　价**	39.00 元

教学支持说明

1. 教辅资源获取方式

为秉承中国人民大学出版社对教材类产品一贯的教学支持，我们将向采纳本书作为教材的教师免费提供丰富的教辅资源。您可直接到中国人民大学出版社官网的教师服务中心注册下载——http://www.crup.com.cn/Teacher。

如遇到注册、搜索等技术问题，可咨询网页右下角在线 QQ 客服，周一到周五工作时间有专人负责处理。

注册成为我社教师会员后，您可长期根据您所属的课程类别申请纸质样书、电子样书和教辅资源，自行完成免费下载。您也可登录我社官网的“教师服务中心”，我们经常举办赠送纸质样书、赠送电子样书、线上直播、资源下载、全国各专业培训及会议信息共享等网上教材进校园活动，期待您的积极参与！

2. 高校教师可加入下述学科教师 QQ 交流群，获取更多教学服务

经济类教师交流群：781029042

财政金融教师交流群：766895628

国际贸易教师交流群：162921240

税收教师交流群：119667851

3. 购书联系方式

网上书店咨询电话：010－82501766

邮购咨询电话：010－62515351

团购咨询电话：010－62513136

中国人民大学出版社经济分社

地址：北京市海淀区中关村大街甲 59 号文化大厦 1506 室　100872

电话：010－62513572　010－62515803

传真：010－62514775

E-mail：jjfs@crup.com.cn